T&P BOOKS

I0168837

HINDI

WORTSCHATZ

DEUTSCH
HINDI

Die nützlichsten Wörter
Zur Erweiterung Ihres Wortschatzes und
Verbesserung der Sprachfertigkeit

9000 Wörter

Wortschatz Deutsch-Hindi für das Selbststudium - 9000 Wörter

Von Andrey Taranov

T&P Books Vokabelbücher sind dafür vorgesehen, beim Lernen einer Fremdsprache zu helfen, Wörter zu memorieren und zu wiederholen. Das Wörterbuch ist nach Themen aufgeteilt und deckt alle wichtigen Bereiche des täglichen Lebens, Berufs, Wissenschaft, Kultur etc. ab.

Durch das Benutzen der themenbezogenen T&P Books ergeben sich folgende Vorteile für den Lernprozess:

- Sachgemäß geordnete Informationen bestimmen den späteren Erfolg auf den darauffolgenden Stufen der Memorisierung
- Die Verfügbarkeit von Wörtern, die sich aus der gleichen Wurzel ableiten lassen, erlaubt die Memorisierung von Worteinheiten (mehr als bei einzeln stehenden Wörtern)
- Kleine Worteinheiten unterstützen den Aufbauprozess von assoziativen Verbindungen für die Festigung des Wortschatzes
- Die Kenntnis der Sprache kann aufgrund der Anzahl der gelernten Wörter eingeschätzt werden

T&P Books Publishing
www.tpbooks.com

ISBN: 978-1-78616-535-0

Dieses Buch ist auch im E-Book Format erhältlich.
Besuchen Sie uns auch auf www.tpbooks.com oder auf einer der bedeutenden Buchhandlungen online.

WORTSCHATZ DEUTSCH-HINDI
für das Selbststudium

Die Vokabelbücher von T&P Books sind dafür vorgesehen, Ihnen beim Lernen einer Fremdsprache zu helfen, Wörter zu memorieren und zu wiederholen. Der Wortschatz enthält über 9000 häufig gebrauchte, thematisch geordnete Wörter.

- Der Wortschatz enthält die am häufigsten benutzten Wörter
- Eignet sich als Ergänzung zu jedem Sprachkurs
- Erfüllt die Bedürfnisse von Anfängern und fortgeschrittenen Lernenden von Fremdsprachen
- Praktisch für den täglichen Gebrauch, zur Wiederholung und um sich selbst zu testen
- Ermöglicht es, Ihren Wortschatz einzuschätzen

Besondere Merkmale des Wortschatzes:

- Wörter sind entsprechend ihrer Bedeutung und nicht alphabetisch organisiert
- Wörter werden in drei Spalten präsentiert, um das Wiederholen und den Selbstüberprüfungsprozess zu erleichtern
- Wortgruppen werden in kleinere Einheiten aufgespalten, um den Lernprozess zu fördern
- Der Wortschatz bietet eine praktische und einfache Lautschrift jedes Wortes der Fremdsprache

Der Wortschatz hat 256 Themen, einschließlich:

Grundbegriffe, Zahlen, Farben, Monate, Jahreszeiten, Maßeinheiten, Kleidung und Accessoires, Essen und Ernährung, Restaurant, Familienangehörige, Verwandte, Charaktereigenschaften, Empfindungen, Gefühle, Krankheiten, Großstadt, Kleinstadt, Sehenswürdigkeiten, Einkaufen, Geld, Haus, Zuhause, Büro, Import & Export, Marketing, Arbeitssuche, Sport, Ausbildung, Computer, Internet, Werkzeug, Natur, Länder, Nationalitäten und vieles mehr...

INHALT

LEITFADEN FÜR DIE AUSSPRACHE

Buchstabe	Hindi Beispiel	T&P phonetisches Alphabet	Deutsch Beispiel

Vokale

अ	अक्सर	[a]; [ɑ], [ə]	schwarz; halte
आ	आगमन	[a:]	Zahlwort
इ	इनाम	[i]	ihr, finden
ई	ईश्वर	[i], [i:]	Wieviel
उ	उठना	[ʊ]	dumm
ऊ	ऊपर	[u:]	Zufall
ऋ	ऋग्वेद	[r, rʲ]	Kristall
ए	एकता	[e:]	Wildleder
ऐ	ऐनक	[aj]	Reihe
ओ	ओला	[o:]	groß
औ	औरत	[au]	Knoblauch
अं	अंजीर	[ŋ]	Känguru
अः	अ से अः	[h]	brauchbar
ऑ	ऑफिस	[ɒ]	provozieren

Konsonanten

क	कमरा	[k]	Kalender
ख	खिड़की	[kh]	Flughafen
ग	गरज	[g]	gelb
घ	घर	[gh]	aspiriertes [g]
ङ	डाकू	[n]	Känguru
च	चक्कर	[tʃ]	Matsch
छ	छात्र	[tʃh]	aspiriert [tsch]
ज	जाना	[dʒ]	Kambodscha
झ	झलक	[dʒ]	Kambodscha
ञ	विज्ञान	[ɲ]	Champagner
ट	मटर	[t]	still
ठ	ठेका	[th]	Mädchen
ड	डंडा	[d]	Detektiv
ढ	ढलान	[d]	Detektiv
ण	क्षण	[n]	Ein stimmhafter retroflexer Nasal
त	ताकत	[t]	still
थ	थकना	[th]	Mädchen
द	दरवाज़ा	[d]	Detektiv
ध	धोना	[d]	Detektiv
न	नाई	[n]	Vorhang

Buchstabe	Hindi Beispiel	T&P phonetisches Alphabet	Deutsch Beispiel
प	पिता	[p]	Polizei
फ	फल	[f]	fünf
ब	बच्चा	[b]	Brille
भ	भाई	[b]	Brille
म	माता	[m]	Mitte
य	याद	[j]	Jacke
र	रीछ	[r]	richtig
ल	लाल	[l]	Juli
व	वचन	[v]	November
श	शिक्षक	[ʃ]	Chance
ष	भाषा	[ʃ]	Chance
स	सोना	[s]	sein
ह	हज़ार	[h]	brauchbar

Zusätzliche Konsonanten

क़	क़लम	[q]	Kobra
ख़	ख़बर	[h]	brauchbar
ड़	लड़का	[r]	richtig
ढ़	पढ़ना	[r]	richtig
ग़	ग़लती	[ɣ]	Vogel (Berlinerisch)
ज़	ज़िन्दगी	[z]	sein
झ़	ट्रेझ़र	[ʒ]	Regisseur
फ़	फ़ौज	[f]	fünf

ABKÜRZUNGEN
die im Vokabular verwendet werden

Deutsch. Abkürzungen

Adj	-	Adjektiv
Adv	-	Adverb
Amtsspr.	-	Amtssprache
f	-	Femininum
f, n	-	Femininum, Neutrum
Fem.	-	Femininum
m	-	Maskulinum
m, f	-	Maskulinum, Femininum
m, n	-	Maskulinum, Neutrum
Mask.	-	Maskulinum
n	-	Neutrum
pl	-	Plural
Sg.	-	Singular
ugs.	-	umgangssprachlich
unzähl.	-	unzählbar
usw.	-	und so weiter
v mod	-	Modalverb
vi	-	intransitives Verb
vi, vt	-	intransitives, transitives Verb
vt	-	transitives Verb
zähl.	-	zählbar
z.B.	-	zum Beispiel

Hindi. Abkürzungen

f	-	Femininum
f pl	-	Femininum plural
m	-	Maskulinum
m pl	-	Maskulinum plural

GRUNDBEGRIFFE

Grundbegriffe. Teil 1

1. Pronomen

ich	मैं	main
du	तुम	tum
er, sie, es	वह	vah
wir	हम	ham
ihr	आप	āp
sie	वे	ve

2. Grüße. Begrüßungen. Verabschiedungen

Hallo! (ugs.)	नमस्कार!	namaskār!
Hallo! (Amtsspr.)	नमस्ते!	namaste!
Guten Morgen!	नमस्ते!	namaste!
Guten Tag!	नमस्ते!	namaste!
Guten Abend!	नमस्ते!	namaste!
grüßen (vi, vt)	नमस्कार कहना	namaskār kahana
Hallo! (ugs.)	नमस्कार!	namaskār!
Gruß (m)	अभिवादन (m)	abhivādan
begrüßen (vt)	अभिवादन करना	abhivādan karana
Wie geht's?	आप कैसे हैं?	āp kaise hain?
Was gibt es Neues?	क्या हाल है?	kya hāl hai?
Auf Wiedersehen!	अलविदा!	alavida!
Bis bald!	फिर मिलेंगे!	fir milenge!
Lebe wohl!	अलिवदा!	alivada!
Leben Sie wohl!	अलविदा!	alavida!
sich verabschieden	अलविदा कहना	alavida kahana
Tschüs!	अलविदा!	alavida!
Danke!	धन्यवाद!	dhanyavād!
Dankeschön!	बहुत बहुत शुक्रिया!	bahut bahut shukriya!
Bitte (Antwort)	कोई बात नहीं	koī bāt nahin
Keine Ursache.	कोई बात नहीं	koī bāt nahin
Nichts zu danken.	कोई बात नहीं	koī bāt nahin
Entschuldige!	माफ़ कीजिएगा!	māf kījiega!
Entschuldigung!	माफ़ी कीजियेगा!	māfī kījiyega!
entschuldigen (vt)	माफ़ करना	māf karana
sich entschuldigen	माफ़ी मांगना	māfī māngana
Verzeihung!	मुझे माफ़ कीजिएगा	mujhe māf kījiega

Es tut mir leid!	मुझे माफ़ कीजिएगा।	mujhe māf kījiega!
verzeihen (vt)	माफ़ करना	māf karana
bitte (Die Rechnung, ~!)	कृप्या	krpya

Nicht vergessen!	भूलना नहीं।	bhūlana nahin!
Natürlich!	ज़रूर।	zarūr!
Natürlich nicht!	बिल्कुल नहीं।	bilkul nahin!
Gut! Okay!	ठीक है।	thīk hai!
Es ist genug!	बहुत हुआ।	bahut hua!

3. Jemanden ansprechen

Herr	श्रीमान	shrīmān
Frau	श्रीमती	shrīmatī
Frau (Fräulein)	मैम	maim
Junger Mann	बेटा	beta
Junge	बेटा	beta
Mädchen	कुमारी	kumārī

4. Grundzahlen. Teil 1

null	ज़ीरो	zīro
eins	एक	ek
zwei	दो	do
drei	तीन	tīn
vier	चार	chār

fünf	पाँच	pānch
sechs	छह	chhah
sieben	सात	sāt
acht	आठ	āth
neun	नौ	nau

zehn	दस	das
elf	ग्यारह	gyārah
zwölf	बारह	bārah
dreizehn	तेरह	terah
vierzehn	चौदह	chaudah

fünfzehn	पन्द्रह	pandrah
sechzehn	सोलह	solah
siebzehn	सत्रह	satrah
achtzehn	अठारह	athārah
neunzehn	उन्नीस	unnīs

zwanzig	बीस	bīs
einundzwanzig	इक्कीस	ikkīs
zweiundzwanzig	बाईस	baīs
dreiundzwanzig	तेईस	teīs

| dreißig | तीस | tīs |
| einunddreißig | इकत्तीस | ikattīs |

| zweiunddreißig | बत्तीस | battīs |
| dreiunddreißig | तैंतीस | taintīs |

vierzig	चालीस	chālīs
einundvierzig	इक्तालीस	iktālīs
zweiundvierzig	बयालीस	bayālīs
dreiundvierzig	तैंतालीस	taintālīs

fünfzig	पचास	pachās
einundfünfzig	इक्यावन	ikyāvan
zweiundfünfzig	बावन	bāvan
dreiundfünfzig	तिरपन	tirapan

sechzig	साठ	sāth
einundsechzig	इकसठ	ikasath
zweiundsechzig	बासठ	bāsath
dreiundsechzig	तिरसठ	tirasath

siebzig	सत्तर	sattar
einundsiebzig	इकहत्तर	ikahattar
zweiundsiebzig	बहत्तर	bahattar
dreiundsiebzig	तिहत्तर	tihattar

achtzig	अस्सी	assī
einundachtzig	इक्यासी	ikyāsī
zweiundachtzig	बयासी	bayāsī
dreiundachtzig	तिरासी	tirāsī

neunzig	नब्बे	nabbe
einundneunzig	इक्यानवे	ikyānave
zweiundneunzig	बानवे	bānave
dreiundneunzig	तिरानवे	tirānave

5. Grundzahlen. Teil 2

einhundert	सौ	sau
zweihundert	दो सौ	do sau
dreihundert	तीन सौ	tīn sau
vierhundert	चार सौ	chār sau
fünfhundert	पाँच सौ	pānch sau

| sechshundert | छह सौ | chhah sau |
| siebenhundert | सात सो | sāt so |

| achthundert | आठ सौ | āth sau |
| neunhundert | नौ सौ | nau sau |

eintausend	एक हज़ार	ek hazār
zweitausend	दो हज़ार	do hazār
dreitausend	तीन हज़ार	tīn hazār
zehntausend	दस हज़ार	das hazār
hunderttausend	एक लाख	ek lākh
Million (f)	दस लाख (m)	das lākh
Milliarde (f)	अरब (m)	arab

6. Ordnungszahlen

der erste	पहला	pahala
der zweite	दूसरा	dūsara
der dritte	तीसरा	tīsara
der vierte	चौथा	chautha
der fünfte	पाँचवाँ	pānchavān

der sechste	छठा	chhatha
der siebte	सातवाँ	sātavān
der achte	आठवाँ	āthavān
der neunte	नौवाँ	nauvān
der zehnte	दसवाँ	dasavān

7. Zahlen. Brüche

Bruch (m)	अपूर्णांक (m)	apūrnānk
Hälfte (f)	आधा	ādha
Drittel (n)	एक तीहाई	ek tīhaī
Viertel (n)	एक चौथाई	ek chauthaī

Achtel (m, n)	आठवां हिस्सा	āthavān hissa
Zehntel (n)	दसवां हिस्सा	dasavān hissa
zwei Drittel	दो तिहाई	do tihaī
drei Viertel	पौना	pauna

8. Zahlen. Grundrechenarten

Subtraktion (f)	घटाव (m)	ghatāv
subtrahieren (vt)	घटाना	ghatāna
Division (f)	विभाजन (m)	vibhājan
dividieren (vt)	विभाजित करना	vibhājit karana

Addition (f)	जोड़ (m)	jor
addieren (vt)	जोड़ करना	jor karana
hinzufügen (vt)	जोड़ना	jorana
Multiplikation (f)	गुणन (m)	gunan
multiplizieren (vt)	गुणा करना	guna karana

9. Zahlen. Verschiedenes

Ziffer (f)	अंक (m)	ank
Zahl (f)	संख्या (f)	sankhya
Zahlwort (n)	संख्यावाचक (m)	sankhyāvāchak
Minus (n)	घटाव चिह्न (m)	ghatāv chihn
Plus (n)	जोड़ चिह्न (m)	jor chihn
Formel (f)	फ़ारमूला (m)	fāramūla
Berechnung (f)	गणना (f)	ganana
zählen (vt)	गिनना	ginana

| berechnen (vt) | गिनती करना | ginatī karana |
| vergleichen (vt) | तुलना करना | tulana karana |

Wie viel, -e?	कितना?	kitana?
Summe (f)	कुल (m)	kul
Ergebnis (n)	नतीजा (m)	natīja
Rest (m)	शेष (m)	shesh

einige (~ Tage)	कुछ	kuchh
wenig (Adv)	थोड़ा ...	thora ...
Übrige (n)	बाक़ी	bāqī
anderthalb	डेढ़	derh
Dutzend (n)	दर्जन (m)	darjan

entzwei (Adv)	दो भागों में	do bhāgon men
zu gleichen Teilen	बराबर	barābar
Hälfte (f)	आधा (m)	ādha
Mal (n)	बार (m)	bār

10. Die wichtigsten Verben. Teil 1

abbiegen (nach links ~)	मुड़ जाना	mur jāna
abschicken (vt)	भेजना	bhejana
ändern (vt)	बदलना	badalana
andeuten (vt)	इशारा करना	ishāra karana
Angst haben	डरना	darana

ankommen (vi)	पहुँचना	pahunchana
antworten (vi)	जवाब देना	javāb dena
arbeiten (vi)	काम करना	kām karana
auf ... zählen	भरोसा रखना	bharosa rakhana
aufbewahren (vt)	रखना	rakhana

aufschreiben (vt)	लिख लेना	likh lena
ausgehen (vi)	बाहर जाना	bāhar jāna
aussprechen (vt)	उच्चारण करना	uchchāran karana
bedauern (vt)	अफ़सोस जताना	afasos jatāna
bedeuten (vt)	अर्थ होना	arth hona
beenden (vt)	ख़त्म करना	khatm karana

befehlen (Milit.)	हुक्म देना	hukm dena
befreien (Stadt usw.)	आज़ाद करना	āzād karana
beginnen (vt)	शुरू करना	shurū karana
bemerken (vt)	देखना	dekhana
beobachten (vt)	देखना	dekhana

berühren (vt)	छूना	chhūna
besitzen (vt)	मालिक होना	mālik hona
besprechen (vt)	चर्चा करना	charcha karana
bestehen auf	आग्रह करना	āgrah karana
bestellen (im Restaurant)	ऑर्डर करना	ordar karana

| bestrafen (vt) | सज़ा देना | saza dena |
| beten (vi) | दुआ देना | dua dena |

bitten (vt)	माँगना	māngana
brechen (vt)	तोड़ना	torana
denken (vi, vt)	सोचना	sochana

drohen (vi)	धमकाना	dhamakāna
Durst haben	प्यास लगना	pyās lagana
einladen (vt)	आमंत्रित करना	āmantrit karana
einstellen (vt)	बंद करना	band karana
einwenden (vt)	एतराज़ करना	etarāz karana
empfehlen (vt)	सिफ़ारिश करना	sifārish karana

erklären (vt)	समझाना	samajhāna
erlauben (vt)	अनुमति देना	anumati dena
ermorden (vt)	मार डालना	mār dālana
erwähnen (vt)	उल्लेख करना	ullekh karana
existieren (vi)	होना	hona

11. Die wichtigsten Verben. Teil 2

fallen (vi)	गिरना	girana
fallen lassen	गिराना	girāna
fangen (vt)	पकड़ना	pakarana
finden (vt)	ढूढ़ना	dhūrhana
fliegen (vi)	उड़ना	urana

folgen (Folge mir!)	पीछे चलना	pīchhe chalana
fortsetzen (vt)	जारी रखना	jārī rakhana
fragen (vt)	पूछना	pūchhana
frühstücken (vi)	नाश्ता करना	nāshta karana
geben (vt)	देना	dena

gefallen (vi)	पसंद करना	pasand karana
gehen (zu Fuß gehen)	जाना	jāna
gehören (vi)	स्वामी होना	svāmī hona
graben (vt)	खोदना	khodana

haben (vt)	होना	hona
helfen (vi)	मदद करना	madad karana
herabsteigen (vi)	उतरना	utarana
hereinkommen (vi)	अंदर आना	andar āna

hoffen (vi)	आशा करना	āsha karana
hören (vt)	सुनना	sunana
hungrig sein	भूख लगना	bhūkh lagana
informieren (vt)	खबर देना	khabar dena
jagen (vi)	शिकार करना	shikār karana

kennen (vt)	जानना	jānana
klagen (vi)	शिकायत करना	shikāyat karana
können (v mod)	सकना	sakana
kontrollieren (vt)	नियंत्रित करना	niyantrit karana
kosten (vt)	दाम होना	dām hona
kränken (vt)	अपमान करना	apamān karana
lächeln (vi)	मुस्कुराना	muskurāna

lachen (vi)	हंसना	hansana
laufen (vi)	दौड़ना	daurana
leiten (Betrieb usw.)	प्रबंधन करना	prabandhan karana
lernen (vt)	पढ़ाई करना	parhaī karana
lesen (vi, vt)	पढ़ना	parhana
lieben (vt)	प्यार करना	pyār karana
machen (vt)	करना	karana
mieten (Haus usw.)	किराए पर लेना	kirae par lena
nehmen (vt)	लेना	lena
noch einmal sagen	दोहराना	doharāna
nötig sein	आवश्यक होना	āvashyak hona
öffnen (vt)	खोलना	kholana

12. Die wichtigsten Verben. Teil 3

planen (vt)	योजना बनाना	yojana banāna
prahlen (vi)	डींग मारना	dīng mārana
raten (vt)	सलाह देना	salāh dena
rechnen (vt)	गिनना	ginana
reservieren (vt)	बुक करना	buk karana
retten (vt)	बचाना	bachāna
richtig raten (vt)	अंदाज़ा लगाना	andāza lagāna
rufen (um Hilfe ~)	बुलाना	bulāna
sagen (vt)	कहना	kahana
schaffen (Etwas Neues zu ~)	बनाना	banāna
schelten (vt)	डाँटना	dāntana
schießen (vi)	गोली चलाना	golī chalāna
schmücken (vt)	सजाना	sajāna
schreiben (vi, vt)	लिखना	likhana
schreien (vi)	चिल्लाना	chillāna
schweigen (vi)	चुप रहना	chup rahana
schwimmen (vi)	तैरना	tairana
schwimmen gehen	तैरना	tairana
sehen (vi, vt)	देखना	dekhana
sein (vi)	होना	hona
sich beeilen	जल्दी करना	jaldī karana
sich entschuldigen	माफ़ी माँगना	māfī māngana
sich interessieren	रुचि लेना	ruchi lena
sich irren	गलती करना	galatī karana
sich setzen	बैठना	baithana
sich weigern	इन्कार करना	inkār karana
spielen (vi, vt)	खेलना	khelana
sprechen (vi)	बोलना	bolana
staunen (vi)	हैरान होना	hairān hona
stehlen (vt)	चुराना	churāna
stoppen (vt)	रुकना	rukana
suchen (vt)	तलाश करना	talāsh karana

13. Die wichtigsten Verben. Teil 4

täuschen (vt)	धोखा देना	dhokha dena
teilnehmen (vi)	भाग लेना	bhāg lena
übersetzen (Buch usw.)	अनुवाद करना	anuvād karana
unterschätzen (vt)	कम मूल्यांकन करना	kam mūlyānkan karana
unterschreiben (vt)	हस्ताक्षर करना	hastākshar karana
vereinigen (vt)	संयुक्त करना	sanyukt karana
vergessen (vt)	भूलना	bhūlana
vergleichen (vt)	तुलना करना	tulana karana
verkaufen (vt)	बेचना	bechana
verlangen (vt)	माँगना	māngana
versäumen (vt)	ग़ैर-हाज़िर होना	gair-hāzir hona
versprechen (vt)	वचन देना	vachan dena
verstecken (vt)	छिपाना	chhipāna
verstehen (vt)	समझना	samajhana
versuchen (vt)	कोशिश करना	koshish karana
verteidigen (vt)	रक्षा करना	raksha karana
vertrauen (vi)	यकीन करना	yakīn karana
verwechseln (vt)	गड़बड़ा जाना	garabara jāna
verzeihen (vt)	क्षमा करना	kshama karana
voraussehen (vt)	उम्मीद करना	ummīd karana
vorschlagen (vt)	प्रस्ताव रखना	prastāv rakhana
vorziehen (vt)	तरजीह देना	tarajīh dena
wählen (vt)	चुनना	chunana
warnen (vt)	चेतावनी देना	chetāvanī dena
warten (vi)	इंतज़ार करना	intazār karana
weinen (vi)	रोना	rona
wissen (vt)	मालूम होना	mālūm hona
Witz machen	मज़ाक करना	mazāk karana
wollen (vt)	चाहना	chāhana
zahlen (vt)	दाम चुकाना	dām chukāna
zeigen (jemandem etwas)	दिखाना	dikhāna
zu Abend essen	रात्रिभोज करना	rātribhoj karana
zu Mittag essen	दोपहर का भोजन करना	dopahar ka bhojan karana
zubereiten (vt)	खाना बनाना	khāna banāna
zustimmen (vi)	राज़ी होना	rāzī hona
zweifeln (vi)	शक करना	shak karana

14. Farben

Farbe (f)	रंग (m)	rang
Schattierung (f)	रंग (m)	rang
Farbton (m)	रंग (m)	rang
Regenbogen (m)	इन्द्रधनुष (f)	indradhanush
weiß	सफ़ेद	safed
schwarz	काला	kāla

grau	धूसर	dhūsar
grün	हरा	hara
gelb	पीला	pīla
rot	लाल	lāl

blau	नीला	nīla
hellblau	हल्का नीला	halka nīla
rosa	गुलाबी	gulābī
orange	नारंगी	nārangī
violett	बैंगनी	bainganī
braun	भूरा	bhūra

| golden | सुनहरा | sunahara |
| silbrig | चाँदी-जैसा | chāndī-jaisa |

beige	हल्का भूरा	halka bhūra
cremefarben	क्रीम	krīm
türkis	फ़ीरोज़ी	fīrozī
kirschrot	चेरी जैसा लाल	cherī jaisa lāl
lila	हल्का बैंगनी	halka bainganī
himbeerrot	गहरा लाल	gahara lāl

hell	हल्का	halka
dunkel	गहरा	gahara
grell	चमकीला	chamakīla

Farb- (z.B. -stifte)	रंगीन	rangīn
Farb- (z.B. -film)	रंगीन	rangīn
schwarz-weiß	काला-सफ़ेद	kāla-safed
einfarbig	एक रंग का	ek rang ka
bunt	बहुरंगी	bahurangī

15. Fragen

Wer?	कौन?	kaun?
Was?	क्या?	kya?
Wo?	कहाँ?	kahān?
Wohin?	किधर?	kidhar?
Woher?	कहाँ से?	kahān se?
Wann?	कब?	kab?
Wozu?	क्यों?	kyon?
Warum?	क्यों?	kyon?

Wofür?	किस लिये?	kis liye?
Wie?	कैसे?	kaise?
Welcher?	कौन-सा?	kaun-sa?

Wem?	किसको?	kisako?
Über wen?	किसके बारे में?	kisake bāre men?
Wovon? (~ sprichst du?)	किसके बारे में?	kisake bāre men?
Mit wem?	किसके?	kisake?

| Wie viel? Wie viele? | कितना? | kitana? |
| Wessen? | किसका? | kisaka? |

16. Präpositionen

mit (Frau ~ Katzen)	के साथ	ke sāth
ohne (~ Dich)	के बिना	ke bina
nach (~ London)	की तरफ़	kī taraf
über (~ Geschäfte sprechen)	के बारे में	ke bāre men
vor (z.B. ~ acht Uhr)	के पहले	ke pahale
vor (z.B. ~ dem Haus)	के सामने	ke sāmane
unter (~ dem Schirm)	के नीचे	ke nīche
über (~ dem Meeresspiegel)	के ऊपर	ke ūpar
auf (~ dem Tisch)	पर	par
aus (z.B. ~ München)	से	se
aus (z.B. ~ Porzellan)	से	se
in (~ zwei Tagen)	में	men
über (~ zaun)	के ऊपर चढ़कर	ke ūpar charhakar

17. Funktionswörter. Adverbien. Teil 1

Wo?	कहाँ?	kahān?
hier	यहाँ	yahān
dort	वहां	vahān
irgendwo	कहीं	kahīn
nirgends	कहीं नहीं	kahīn nahin
an (bei)	के पास	ke pās
am Fenster	खिड़की के पास	khirakī ke pās
Wohin?	किधर?	kidhar?
hierher	इधर	idhar
dahin	उधर	udhar
von hier	यहां से	yahān se
von da	वहां से	vahān se
nah (Adv)	पास	pās
weit, fern (Adv)	दूर	dūr
in der Nähe von ...	निकट	nikat
in der Nähe	पास	pās
unweit (~ unseres Hotels)	दूर नहीं	dūr nahin
link (Adj)	बायाँ	bāyān
links (Adv)	बायीं तरफ़	bāyīn taraf
nach links	बायीं तरफ़	bāyīn taraf
recht (Adj)	दायां	dāyān
rechts (Adv)	दायीं तरफ़	dāyīn taraf
nach rechts	दायीं तरफ़	dāyīn taraf
vorne (Adv)	सामने	sāmane
Vorder-	सामने का	sāmane ka

vorwärts	आगे	āge
hinten (Adv)	पीछे	pīchhe
von hinten	पीछे से	pīchhe se
rückwärts (Adv)	पीछे	pīchhe
Mitte (f)	बीच (m)	bīch
in der Mitte	बीच में	bīch men
seitlich (Adv)	कोने में	kone men
überall (Adv)	सभी	sabhī
ringsherum (Adv)	आस-पास	ās-pās
von innen (Adv)	अंदर से	andar se
irgendwohin (Adv)	कहीं	kahīn
geradeaus (Adv)	सीधे	sīdhe
zurück (Adv)	वापस	vāpas
irgendwoher (Adv)	कहीं से भी	kahīn se bhī
von irgendwo (Adv)	कहीं से	kahīn se
erstens	पहले	pahale
zweitens	दूसरा	dūsara
drittens	तीसरा	tīsara
plötzlich (Adv)	अचानक	achānak
zuerst (Adv)	शुरू में	shurū men
zum ersten Mal	पहली बार	pahalī bār
lange vor...	बहुत समय पहले ...	bahut samay pahale ...
von Anfang an	नई शुरुआत	naī shurūāt
für immer	हमेशा के लिए	hamesha ke lie
nie (Adv)	कभी नहीं	kabhī nahin
wieder (Adv)	फिर से	fir se
jetzt (Adv)	अब	ab
oft (Adv)	अकसर	akasar
damals (Adv)	तब	tab
dringend (Adv)	तत्काल	tatkāl
gewöhnlich (Adv)	आमतौर पर	āmataur par
übrigens, ...	प्रसंगवश	prasangavash
möglicherweise (Adv)	मुमकिन	mumakin
wahrscheinlich (Adv)	संभव	sambhav
vielleicht (Adv)	शायद	shāyad
außerdem ...	इस के अलावा	is ke alāva
deshalb ...	इस लिए	is lie
trotz ...	फिर भी ...	fir bhī ...
dank ...	... की मेहरबानी से	... kī meharabānī se
was (~ ist denn?)	क्या	kya
das (~ ist alles)	कि	ki
etwas	कुछ	kuchh
irgendwas	कुछ भी	kuchh bhī
nichts	कुछ नहीं	kuchh nahin
wer (~ ist ~?)	कौन	kaun
jemand	कोई	koī

irgendwer	कोई	koī
niemand	कोई नहीं	koī nahin
nirgends	कहीं नहीं	kahīn nahin
niemandes (~ Eigentum)	किसी का नहीं	kisī ka nahin
jemandes	किसी का	kisī ka
so (derart)	कितना	kitana
auch	भी	bhī
ebenfalls	भी	bhī

18. Funktionswörter. Adverbien. Teil 2

Warum?	क्यों?	kyon?
aus irgendeinem Grund	किसी कारणवश	kisī kāranavash
weil ...	क्यों कि ...	kyon ki ...
zu irgendeinem Zweck	किसी वजह से	kisī vajah se
und	और	aur
oder	या	ya
aber	लेकिन	lekin
für (präp)	के लिए	ke lie
zu (~ viele)	ज़्यादा	zyāda
nur (~ einmal)	सिर्फ़	sirf
genau (Adv)	ठीक	thīk
etwa	करीब	karīb
ungefähr (Adv)	लगभग	lagabhag
ungefähr (Adj)	अनुमानित	anumānit
fast	करीब	karīb
Übrige (n)	बाक़ी	bāqī
jeder (~ Mann)	हर एक	har ek
beliebig (Adj)	कोई	koī
viel	बहुत	bahut
viele Menschen	बहुत लोग	bahut log
alle (wir ~)	सभी	sabhī
im Austausch gegen ...	... के बदले में	... ke badale men
dafür (Adv)	की जगह	kī jagah
mit der Hand (Hand-)	हाथ से	hāth se
schwerlich (Adv)	शायद ही	shāyad hī
wahrscheinlich (Adv)	शायद	shāyad
absichtlich (Adv)	जानबूझकर	jānabūjhakar
zufällig (Adv)	संयोगवश	sanyogavash
sehr (Adv)	बहुत	bahut
zum Beispiel	उदाहरण के लिए	udāharan ke lie
zwischen	के बीच	ke bīch
unter (Wir sind ~ Mördern)	में	men
so viele (~ Ideen)	इतना	itana
besonders (Adv)	ख़ासतौर पर	khāsataur par

Grundbegriffe. Teil 2

19. Wochentage

Montag (m)	सोमवार (m)	somavār
Dienstag (m)	मंगलवार (m)	mangalavār
Mittwoch (m)	बुधवार (m)	budhavār
Donnerstag (m)	गुरूवार (m)	gurūvār
Freitag (m)	शुक्रवार (m)	shukravār
Samstag (m)	शनिवार (m)	shanivār
Sonntag (m)	रविवार (m)	ravivār

heute	आज	āj
morgen	कल	kal
übermorgen	परसों	parason
gestern	कल	kal
vorgestern	परसों	parason

Tag (m)	दिन (m)	din
Arbeitstag (m)	कार्यदिवस (m)	kāryadivas
Feiertag (m)	सार्वजनिक छुट्टी (f)	sārvajanik chhuttī
freier Tag (m)	छुट्टी का दिन (m)	chhuttī ka din
Wochenende (n)	सप्ताहांत (m)	saptāhānt

den ganzen Tag	सारा दिन	sāra din
am nächsten Tag	अगला दिन	agala din
zwei Tage vorher	दो दिन पहले	do din pahale
am Vortag	एक दिन पहले	ek din pahale
täglich (Adj)	दैनिक	dainik
täglich (Adv)	हर दिन	har din

Woche (f)	हफ़ता (f)	hafata
letzte Woche	पिछले हफ़ते	pichhale hafate
nächste Woche	अगले हफ़ते	agale hafate
wöchentlich (Adj)	साप्ताहिक	saptāhik
wöchentlich (Adv)	हर हफ़ते	har hafate
zweimal pro Woche	हफ़ते में दो बार	hafate men do bār
jeden Dienstag	हर मंगलवार को	har mangalavār ko

20. Stunden. Tag und Nacht

Morgen (m)	सुबह (m)	subah
morgens	सुबह में	subah men
Mittag (m)	दोपहर (m)	dopahar
nachmittags	दोपहर में	dopahar men

Abend (m)	शाम (m)	shām
abends	शाम में	shām men

Nacht (f)	रात (f)	rāt
nachts	रात में	rāt men
Mitternacht (f)	आधी रात (f)	ādhī rāt

Sekunde (f)	सेकन्ड (m)	sekand
Minute (f)	मिनट (m)	minat
Stunde (f)	घंटा (m)	ghanta
eine halbe Stunde	आधा घंटा	ādha ghanta
Viertelstunde (f)	सवा	sava
fünfzehn Minuten	पंद्रह मीनट	pandrah mīnat
Tag und Nacht	24 घंटे (m)	chaubīs ghante

Sonnenaufgang (m)	सूर्योदय (m)	sūryoday
Morgendämmerung (f)	सूर्योदय (m)	sūryoday
früher Morgen (m)	प्रातःकाल (m)	prātahkāl
Sonnenuntergang (m)	सूर्यास्त (m)	sūryāst

früh am Morgen	सुबह-सवेरे	subah-savere
heute Morgen	इस सुबह	is subah
morgen früh	कल सुबह	kal subah

heute Mittag	आज शाम	āj shām
nachmittags	दोपहर में	dopahar men
morgen Nachmittag	कल दोपहर	kal dopahar

heute Abend	आज शाम	āj shām
morgen Abend	कल रात	kal rāt

Punkt drei Uhr	ठीक तीन बजे में	thīk tīn baje men
gegen vier Uhr	लगभग चार बजे	lagabhag chār baje
um zwölf Uhr	बारह बजे तक	bārah baje tak

in zwanzig Minuten	बीस मीनट में	bīs mīnat men
in einer Stunde	एक घंटे में	ek ghante men
rechtzeitig (Adv)	ठीक समय पर	thīk samay par

Viertel vor ...	पौने ... बजे	paune ... baje
innerhalb einer Stunde	एक घंटे के अंदर	ek ghante ke andar
alle fünfzehn Minuten	हर पंद्रह मीनट	har pandrah mīnat
Tag und Nacht	दिन-रात (m pl)	din-rāt

21. Monate. Jahreszeiten

Januar (m)	जनवरी (m)	janavarī
Februar (m)	फ़रवरी (m)	faravarī
März (m)	मार्च (m)	mārch
April (m)	अप्रैल (m)	aprail
Mai (m)	माई (m)	maī
Juni (m)	जून (m)	jūn

Juli (m)	जुलाई (m)	julaī
August (m)	अगस्त (m)	agast
September (m)	सितम्बर (m)	sitambar
Oktober (m)	अक्तूबर (m)	aktūbar

November (m)	नवम्बर (m)	navambar
Dezember (m)	दिसम्बर (m)	disambar
Frühling (m)	वसन्त (m)	vasant
im Frühling	वसन्त में	vasant men
Frühlings-	वसन्त	vasant
Sommer (m)	गरमी (f)	garamī
im Sommer	गरमियों में	garamiyon men
Sommer-	गरमी	garamī
Herbst (m)	शरद (m)	sharad
im Herbst	शरद में	sharad men
Herbst-	शरद	sharad
Winter (m)	सर्दी (f)	sardī
im Winter	सर्दियों में	sardiyon men
Winter-	सर्दी	sardī
Monat (m)	महीना (m)	mahīna
in diesem Monat	इस महीने	is mahīne
nächsten Monat	अगले महीने	agale mahīne
letzten Monat	पिछले महीने	pichhale mahīne
vor einem Monat	एक महीने पहले	ek mahīne pahale
über eine Monat	एक महीने में	ek mahīne men
in zwei Monaten	दो महीने में	do mahīne men
den ganzen Monat	पूरे महीने	pūre mahīne
monatlich (Adj)	मासिक	māsik
monatlich (Adv)	हर महीने	har mahīne
jeden Monat	हर महीने	har mahīne
zweimal pro Monat	महिने में दो बार	mahine men do bār
Jahr (n)	वर्ष (m)	varsh
dieses Jahr	इस साल	is sāl
nächstes Jahr	अगले साल	agale sāl
voriges Jahr	पिछले साल	pichhale sāl
vor einem Jahr	एक साल पहले	ek sāl pahale
in einem Jahr	एक साल में	ek sāl men
in zwei Jahren	दो साल में	do sāl men
das ganze Jahr	पूरा साल	pūra sāl
jedes Jahr	हर साल	har sāl
jährlich (Adj)	वार्षिक	vārshik
jährlich (Adv)	वार्षिक	vārshik
viermal pro Jahr	साल में चार बार	sāl men chār bār
Datum (heutige ~)	तारीख़ (f)	tārīkh
Datum (Geburts-)	तारीख़ (f)	tārīkh
Kalender (m)	कैलेन्डर (m)	kailendar
ein halbes Jahr	आधे वर्ष (m)	ādhe varsh
Halbjahr (n)	छमाही (f)	chhamāhī
Saison (f)	मौसम (m)	mausam
Jahrhundert (n)	शताबदी (f)	shatābadī

22. Zeit. Verschiedenes

Zeit (f)	वक्त (m)	vakt
Augenblick (m)	क्षण (m)	kshan
Moment (m)	क्षण (m)	kshan
augenblicklich (Adj)	तुरंत	turant
Zeitspanne (f)	बीता (m)	bīta
Leben (n)	जीवन (m)	jīvan
Ewigkeit (f)	शाश्वतता (f)	shāshvatata
Epoche (f)	युग (f)	yug
Ära (f)	सम्वत् (f)	samvat
Zyklus (m)	काल (m)	kāl
Periode (f)	काल (m)	kāl
Frist (äußerste ~)	समय (m)	samay
Zukunft (f)	भविष्य (m)	bhavishy
zukünftig (Adj)	आगामी	āgāmī
nächstes Mal	अगली बार	agalī bār
Vergangenheit (f)	भूतकाल (m)	bhūtakāl
vorig (Adj)	पिछला	pichhala
letztes Mal	पिछली बार	pichhalī bār
später (Adv)	बाद में	bād men
danach	के बाद	ke bād
zur Zeit	आजकाल	ājakāl
jetzt	अभी	abhī
sofort	तुरंत	turant
bald	थोड़ी ही देर में	thorī hī der men
im Voraus	पहले से	pahale se
lange her	बहुत समय पहले	bahut samay pahale
vor kurzem	हाल ही में	hāl hī men
Schicksal (n)	भाग्य (f)	bhāgy
Erinnerungen (pl)	यादगार (f)	yādagār
Archiv (n)	पुरालेखागार (m)	purālekhāgār
während …	… के दौरान	… ke daurān
lange (Adv)	ज्यादा समय	zyāda samay
nicht lange (Adv)	ज्यादा समय नहीं	zyāda samay nahin
früh (~ am Morgen)	जल्दी	jaldī
spät (Adv)	देर	der
für immer	सदा के लिए	sada ke lie
beginnen (vt)	शुरू करना	shurū karana
verschieben (vt)	स्थगित करना	sthagit karana
gleichzeitig	एक ही समय पर	ek hī samay par
ständig (Adv)	स्थायी रूप से	sthāyī rūp se
konstant (Adj)	लगातार	lagātār
zeitweilig (Adj)	अस्थायी रूप से	asthāyī rūp se
manchmal	कभी-कभी	kabhī-kabhī
selten (Adv)	शायद ही	shāyad hī
oft	अक्सर	aksar

23. Gegenteile

| reich (Adj) | अमीर | amīr |
| arm (Adj) | ग़रीब | garīb |

| krank (Adj) | बीमार | bīmār |
| gesund (Adj) | तंदरूस्त | tandarūst |

| groß (Adj) | बड़ा | bara |
| klein (Adj) | छोटा | chhota |

| schnell (Adv) | जल्दी से | jaldī se |
| langsam (Adv) | धीरे | dhīre |

| schnell (Adj) | तेज़ | tez |
| langsam (Adj) | धीमा | dhīma |

| froh (Adj) | हँसमुख | hansamukh |
| traurig (Adj) | उदास | udās |

| zusammen | साथ-साथ | sāth-sāth |
| getrennt (Adv) | अलग-अलग | alag-alag |

| laut (~ lesen) | बोलकर | bolakar |
| still (~ lesen) | मन ही मन | man hī man |

| hoch (Adj) | लंबा | lamba |
| niedrig (Adj) | नीचा | nīcha |

| tief (Adj) | गहरा | gahara |
| flach (Adj) | छिछला | chhichhala |

| ja | हाँ | hān |
| nein | नहीं | nahin |

| fern (Adj) | दूर | dūr |
| nah (Adj) | निकट | nikat |

| weit (Adv) | दूर | dūr |
| nebenan (Adv) | पास | pās |

| lang (Adj) | लंबा | lamba |
| kurz (Adj) | छोटा | chhota |

| gut (gütig) | नेक | nek |
| böse (der ~ Geist) | दुष्ट | dusht |

| verheiratet (Ehemann) | शादीशुदा | shādīshuda |
| ledig (Adj) | अविवाहित | avivāhit |

| verbieten (vt) | प्रतिबंधित करना | pratibandhit karana |
| erlauben (vt) | अनुमति देना | anumati dena |

| Ende (n) | अंत (m) | ant |
| Anfang (m) | शुरू (m) | shurū |

link (Adj)	बायाँ	bāyān
recht (Adj)	दायां	dāyān
der erste	पहला	pahala
der letzte	आखिरी	ākhirī
Verbrechen (n)	जुर्म (m)	jurm
Bestrafung (f)	सज़ा (f)	saza
befehlen (vt)	हुक्म देना	hukm dena
gehorchen (vi)	मानना	mānana
gerade (Adj)	सीधा	sīdha
krumm (Adj)	टेढ़ा	terha
Paradies (n)	जन्नत (m)	jannat
Hölle (f)	नरक (m)	narak
geboren sein	जन्म होना	janm hona
sterben (vi)	मरना	marana
stark (Adj)	शक्तिशाली	shaktishālī
schwach (Adj)	कमज़ोर	kamazor
alt	बूढ़ा	būrha
jung (Adj)	जवान	javān
alt (Adj)	पुराना	purāna
neu (Adj)	नया	naya
hart (Adj)	कठोर	kathor
weich (Adj)	नरम	naram
warm (Adj)	गरम	garam
kalt (Adj)	ठंडा	thanda
dick (Adj)	मोटा	mota
mager (Adj)	दुबला	dubala
eng (Adj)	तंग	tang
breit (Adj)	चौड़ा	chaura
gut (Adj)	अच्छा	achchha
schlecht (Adj)	बुरा	bura
tapfer (Adj)	बहादुर	bahādur
feige (Adj)	कायर	kāyar

24. Linien und Formen

Quadrat (n)	चतुष्कोण (m)	chatushkon
quadratisch	चौकोना	chaukona
Kreis (m)	घेरा (m)	ghera
rund	गोलाकार	golākār

| Dreieck (n) | त्रिकोण (m) | trikon |
| dreieckig | त्रिकोना | trikona |

Oval (n)	ओवल (m)	oval
oval	ओवल	oval
Rechteck (n)	आयत (m)	āyat
rechteckig	आयताकार	āyatākār

Pyramide (f)	शुंडाकार स्तंभ (m)	shundākār stambh
Rhombus (m)	रोम्बस (m)	rombas
Trapez (n)	विषम चतुर्भुज (m)	visham chaturbhuj
Würfel (m)	घनक्षेत्र (m)	ghanakshetr
Prisma (n)	क्रकच आयत (m)	krakach āyat

Kreis (m)	परिधि (f)	paridhi
Sphäre (f)	गोला (m)	gola
Kugel (f)	गोला (m)	gola
Durchmesser (m)	व्यास (m)	vyās
Radius (m)	व्यासार्ध (m)	vyāsārdh
Umfang (m)	परिणिति (f)	pariniti
Zentrum (n)	केन्द्र (m)	kendr

waagerecht (Adj)	क्षैतिज	kshaitij
senkrecht (Adj)	ऊर्ध्व	ūrdhv
Parallele (f)	समांतर-रेखा (f)	samāntar-rekha
parallel (Adj)	समानान्तर	samānāntar

Linie (f)	रेखा (f)	rekha
Strich (m)	लकीर (f)	lakīr
Gerade (f)	सीधी रेखा (f)	sīdhī rekha
Kurve (f)	टेढ़ी रेखा (f)	terhī rekha
dünn (schmal)	पतली	patalī
Kontur (f)	परिरेखा (f)	parirekha

Schnittpunkt (m)	प्रतिच्छेदन (f)	pratichchhedan
rechter Winkel (m)	समकोण (m)	samakon
Segment (n)	खंड (m)	khand
Sektor (m)	क्षेत्र (m)	kshetr
Seite (f)	साइड (m)	said
Winkel (m)	कोण (m)	kon

25. Maßeinheiten

Gewicht (n)	वज़न (m)	vazan
Länge (f)	लम्बाई (f)	lambaī
Breite (f)	चौड़ाई (f)	chauraī
Höhe (f)	ऊंचाई (f)	ūnchaī
Tiefe (f)	गहराई (f)	gaharaī
Volumen (n)	घनत्व (f)	ghanatv
Fläche (f)	क्षेत्रफल (m)	kshetrafal

Gramm (n)	ग्राम (m)	grām
Milligramm (n)	मिलीग्राम (m)	milīgrām
Kilo (n)	किलोग्राम (m)	kilogrām

Tonne (f)	टन (m)	tan
Pfund (n)	पौण्ड (m)	paund
Unze (f)	औन्स (m)	auns

Meter (m)	मीटर (m)	mītar
Millimeter (m)	मिलीमीटर (m)	milīmītar
Zentimeter (m)	सेंटीमीटर (m)	sentīmītar
Kilometer (m)	किलोमीटर (m)	kilomītar
Meile (f)	मील (m)	mīl

Zoll (m)	इंच (m)	inch
Fuß (m)	फुट (m)	fut
Yard (n)	गज (m)	gaj

| Quadratmeter (m) | वर्ग मीटर (m) | varg mītar |
| Hektar (n) | हेक्टेयर (m) | hekteyar |

Liter (m)	लीटर (m)	lītar
Grad (m)	डिग्री (m)	digrī
Volt (n)	वोल्ट (m)	volt
Ampere (n)	ऐम्पेयर (m)	aimpeyar
Pferdestärke (f)	अश्व शक्ति (f)	ashv shakti

Anzahl (f)	मात्रा (f)	mātra
etwas ...	कुछ ...	kuchh ...
Hälfte (f)	आधा (m)	ādha
Dutzend (n)	दर्जन (m)	darjan
Stück (n)	टुकड़ा (m)	tukara

| Größe (f) | माप (m) | māp |
| Maßstab (m) | पैमाना (m) | paimāna |

minimal (Adj)	न्यूनतम	nyūnatam
der kleinste	सब से छोटा	sab se chhota
mittler, mittel-	मध्य	madhy
maximal (Adj)	अधिकतम	adhikatam
der größte	सबसे बड़ा	sabase bara

26. Behälter

Glas (Einmachglas)	शीशी (f)	shīshī
Dose (z.B. Bierdose)	डिब्बा (m)	dibba
Eimer (m)	बाल्टी (f)	bāltī
Fass (n), Tonne (f)	पीपा (m)	pīpa

Waschschüssel (n)	चिलमची (f)	chilamachī
Tank (m)	कुण्ड (m)	kund
Flachmann (m)	फ्लास्क (m)	flāsk
Kanister (m)	जेरिकैन (m)	jerikain
Zisterne (f)	टंकी (f)	tankī

Kaffeebecher (m)	मग (m)	mag
Tasse (f)	प्याली (f)	pyālī
Untertasse (f)	सॉसर (m)	sosar

Wasserglas (n)	गिलास (m)	gilās
Weinglas (n)	वाइन गिलास (m)	vain gilās
Kochtopf (m)	सॉसपैन (m)	sosapain

| Flasche (f) | बोतल (f) | botal |
| Flaschenhals (m) | गला (m) | gala |

Karaffe (f)	जग (m)	jag
Tonkrug (m)	सुराही (f)	surāhī
Gefäß (n)	बर्तन (m)	baratan
Tontopf (m)	घड़ा (m)	ghara
Vase (f)	फूलदान (m)	fūladān

Flakon (n)	शीशी (f)	shīshī
Fläschchen (n)	शीशी (f)	shīshī
Tube (z.b. Zahnpasta)	ट्यूब (m)	tyūb

Sack (~ Kartoffeln)	थैला (m)	thaila
Tüte (z.b. Plastiktüte)	थैली (f)	thailī
Schachtel (f)	पैकेट (f)	paiket
(z.b. Zigaretten~)		

Karton (z.b. Schuhkarton)	डिब्बा (m)	dibba
Kiste (z.b. Bananenkiste)	डिब्बा (m)	dibba
Korb (m)	टोकरी (f)	tokarī

27. Werkstoffe

Stoff (z.b. Baustoffe)	सामग्री (f)	sāmagrī
Holz (n)	लकड़ी (f)	lakarī
hölzern	लकड़ी का बना	lakarī ka bana

| Glas (n) | कांच (f) | kānch |
| gläsern, Glas- | काँच का | kānch ka |

| Stein (m) | पत्थर (m) | patthar |
| steinern | पत्थर का | patthar ka |

| Kunststoff (m) | प्लास्टिक (m) | plāstik |
| Kunststoff- | प्लास्टिक का | plāstik ka |

| Gummi (n) | रबड़ (f) | rabar |
| Gummi- | रबड़ का | rabar ka |

| Stoff (m) | कपड़ा (m) | kapara |
| aus Stoff | कपड़े का | kapare ka |

| Papier (n) | काग़ज़ (m) | kāgaz |
| Papier- | काग़ज़ का | kāgaz ka |

Pappe (f)	दफ़्ती (f)	dafatī
Pappen-	दफ़्ती का	dafatī ka
Polyäthylen (n)	पॉलीएथीलीन (m)	polīethīlīn
Zellophan (n)	सेल्लोफ़ेन (m)	sellofen

Furnier (n)	प्लाईवुड (m)	plaīvud
Porzellan (n)	चीनी मिट्टी (f)	chīnī mittī
aus Porzellan	चीनी मिट्टी का	chīnī mittī ka
Ton (m)	मिट्टी (f)	mittī
Ton-	मिट्टी का	mittī ka
Keramik (f)	चीनी मिट्टी (f)	chīnī mittī
keramisch	चीनी मिट्टी का	chīnī mittī ka

28. Metalle

Metall (n)	धातु (m)	dhātu
metallisch, Metall-	धात्वीय	dhātvīy
Legierung (f)	मिश्रधातु (m)	mishradhātu

Gold (n)	सोना (m)	sona
golden	सोना	sona
Silber (n)	चाँदी (f)	chāndī
silbern, Silber-	चाँदी का	chāndī ka

Eisen (n)	लोहा (m)	loha
eisern, Eisen-	लोहे का बना	lohe ka bana
Stahl (m)	इस्पात (f)	ispāt
stählern	इस्पात का	ispāt ka
Kupfer (n)	ताँबा (f)	tānba
kupfern, Kupfer-	ताँबे का	tānbe ka

Aluminium (n)	अल्युमीनियम (m)	alyumīniyam
Aluminium-	अलुमीनियम का बना	alumīniyam ka bana
Bronze (f)	काँसा (f)	kānsa
bronzen	काँसे का	kānse ka

Messing (n)	पीतल (f)	pītal
Nickel (n)	निकल (m)	nikal
Platin (n)	प्लैटिनम (m)	plaitinam
Quecksilber (n)	पारा (f)	pāra
Zinn (n)	टिन (m)	tin
Blei (n)	सीसा (f)	sīsa
Zink (n)	जस्ता (m)	jasta

DER MENSCH

Der Mensch. Körper

29. Menschen. Grundbegriffe

Mensch (m)	मनुष्य (m)	munashy
Mann (m)	आदमी (m)	ādamī
Frau (f)	औरत (f)	aurat
Kind (n)	बच्चा (m)	bachcha
Mädchen (n)	लड़की (f)	larakī
Junge (m)	लड़का (m)	laraka
Teenager (m)	किशोर (m)	kishor
Greis (m)	बूढ़ा (m)	būrha
alte Frau (f)	बूढ़िया (f)	būrhiya

30. Anatomie des Menschen

Organismus (m)	शरीर (m)	sharīr
Herz (n)	दिल (m)	dil
Blut (n)	खून (f)	khūn
Arterie (f)	धमनी (f)	dhamanī
Vene (f)	नस (f)	nas
Gehirn (n)	मास्तिष्क (m)	māstishk
Nerv (m)	नस (f)	nas
Nerven (pl)	नसें (f)	nasen
Wirbel (m)	कशेरुका (m)	kasheruka
Wirbelsäule (f)	रीढ़ की हड्डी	rīrh kī haddī
Magen (m)	पेट (m)	pet
Gedärm (n)	आँतें (f)	ānten
Darm (z.B. Dickdarm)	आँत (f)	ānt
Leber (f)	जिगर (f)	jigar
Niere (f)	गुर्दा (f)	gurda
Knochen (m)	हड्डी (f)	haddī
Skelett (n)	कंकाल (m)	kankāl
Rippe (f)	पसली (f)	pasalī
Schädel (m)	खोपड़ी (f)	khoparī
Muskel (m)	मांसपेशी (f)	mānsapeshī
Bizeps (m)	बाइसेप्स (m)	baiseps
Trizeps (m)	ट्राईसेप्स (m)	traīseps
Sehne (f)	कंडरा (m)	kandara
Gelenk (n)	जोड़ (m)	jor

Lungen (pl)	फेफड़े (m pl)	fefare
Geschlechtsorgane (pl)	गुप्तांग (m)	guptāng
Haut (f)	त्वचा (f)	tvacha

31. Kopf

Kopf (m)	सिर (m)	sir
Gesicht (n)	चेहरा (m)	chehara
Nase (f)	नाक (f)	nãk
Mund (m)	मुँह (m)	munh
Auge (n)	आँख (f)	ānkh
Augen (pl)	आँखें (f)	ānkhen
Pupille (f)	आँख की पुतली (f)	ānkh kī putalī
Augenbraue (f)	भौंह (f)	bhaunh
Wimper (f)	बरौनी (f)	baraunī
Augenlid (n)	पलक (m)	palak
Zunge (f)	जीभ (m)	jībh
Zahn (m)	दाँत (f)	dānt
Lippen (pl)	होंठ (m)	honth
Backenknochen (pl)	गाल की हड्डी (f)	gāl kī haddī
Zahnfleisch (n)	मसूड़ा (m)	masūra
Gaumen (m)	तालु (m)	tālu
Nasenlöcher (pl)	नथने (m pl)	nathane
Kinn (n)	ठोड़ी (f)	thorī
Kiefer (m)	जबड़ा (m)	jabara
Wange (f)	गाल (m)	gāl
Stirn (f)	माथा (m)	mātha
Schläfe (f)	कनपट्टी (f)	kanapattī
Ohr (n)	कान (m)	kān
Nacken (m)	सिर का पिछला हिस्सा (m)	sir ka pichhala hissa
Hals (m)	गरदन (m)	garadan
Kehle (f)	गला (m)	gala
Haare (pl)	बाल (m pl)	bāl
Frisur (f)	हेयरस्टाइल (m)	heyarastail
Haarschnitt (m)	हेयरकट (m)	heyarakat
Perücke (f)	नकली बाल (m)	nakalī bāl
Schnurrbart (m)	मूँछें (f pl)	mūnchhen
Bart (m)	दाढ़ी (f)	dārhī
haben (einen Bart ~)	होना	hona
Zopf (m)	चोटी (f)	chotī
Backenbart (m)	गलमुच्छा (m)	galamuchchha
rothaarig	लाल बाल	lāl bāl
grau	सफ़ेद बाल	safed bāl
kahl	गंजा	ganja
Glatze (f)	गंजाई (f)	ganjaī
Pferdeschwanz (m)	पोनी-टेल (f)	ponī-tel
Pony (Ponyfrisur)	बेंग (m)	beng

32. Menschlicher Körper

| Hand (f) | हाथ (m) | hāth |
| Arm (m) | बाँह (m) | bānh |

Finger (m)	उँगली (m)	ungalī
Daumen (m)	अंगूठा (m)	angūtha
kleiner Finger (m)	छोटी उंगली (f)	chhotī ungalī
Nagel (m)	नाख़ून (m)	nākhūn

Faust (f)	मुट्ठी (m)	mutthī
Handfläche (f)	हथेली (f)	hathelī
Handgelenk (n)	कलाई (f)	kalaī
Unterarm (m)	प्रकोष्ठ (m)	prakoshth
Ellbogen (m)	कोहनी (f)	kohanī
Schulter (f)	कंधा (m)	kandha

Bein (n)	टाँग (f)	tāng
Fuß (m)	पैर का तलवा (m)	pair ka talava
Knie (n)	घुटना (m)	ghutana
Wade (f)	पिंडली (f)	pindalī
Hüfte (f)	जाँघ (f)	jāngh
Ferse (f)	एड़ी (f)	erī

Körper (m)	शरीर (m)	sharīr
Bauch (m)	पेट (m)	pet
Brust (f)	सीना (m)	sīna
Busen (m)	स्तन (f)	stan
Seite (f), Flanke (f)	कूल्हा (m)	kūlha
Rücken (m)	पीठ (f)	pīth
Kreuz (n)	पीठ का निचला हिस्सा (m)	pīth ka nichala hissa
Taille (f)	कमर (f)	kamar

Nabel (m)	नाभी (f)	nābhī
Gesäßbacken (pl)	नितंब (m pl)	nitamb
Hinterteil (n)	नितम्ब (m)	nitamb

Leberfleck (m)	सौंदर्य चिन्ह (f)	saundary chinh
Muttermal (n)	जन्म चिह्न (m)	janm chihn
Tätowierung (f)	टैटू (m)	taitū
Narbe (f)	घाव का निशान (m)	ghāv ka nishān

Kleidung & Accessoires

33. Oberbekleidung. Mäntel

Kleidung (f)	कपड़े (m)	kapare
Oberkleidung (f)	बाहरी पोशाक (m)	bāharī poshāk
Winterkleidung (f)	सर्दियों की पोशक (f)	sardiyon kī poshak
Mantel (m)	ओवरकोट (m)	ovarakot
Pelzmantel (m)	फरकोट (m)	farakot
Pelzjacke (f)	फ़र की जैकेट (f)	far kī jaiket
Daunenjacke (f)	फ़ेदर कोट (m)	fedar kot
Jacke (z.B. Lederjacke)	जैकेट (f)	jaiket
Regenmantel (m)	बरसाती (f)	barasātī
wasserdicht	जलरोधक	jalarodhak

34. Herren- & Damenbekleidung

Hemd (n)	कमीज़ (f)	kamīz
Hose (f)	पैंट (m)	paint
Jeans (pl)	जीन्स (m)	jīns
Jackett (n)	कोट (m)	kot
Anzug (m)	सूट (m)	sūt
Damenkleid (n)	फ्रॉक (f)	frok
Rock (m)	स्कर्ट (f)	skart
Bluse (f)	ब्लाउज़ (f)	blauz
Strickjacke (f)	कार्डिगन (f)	kārdigan
Jacke (Damen Kostüm)	जैकेट (f)	jaiket
T-Shirt (n)	टी-शर्ट (f)	tī-shart
Shorts (pl)	शोर्ट्स (m pl)	shorts
Sportanzug (m)	ट्रैक सूट (m)	traik sūt
Bademantel (m)	बाथ रोब (m)	bāth rob
Schlafanzug (m)	पजामा (m)	pajāma
Sweater (m)	स्वेटर (m)	sūtar
Pullover (m)	पुलोवर (m)	pulovar
Weste (f)	बण्डी (m)	bandī
Frack (m)	टेल-कोट (m)	tel-kot
Smoking (m)	डिनर-जैकेट (f)	dinar-jaiket
Uniform (f)	वर्दी (f)	vardī
Arbeitskleidung (f)	वर्दी (f)	vardī
Overall (m)	ओवरऑल्स (m)	ovarols
Kittel (z.B. Arztkittel)	कोट (m)	kot

35. Kleidung. Unterwäsche

Unterwäsche (f)	अंगवस्त्र (m)	angavastr
Unterhemd (n)	बनियान (f)	baniyān
Socken (pl)	मोज़े (m pl)	moze
Nachthemd (n)	नाइट गाउन (m)	nait gaun
Büstenhalter (m)	ब्रा (f)	bra
Kniestrümpfe (pl)	घुटनों तक के मोज़े (m)	ghutanon tak ke moze
Strumpfhose (f)	टाइट्स (m pl)	taits
Strümpfe (pl)	स्टाकिंग (m pl)	stāking
Badeanzug (m)	स्विम सूट (m)	svim sūt

36. Kopfbekleidung

Mütze (f)	टोपी (f)	topī
Filzhut (m)	हैट (f)	hait
Baseballkappe (f)	बैस्बॉल कैप (f)	baisbol kaip
Schiebermütze (f)	फ़्लैट कैप (f)	flait kaip
Baskenmütze (f)	बेरेट (m)	beret
Kapuze (f)	हुड (m)	hūd
Panamahut (m)	पनामा हैट (m)	panāma hait
Strickmütze (f)	बुनी हुई टोपी (f)	bunī huī topī
Kopftuch (n)	सिर का स्काफ़ (m)	sir ka skārf
Damenhut (m)	महिलाओं की टोपी (f)	mahilaon kī topī
Schutzhelm (m)	हेलमेट (f)	helamet
Feldmütze (f)	पुलिसीया टोपी (f)	pulisīya topī
Helm (z.B. Motorradhelm)	हेलमेट (f)	helamet
Melone (f)	बॉलर हैट (m)	bolar hait
Zylinder (m)	टॉप हैट (m)	top hait

37. Schuhwerk

Schuhe (pl)	पनही (f)	panahī
Stiefeletten (pl)	जूते (m pl)	jūte
Halbschuhe (pl)	जूते (m pl)	jūte
Stiefel (pl)	बूट (m pl)	būt
Hausschuhe (pl)	चप्पल (f pl)	chappal
Tennisschuhe (pl)	टेनिस के जूते (m)	tenis ke jūte
Leinenschuhe (pl)	स्नीकर्स (m)	snīkars
Sandalen (pl)	सैन्डल (f)	saindal
Schuster (m)	मोची (m)	mochī
Absatz (m)	एड़ी (f)	erī
Paar (n)	जोड़ा (m)	jora
Schnürsenkel (m)	जूते का फ़ीता (m)	jūte ka fīta

schnüren (vt)	फ़ीता बाँधना	fita bāndhana
Schuhlöffel (m)	शू-होर्न (m)	shū-horn
Schuhcreme (f)	बूट-पालिश (m)	būt-pālish

38. Textilien. Stoffe

Baumwolle (f)	कपास (m)	kapās
Baumwolle-	सूती	sūtī
Leinen (m)	फ़्लैक्स (m)	flaiks
Leinen-	फ़्लैक्स का	flaiks ka

Seide (f)	रेशम (f)	resham
Seiden-	रेशमी	reshamī
Wolle (f)	ऊन (m)	ūn
Woll-	ऊनी	ūnī

Samt (m)	मख़मल (m)	makhamal
Wildleder (n)	स्वैड (m)	svaid
Cord (m)	कॉरडरॉय (m)	koradaroy

Nylon (n)	नायलॉन (m)	nāyalon
Nylon-	नायलॉन का	nāyalon ka
Polyester (m)	पॉलिएस्टर (m)	poliestar
Polyester-	पॉलिएस्टर का	poliestar ka

Leder (n)	चमड़ा (m)	chamara
Leder-	चमड़े का	chamare ka
Pelz (m)	फ़र (m)	far
Pelz-	फ़र का	far ka

39. Persönliche Accessoires

Handschuhe (pl)	दस्ताने (m pl)	dastāne
Fausthandschuhe (pl)	दस्ताने (m pl)	dastāne
Schal (Kaschmir-)	मफ़लर (m)	mafalar

Brille (f)	ऐनक (m pl)	ainak
Brillengestell (n)	चश्मे का फ्रेम (m)	chashme ka frem
Regenschirm (m)	छतरी (f)	chhatarī
Spazierstock (m)	छड़ी (f)	chharī
Haarbürste (f)	ब्रश (m)	brash
Fächer (m)	पंखा (m)	pankha

Krawatte (f)	टाई (f)	taī
Fliege (f)	बो टाई (f)	bo taī
Hosenträger (pl)	पतलून बाँधने का फ़ीता (m)	patalūn bāndhane ka fita
Taschentuch (n)	रुमाल (m)	rūmāl

Kamm (m)	कंघा (m)	kangha
Haarspange (f)	बालपिन (f)	bālapin
Haarnadel (f)	हेयरक्लीप (f)	heyaraklīp
Schnalle (f)	बकसुआ (m)	bakasua

Gürtel (m)	बेल्ट (m)	belt
Umhängegurt (m)	कंधे का पट्टा (m)	kandhe ka patta
Tasche (f)	बैग (m)	baig
Handtasche (f)	पर्स (m)	pars
Rucksack (m)	बैकपैक (m)	baikapaik

40. Kleidung. Verschiedenes

Mode (f)	फ़ैशन (m)	faishan
modisch	प्रचलन में	prachalan men
Modedesigner (m)	फ़ैशन डिज़ाइनर (m)	faishan dizainar
Kragen (m)	कॉलर (m)	kolar
Tasche (f)	जेब (m)	jeb
Taschen-	जेब	jeb
Ärmel (m)	आस्तीन (f)	āstīn
Aufhänger (m)	हैंगिंग लूप (f)	hainging lūp
Hosenschlitz (m)	ज़िप (f)	zip
Reißverschluss (m)	ज़िप (f)	zip
Verschluss (m)	हुक (m)	huk
Knopf (m)	बटन (m)	batan
Knopfloch (n)	बटन का काज (m)	batan ka kāj
abgehen (Knopf usw.)	निकल जाना	nikal jāna
nähen (vi, vt)	सीना	sīna
sticken (vt)	काढ़ना	kārhana
Stickerei (f)	कढ़ाई (f)	karhaī
Nadel (f)	सूई (f)	sūī
Faden (m)	धागा (m)	dhāga
Naht (f)	सीवन (m)	sīvan
sich beschmutzen	मैला होना	maila hona
Fleck (m)	धब्बा (m)	dhabba
sich knittern	शिकन पड़ जाना	shikan par jāna
zerreißen (vt)	फट जाना	fat jāna
Motte (f)	कपड़ों के कीड़े (m)	kaparon ke kīre

41. Kosmetikartikel. Kosmetik

Zahnpasta (f)	टूथपेस्ट (m)	tūthapest
Zahnbürste (f)	टूथब्रश (m)	tūthabrash
Zähne putzen	दाँत साफ़ करना	dānt sāf karana
Rasierer (m)	रेज़र (f)	rezar
Rasiercreme (f)	हजामत का क्रीम (m)	hajāmat ka krīm
sich rasieren	शेव करना	shev karana
Seife (f)	साबुन (m)	sābun
Shampoo (n)	शैम्पू (m)	shaimpū
Schere (f)	कैंची (f pl)	kainchī

Nagelfeile (f)	नाख़ून चिसनी (f)	nākhūn ghisanī
Nagelzange (f)	नाख़ून कतरनी (f)	nākhūn kataranī
Pinzette (f)	ट्वीज़र्स (f)	tvīzars

Kosmetik (f)	श्रृंगार-सामग्री (f)	shrrngār-sāmagrī
Gesichtsmaske (f)	चेहरे का लेप (m)	chehare ka lep
Maniküre (f)	मैनीक्योर (m)	mainīkyor
Maniküre machen	मैनीक्योर करवाना	mainīkyor karavāna
Pediküre (f)	पेडिक्यूर (m)	pedikyūr

Kosmetiktasche (f)	श्रृंगार थैली (f)	shrrngār thailī
Puder (m)	पाउडर (m)	paudar
Puderdose (f)	कॉम्पैक्ट पाउडर (m)	kompaikt paudar
Rouge (n)	ब्लशर (m)	blashar

Parfüm (n)	ख़ुशबू (f)	khushabū
Duftwasser (n)	टॉयलेट वॉटर (m)	tāyalet votar
Lotion (f)	लोशन (m)	loshan
Kölnischwasser (n)	कोलोन (m)	kolon

Lidschatten (m)	आई-शैडो (m)	āī-shaido
Kajalstift (m)	आई-पेंसिल (f)	āī-pensil
Wimperntusche (f)	मस्कारा (m)	maskāra

Lippenstift (m)	लिपस्टिक (m)	lipastik
Nagellack (m)	नेल पॉलिश (f)	nel polish
Haarlack (m)	हेयर स्प्रे (m)	heyar spre
Deodorant (n)	डिओडरेन्ट (m)	diodarent

Creme (f)	क्रीम (m)	krīm
Gesichtscreme (f)	चेहरे की क्रीम (f)	chehare kī krīm
Handcreme (f)	हाथ की क्रीम (f)	hāth kī krīm
Anti-Falten-Creme (f)	एंटी रिंकल क्रीम (f)	enṭī rinkal krīm
Tages-	दिन का	din ka
Nacht-	रात का	rāt ka

Tampon (m)	टैम्पन (m)	taimpan
Toilettenpapier (n)	टॉयलेट पेपर (m)	toyalet pepar
Föhn (m)	हेयर ड्रायर (m)	heyar drāyar

42. Schmuck

Schmuck (m)	ज़ेवर (m pl)	zevar
Edel- (stein)	बहुमूल्य	bahumūly
Repunze (f)	छाप (m)	chhāp

Ring (m)	अंगूठी (f)	angūthī
Ehering (m)	शादी की अंगूठी (f)	shādī kī angūthī
Armband (n)	चूड़ी (m)	chūrī

Ohrringe (pl)	कान की रिंग (f)	kān kī ring
Kette (f)	माला (f)	māla
Krone (f)	ताज (m)	tāj
Halskette (f)	मोती की माला (f)	motī kī māla

Brillant (m)	हीरा (m)	hīra
Smaragd (m)	पन्ना (m)	panna
Rubin (m)	माणिक (m)	mānik
Saphir (m)	नीलम (m)	nīlam
Perle (f)	मुक्ताफल (m)	muktāfal
Bernstein (m)	एम्बर (m)	embar

43. Armbanduhren Uhren

Armbanduhr (f)	घड़ी (f pl)	gharī
Zifferblatt (n)	डायल (m)	dāyal
Zeiger (m)	सुई (f)	suī
Metallarmband (n)	धातु से बनी घड़ी का पट्टा (m)	dhātu se banī gharī ka patta
Uhrenarmband (n)	घड़ी का पट्टा (m)	gharī ka patta
Batterie (f)	बैटरी (f)	baiterī
verbraucht sein	ख़त्म हो जाना	khatm ho jāna
die Batterie wechseln	बैटरी बदलना	baiterī badalana
vorgehen (vi)	तेज़ चलना	tez chalana
nachgehen (vi)	धीमी चलना	dhīmī chalana
Wanduhr (f)	दीवार-घड़ी (f pl)	dīvār-gharī
Sanduhr (f)	रेत-घड़ी (f pl)	ret-gharī
Sonnenuhr (f)	सूरज-घड़ी (f pl)	sūraj-gharī
Wecker (m)	अलार्म घड़ी (f)	alārm gharī
Uhrmacher (m)	घड़ीसाज़ (m)	gharīsāz
reparieren (vt)	मरम्मत करना	marammat karana

Essen. Ernährung

44. Essen

Fleisch (n)	गोश्त (m)	gosht
Hühnerfleisch (n)	चीकन (m)	chīkan
Küken (n)	रॉक कोर्निश मुर्गी (f)	rok kornish murgī
Ente (f)	बत्तख़ (f)	battakh
Gans (f)	हंस (m)	hans
Wild (n)	शिकार के पशुपक्षी (f)	shikār ke pashupakshī
Pute (f)	टर्की (m)	tarkī
Schweinefleisch (n)	सुअर का गोश्त (m)	suar ka gosht
Kalbfleisch (n)	बछड़े का गोश्त (m)	bachhare ka gosht
Hammelfleisch (n)	भेड़ का गोश्त (m)	bher ka gosht
Rindfleisch (n)	गाय का गोश्त (m)	gāy ka gosht
Kaninchenfleisch (n)	ख़रगोश (m)	kharagosh
Wurst (f)	सॉसेज (f)	sosej
Würstchen (n)	वियना सॉसेज (m)	viyana sosej
Schinkenspeck (m)	बेकन (m)	bekan
Schinken (m)	हैम (m)	haim
Räucherschinken (m)	सुअर की जांघ (f)	suar kī jāngh
Pastete (f)	पिसा हुआ गोश्त (m)	pisa hua gosht
Leber (f)	जिगर (f)	jigar
Hackfleisch (n)	कीमा (m)	kīma
Zunge (f)	जीभ (m)	jībh
Ei (n)	अंडा (m)	anda
Eier (pl)	अंडे (m pl)	ande
Eiweiß (n)	अंडे की सफ़ेदी (m)	ande kī safedī
Eigelb (n)	अंडे की ज़र्दी (m)	ande kī zardī
Fisch (m)	मछली (f)	machhalī
Meeresfrüchte (pl)	समुद्री खाना (m)	samudrī khāna
Kaviar (m)	मछली के अंडे (m)	machhalī ke ande
Krabbe (f)	केकड़ा (m)	kekara
Garnele (f)	चिंगड़ा (m)	chingara
Auster (f)	सीप (m)	sīp
Languste (f)	लोबस्टर (m)	lobastar
Krake (m)	ओक्टोपस (m)	oktopas
Kalmar (m)	स्कीड (m)	skīd
Störfleisch (n)	स्टर्जन (f)	starjan
Lachs (m)	सालमन (m)	sālaman
Heilbutt (m)	हैलिबट (f)	hailibat
Dorsch (m)	कॉड (f)	kod
Makrele (f)	मॉक्रैल (f)	mākrail

| Tunfisch (m) | टूना (f) | tūna |
| Aal (m) | बाम मछली (f) | bām machhalī |

Forelle (f)	ट्राउट मछली (f)	traut machhalī
Sardine (f)	साडीन (f)	sārdīn
Hecht (m)	पाइक (f)	paik
Hering (m)	हेरिंग मछली (f)	hering machhalī

Brot (n)	ब्रेड (f)	bred
Käse (m)	पनीर (m)	panīr
Zucker (m)	चीनी (f)	chīnī
Salz (n)	नमक (m)	namak

Reis (m)	चावल (m)	chāval
Teigwaren (pl)	पास्ता (m)	pāsta
Nudeln (pl)	नूडल्स (m)	nūdals

Butter (f)	मक्खन (m)	makkhan
Pflanzenöl (n)	तेल (m)	tel
Sonnenblumenöl (n)	सूरजमुखी तेल (m)	sūrajamukhī tel
Margarine (f)	नकली मक्खन (m)	nakalī makkhan

| Oliven (pl) | जैतून (m) | jaitūn |
| Olivenöl (n) | जैतून का तेल (m) | jaitūn ka tel |

Milch (f)	दूध (m)	dūdh
Kondensmilch (f)	रबड़ी (f)	rabarī
Joghurt (m)	दही (m)	dahī
saure Sahne (f)	खट्टी क्रीम (f)	khattī krīm
Sahne (f)	मलाई (f pl)	malaī

| Mayonnaise (f) | मेयोनेज़ (m) | meyonez |
| Buttercreme (f) | क्रीम (m) | krīm |

Grütze (f)	अनाज के दाने (m)	anāj ke dāne
Mehl (n)	आटा (m)	āta
Konserven (pl)	डिब्बाबन्द खाना (m)	dibbāband khāna

Maisflocken (pl)	कॉर्नफ्लेक्स (m)	kornafleks
Honig (m)	शहद (m)	shahad
Marmelade (f)	जैम (m)	jaim
Kaugummi (m, n)	चूइन्ग गम (m)	chūing gam

45. Getränke

Wasser (n)	पानी (m)	pānī
Trinkwasser (n)	पीने का पानी (f)	pīne ka pānī
Mineralwasser (n)	मिनरल वॉटर (m)	minaral votar

still	स्टिल वॉटर	stil votar
mit Kohlensäure	कार्बोनेटेड	kārboneted
mit Gas	स्पार्कलिंग	spārkaling
Eis (n)	बर्फ़ (m)	barf
mit Eis	बर्फ़ के साथ	barf ke sāth

alkoholfrei (Adj)	शराब रहित	sharāb rahit
alkoholfreies Getränk (n)	कोल्ड ड्रिंक (f)	kold drink
Erfrischungsgetränk (n)	शीतलक ड्रिंक (f)	shītalak drink
Limonade (f)	लेमोनेड (m)	lemoned

Spirituosen (pl)	शराब (m pl)	sharāb
Wein (m)	वाइन (f)	vain
Weißwein (m)	सफ़ेद वाइन (f)	safed vain
Rotwein (m)	लाल वाइन (f)	lāl vain

Likör (m)	लिकर (m)	likar
Champagner (m)	शैम्पेन (f)	shaimpen
Wermut (m)	वर्माउथ (f)	varmauth

Whisky (m)	विस्की (f)	viskī
Wodka (m)	वोडका (m)	vodaka
Gin (m)	जिन (f)	jin
Kognak (m)	कोन्याक (m)	konyāk
Rum (m)	रम (m)	ram

Kaffee (m)	कॉफ़ी (f)	kofī
schwarzer Kaffee (m)	काली कॉफ़ी (f)	kālī kofī
Milchkaffee (m)	दूध के साथ कॉफ़ी (f)	dūdh ke sāth kofī
Cappuccino (m)	कैपूचिनो (f)	kaipūchino
Pulverkaffee (m)	इन्संटेन्ट-काफ़ी (f)	insatent-kāfī

Milch (f)	दूध (m)	dūdh
Cocktail (m)	कॉकटेल (m)	kokatel
Milchcocktail (m)	मिल्कशेक (m)	milkashek

Saft (m)	रस (m)	ras
Tomatensaft (m)	टमाटर का रस (m)	tamātar ka ras
Orangensaft (m)	संतरे का रस (m)	santare ka ras
frisch gepresster Saft (m)	ताज़ा रस (m)	tāza ras

Bier (n)	बियर (m)	biyar
Helles (n)	हल्का बियर (m)	halka biyar
Dunkelbier (n)	डार्क बियर (m)	dārk biyar

Tee (m)	चाय (f)	chāy
schwarzer Tee (m)	काली चाय (f)	kālī chāy
grüner Tee (m)	हरी चाय (f)	harī chāy

46. Gemüse

| Gemüse (n) | सब्ज़ियाँ (f pl) | sabziyān |
| grünes Gemüse (pl) | हरी सब्ज़ियाँ (f) | harī sabziyān |

Tomate (f)	टमाटर (m)	tamātar
Gurke (f)	खीरा (m)	khīra
Karotte (f)	गाजर (f)	gājar
Kartoffel (f)	आलू (m)	ālū
Zwiebel (f)	प्याज़ (m)	pyāz
Knoblauch (m)	लहसुन (m)	lahasun

Kohl (m)	पत्ता गोभी (f)	patta gobhī
Blumenkohl (m)	फूल गोभी (f)	fūl gobhī
Rosenkohl (m)	ब्रसेल्स स्प्राउट्स (m)	brasels sprauts
Brokkoli (m)	ब्रोकोली (f)	brokolī
Rote Bete (f)	चुकन्दर (m)	chukandar
Aubergine (f)	बैंगन (m)	baingan
Zucchini (f)	तुरई (f)	turī
Kürbis (m)	कद्दू	kaddū
Rübe (f)	शलजम (f)	shalajam
Petersilie (f)	अजमोद (f)	ajamod
Dill (m)	सोआ (m)	soa
Kopf Salat (m)	सलाद पत्ता (m)	salād patta
Sellerie (m)	सेलरी (m)	selarī
Spargel (m)	एस्पैरेगस (m)	espairegas
Spinat (m)	पालक (m)	pālak
Erbse (f)	मटर (m)	matar
Bohnen (pl)	फली (f pl)	falī
Mais (m)	मकई (f)	makī
weiße Bohne (f)	राजमा (f)	rājama
Paprika (m)	शिमला मिर्च (m)	shimala mirch
Radieschen (n)	मूली (f)	mūlī
Artischocke (f)	हाथीचक (m)	hāthīchak

47. Obst. Nüsse

Frucht (f)	फल (m)	fal
Apfel (m)	सेब (m)	seb
Birne (f)	नाशपाती (f)	nāshapātī
Zitrone (f)	नींबू (m)	nīmbū
Apfelsine (f)	संतरा (m)	santara
Erdbeere (f)	स्ट्रॉबेरी (f)	stroberī
Mandarine (f)	नारंगी (m)	nārangī
Pflaume (f)	आलूबुखारा (m)	ālūbukhāra
Pfirsich (m)	आड़ू (m)	ārū
Aprikose (f)	खूबानी (f)	khūbānī
Himbeere (f)	रसभरी (f)	rasabharī
Ananas (f)	अनानास (m)	anānās
Banane (f)	केला (m)	kela
Wassermelone (f)	तरबूज़ (m)	tarabūz
Weintrauben (pl)	अंगूर (m)	angūr
Kirsche (f)	चेरी (f)	cherī
Melone (f)	खरबूज़ा (f)	kharabūza
Grapefruit (f)	ग्रेपफ्रूट (m)	grepafrūt
Avocado (f)	एवोकाडो (m)	evokādo
Papaya (f)	पपीता (f)	papīta
Mango (f)	आम (m)	ām
Granatapfel (m)	अनार (m)	anār

rote Johannisbeere (f)	लाल किशमिश (f)	lāl kishamish
schwarze Johannisbeere (f)	काली किशमिश (f)	kālī kishamish
Stachelbeere (f)	आमला (f)	āmala
Heidelbeere (f)	बिलबेरी (f)	bilaberī
Brombeere (f)	ब्लैकबेरी (f)	blaikaberī

Rosinen (pl)	किशमिश (m)	kishamish
Feige (f)	अंजीर (m)	anjīr
Dattel (f)	खजूर (m)	khajūr

Erdnuss (f)	मूँगफली (m)	mūngafalī
Mandel (f)	बादाम (f)	bādām
Walnuss (f)	अखरोट (m)	akharot
Haselnuss (f)	हेज़लनट (m)	hezalanat
Kokosnuss (f)	नारियल (m)	nāriyal
Pistazien (pl)	पिस्ता (m)	pista

48. Brot. Süßigkeiten

Konditorwaren (pl)	मिठाई (f pl)	mithaī
Brot (n)	ब्रेड (f)	bred
Keks (m, n)	बिस्कुट (m)	biskut

Schokolade (f)	चॉकलेट (m)	chokalet
Schokoladen-	चॉकलेटी	chokaletī
Bonbon (m, n)	टॉफ़ी (f)	tofī
Kuchen (m)	पेस्ट्री (f)	pestrī
Torte (f)	केक (m)	kek

| Kuchen (Apfel-) | पाई (m) | paī |
| Füllung (f) | फ़िलिंग (f) | filing |

Konfitüre (f)	जैम (m)	jaim
Marmelade (f)	मुरब्बा (m)	murabba
Waffeln (pl)	वेफ़र (m pl)	vefar
Eis (n)	आईस-क्रीम (f)	āīs-krīm

49. Gerichte

Gericht (n)	पकवान (m)	pakavān
Küche (f)	व्यंजन (m)	vyanjan
Rezept (n)	रैसीपी (f)	raisīpī
Portion (f)	भाग (m)	bhāg

| Salat (m) | सलाद (m) | salād |
| Suppe (f) | सूप (m) | sūp |

Brühe (f), Bouillon (f)	यख़नी (f)	yakhanī
belegtes Brot (n)	सैन्डविच (m)	saindavich
Spiegelei (n)	आमलेट (m)	āmalet
Hamburger (m)	हैमबर्गर (m)	haimabargar
Beefsteak (n)	बीफ़स्टीक (m)	bīfastīk

Beilage (f)	साइड डिश (f)	said dish
Spaghetti (pl)	स्पेघेटी (f)	speghetī
Kartoffelpüree (n)	आलू भरता (f)	ālū bharata
Pizza (f)	पीट्ज़ा (f)	pītza
Brei (m)	दलिया (f)	daliya
Omelett (n)	आमलेट (m)	āmalet

gekocht	उबला	ubala
geräuchert	धुएँ में पकाया हुआ	dhuen men pakāya hua
gebraten	भुना	bhuna
getrocknet	सूखा	sūkha
tiefgekühlt	फ्रोज़न	frozan
mariniert	अचार	achār

süß	मीठा	mītha
salzig	नमकीन	namakīn
kalt	ठंडा	thanda
heiß	गरम	garam
bitter	कड़वा	karava
lecker	स्वादिष्ट	svādisht

kochen (vt)	उबलते पानी में पकाना	ubalate pānī men pakāna
zubereiten (vt)	खाना बनाना	khāna banāna
braten (vt)	भूनना	bhūnana
aufwärmen (vt)	गरम करना	garam karana

salzen (vt)	नमक डालना	namak dālana
pfeffern (vt)	मिर्च डालना	mirch dālana
reiben (vt)	कद्दूकश करना	kaddūkash karana
Schale (f)	छिलका (f)	chhilaka
schälen (vt)	छिलका निकलना	chhilaka nikalana

50. Gewürze

Salz (n)	नमक (m)	namak
salzig (Adj)	नमकीन	namakīn
salzen (vt)	नमक डालना	namak dālana

schwarzer Pfeffer (m)	काली मिर्च (f)	kālī mirch
roter Pfeffer (m)	लाल मिर्च (m)	lāl mirch
Senf (m)	सरसों (m)	sarason
Meerrettich (m)	अरब मूली (f)	arab mūlī

Gewürz (n)	मसाला (m)	masāla
Gewürz (n)	मसाला (m)	masāla
Soße (f)	चटनी (f)	chatanī
Essig (m)	सिरका (m)	siraka

Anis (m)	सौंफ (f)	saumf
Basilikum (n)	तुलसी (f)	tulasī
Nelke (f)	लौंग (f)	laung
Ingwer (m)	अदरक (m)	adarak
Koriander (m)	धनिया (m)	dhaniya
Zimt (m)	दालचीनी (f)	dālachīnī

Sesam (m)	तिल (m)	til
Lorbeerblatt (n)	तेजपत्ता (m)	tejapatta
Paprika (m)	लाल शिमला मिर्च पाउडर (m)	lāl shimala mirch paudar
Kümmel (m)	ज़ीरा (m)	zīra
Safran (m)	ज़ाफ़रान (m)	zāfarān

51. Mahlzeiten

Essen (n)	खाना (m)	khāna
essen (vi, vt)	खाना खाना	khāna khāna
Frühstück (n)	नाश्ता (m)	nāshta
frühstücken (vi)	नाश्ता करना	nāshta karana
Mittagessen (n)	दोपहर का भोजन (m)	dopahar ka bhojan
zu Mittag essen	दोपहर का भोजन करना	dopahar ka bhojan karana
Abendessen (n)	रात्रिभोज (m)	rātribhoj
zu Abend essen	रात्रिभोज करना	rātribhoj karana
Appetit (m)	भूख (f)	bhūkh
Guten Appetit!	अपने भोजन	apane bhojan
	का आनंद उठाएं!	ka ānand uthaen!
öffnen (vt)	खोलना	kholana
verschütten (vt)	गिराना	girāna
verschüttet werden	गिराना	girāna
kochen (vi)	उबालना	ubālana
kochen (Wasser ~)	उबालना	ubālana
gekocht (Adj)	उबला हुआ	ubala hua
kühlen (vt)	ठंडा करना	thanda karana
abkühlen (vi)	ठंडा करना	thanda karana
Geschmack (m)	स्वाद (m)	svād
Beigeschmack (m)	स्वाद (m)	svād
auf Diät sein	वज़न घटाना	vazan ghatāna
Diät (f)	डाइट (m)	dait
Vitamin (n)	विटामिन (m)	vitāmin
Kalorie (f)	कैलोरी (f)	kailorī
Vegetarier (m)	शाकाहारी (m)	shākāhārī
vegetarisch (Adj)	शाकाहारी	shākāhārī
Fett (n)	वसा (m pl)	vasa
Protein (n)	प्रोटीन (m pl)	protīn
Kohlenhydrat (n)	कार्बोहाइड्रेट (m)	kārbohaidret
Scheibchen (n)	टुकड़ा (m)	tukara
Stück (ein ~ Kuchen)	टुकड़ा (m)	tukara
Krümel (m)	टुकड़ा (m)	tukara

52. Gedeck

Löffel (m)	चम्मच (m)	chammach
Messer (n)	छुरी (f)	chhurī

Gabel (f)	काँटा (m)	kānta
Tasse (eine ~ Tee)	प्याला (m)	pyāla
Teller (m)	तश्तरी (f)	tashtarī
Untertasse (f)	सॉसर (m)	sosar
Serviette (f)	नैपकीन (m)	naipakīn
Zahnstocher (m)	टूथपिक (m)	tūthapik

53. Restaurant

Restaurant (n)	रेस्टराँ (m)	restarān
Kaffeehaus (n)	कॉफ़ी हाउस (m)	kofī haus
Bar (f)	बार (m)	bār
Teesalon (m)	चायख़ाना (m)	chāyakhāna
Kellner (m)	बैरा (m)	baira
Kellnerin (f)	बैरी (f)	bairī
Barmixer (m)	बारमैन (m)	bāramain
Speisekarte (f)	मेनू (m)	menū
Weinkarte (f)	वाइन सूची (f)	vain sūchī
einen Tisch reservieren	मेज़ बुक करना	mez buk karana
Gericht (n)	पकवान (m)	pakavān
bestellen (vt)	आर्डर देना	ārdar dena
eine Bestellung aufgeben	आर्डर देना	ārdar dena
Aperitif (m)	एपेरेतीफ़ (m)	eperetīf
Vorspeise (f)	एपेटाइज़र (m)	epetaizar
Nachtisch (m)	मीठा (m)	mītha
Rechnung (f)	बिल (m)	bil
Rechnung bezahlen	बील का भुगतान करना	bīl ka bhugatān karana
das Wechselgeld geben	खुले पैसे देना	khule paise dena
Trinkgeld (n)	टिप (f)	tip

Familie, Verwandte und Freunde

54. Persönliche Informationen. Formulare

Vorname (m)	पहला नाम (m)	pahala nām
Name (m)	उपनाम (m)	upanām
Geburtsdatum (n)	जन्म-दिवस (m)	janm-divas
Geburtsort (m)	मातृभूमि (f)	mātrbhūmi
Nationalität (f)	नागरिकता (f)	nāgarikata
Wohnort (m)	निवास स्थान (m)	nivās sthān
Land (n)	देश (m)	desh
Beruf (m)	पेशा (m)	pesha
Geschlecht (n)	लिंग (m)	ling
Größe (f)	क़द (m)	qad
Gewicht (n)	वज़न (m)	vazan

55. Familienmitglieder. Verwandte

Mutter (f)	माँ (f)	mān
Vater (m)	पिता (m)	pita
Sohn (m)	बेटा (m)	beta
Tochter (f)	बेटी (f)	betī
jüngste Tochter (f)	छोटी बेटी (f)	chhotī betī
jüngste Sohn (m)	छोटा बेटा (m)	chhota beta
ältere Tochter (f)	बड़ी बेटी (f)	barī betī
älterer Sohn (m)	बड़ा बेटा (m)	bara beta
Bruder (m)	भाई (m)	bhaī
Schwester (f)	बहन (f)	bahan
Cousin (m)	चचेरा भाई (m)	chachera bhaī
Cousine (f)	चचेरी बहन (f)	chacherī bahan
Mama (f)	अम्मा (f)	amma
Papa (m)	पापा (m)	pāpa
Eltern (pl)	माँ-बाप (m pl)	mān-bāp
Kind (n)	बच्चा (m)	bachcha
Kinder (pl)	बच्चे (m pl)	bachche
Großmutter (f)	दादी (f)	dādī
Großvater (m)	दादा (m)	dāda
Enkel (m)	पोता (m)	pota
Enkelin (f)	पोती (f)	potī
Enkelkinder (pl)	पोते (m)	pote
Onkel (m)	चाचा (m)	chācha
Tante (f)	चाची (f)	chāchī

| Neffe (m) | भतीजा (m) | bhatīja |
| Nichte (f) | भतीजी (f) | bhatījī |

Schwiegermutter (f)	सास (f)	sās
Schwiegervater (m)	ससुर (m)	sasur
Schwiegersohn (m)	दामाद (m)	dāmād
Stiefmutter (f)	सौतेली माँ (f)	sautelī mān
Stiefvater (m)	सौतेले पिता (m)	sautele pita

Säugling (m)	दूधमुँहा बच्चा (m)	dudhamunha bachcha
Kleinkind (n)	शिशु (f)	shishu
Kleine (m)	छोटा बच्चा (m)	chhota bachcha

Frau (f)	पत्नी (f)	patnī
Mann (m)	पति (m)	pati
Ehemann (m)	पति (m)	pati
Gemahlin (f)	पत्नी (f)	patnī

verheiratet (Ehemann)	शादीशुदा	shādīshuda
verheiratet (Ehefrau)	शादीशुदा	shādīshuda
ledig	अविवाहित	avivāhit
Junggeselle (m)	कुँआरा (m)	kunāra
geschieden (Adj)	तलाक़शुदा	talāqashuda
Witwe (f)	विधवा (f)	vidhava
Witwer (m)	विधुर (m)	vidhur

Verwandte (m)	रिश्तेदार (m)	rishtedār
naher Verwandter (m)	सम्बंधी (m)	sambandhī
entfernter Verwandter (m)	दूर का रिश्तेदार (m)	dūr ka rishtedār
Verwandte (pl)	रिश्तेदार (m pl)	rishtedār

Waise (m, f)	अनाथ (m)	anāth
Vormund (m)	अभिभावक (m)	abhibhāvak
adoptieren (einen Jungen)	लड़का गोद लेना	laraka god lena
adoptieren (ein Mädchen)	लड़की गोद लेना	larakī god lena

56. Freunde. Arbeitskollegen

Freund (m)	दोस्त (m)	dost
Freundin (f)	सहेली (f)	sahelī
Freundschaft (f)	दोस्ती (f)	dostī
befreundet sein	दोस्त होना	dost hona

Freund (m)	मित्र (m)	mitr
Freundin (f)	सहेली (f)	sahelī
Partner (m)	पार्टनर (m)	pārtanar

Chef (m)	चीफ़ (m)	chīf
Vorgesetzte (m)	अधीक्षक (m)	adhīkshak
Untergeordnete (m)	अधीनस्थ (m)	adhīnasth
Kollege (m), Kollegin (f)	सहकर्मी (m)	sahakarmī

| Bekannte (m) | परिचित आदमी (m) | parichit ādamī |
| Reisegefährte (m) | सहगामी (m) | sahagāmī |

Mitschüler (m)	सहपाठी (m)	sahapāthī
Nachbar (m)	पड़ोसी (m)	parosī
Nachbarin (f)	पड़ोसन (f)	parosan
Nachbarn (pl)	पड़ोसी (m pl)	parosī

57. Mann. Frau

Frau (f)	औरत (f)	aurat
Mädchen (n)	लड़की (f)	larakī
Braut (f)	दुल्हन (f)	dulhan
schöne	सुंदर	sundar
große	लम्बा	lamba
schlanke	सुडौल	sudaul
kleine (~ Frau)	छोटे क़द का	chhote qad ka
Blondine (f)	हल्के रंगे के बालोंवाली औरत (f)	halke range ke bālonvālī aurat
Brünette (f)	काले बालोंवाली औरत (f)	kāle bālonvālī aurat
Damen-	महिलाओं का	mahilaon ka
Jungfrau (f)	कुमारिनी (f)	kumārinī
schwangere	गर्भवती	garbhavatī
Mann (m)	आदमी (m)	ādamī
Blonde (m)	हल्के रंगे के बालोंवाला आदमी (m)	halke range ke bālonvāla ādamī
Brünette (m)	काले बालोंवाला (m)	kāle bālonvāla
hoch	लम्बा	lamba
klein	छोटे क़द का	chhote qad ka
grob	अभद्र	abhadr
untersetzt	हष्ट-पुष्ट	hrasht-pusht
robust	तगड़ा	tagara
stark	ताकतवर	tākatavar
Kraft (f)	ताक़त (f)	tāqat
dick	मोटा	mota
dunkelhäutig	साँवला	sānvala
schlank	सुडौल	sudaul
elegant	सजिला	sajila

58. Alter

Alter (n)	उम्र (f)	umr
Jugend (f)	युवा (f)	yuva
jung	जवान	javān
jünger (~ als Sie)	कनिष्ठ	kanishth
älter (~ als ich)	बड़ा	bara
Junge (m)	युवक (m)	yuvak
Teenager (m)	किशोर (m)	kishor

Bursche (m)	लड़का (m)	laraka
Greis (m)	बूढ़ा आदमी (m)	būrha ādamī
alte Frau (f)	बूढ़ी औरत (f)	būrhī aurat

Erwachsene (m)	व्यस्क	vyask
in mittleren Jahren	अधेड़	adhed
älterer (Adj)	बुजुर्ग	buzurg
alt (Adj)	साल	sāl

Ruhestand (m)	सेवा-निवृत्ति (f)	seva-nivrtti
in Rente gehen	सेवा-निवृत्त होना	seva-nivrtt hona
Rentner (m)	सेवा-निवृत्त (m)	seva-nivrtt

59. Kinder

Kind (n)	बच्चा (m)	bachcha
Kinder (pl)	बच्चे (m pl)	bachche
Zwillinge (pl)	जुड़वाँ (m pl)	juravān

Wiege (f)	पालना (m)	pālana
Rassel (f)	झुनझुना (m)	jhunajhuna
Windel (f)	डायपर (m)	dāyapar

Schnuller (m)	चुसनी (f)	chusanī
Kinderwagen (m)	बच्चा गाड़ी (f)	bachcha gārī
Kindergarten (m)	बालवाड़ी (f)	bālavārī
Kinderfrau (f)	दाई (f)	daī

Kindheit (f)	बचपन (m)	bachapan
Puppe (f)	गुड़िया (f)	guriya
Spielzeug (n)	खिलौना (m)	khilauna
Baukasten (m)	निर्माण सेट खिलौना (m)	nirmān set khilauna
wohlerzogen	तमीज़दार	tamīzadār
ungezogen	बदतमीज़	badatamīz
verwöhnt	सिरचढ़ा	siracharha

unartig sein	शरारत करना	sharārat karana
unartig	नटखट	natakhat
Unart (f)	नटखटपन (m)	natakhatapan
Schelm (m)	नटखट बच्चा (m)	natakhat bachcha

| gehorsam | आज्ञाकारी | āgyākārī |
| ungehorsam | अनुज्ञाकारी | anugyākārī |

fügsam	विनम्र	vinamr
klug	बुद्धिमान	buddhimān
Wunderkind (n)	अद्भुत बच्चा (m)	adbhut bachcha

60. Ehepaare. Familienleben

| küssen (vt) | चुम्बन करना | chumban karana |
| sich küssen | चुम्बन करना | chumban karana |

Familie (f)	परिवार (m)	parivār
Familien-	परिवारिक	parivārik
Paar (n)	दंपति (m)	dampatti
Ehe (f)	शादी (f)	shādī
Heim (n)	गृह-चूल्हा (m)	grh-chūlha
Dynastie (f)	वंश (f)	vansh

| Rendezvous (n) | मुलाक़ात (f) | mulāqāt |
| Kuss (m) | चुम्बन (m) | chumban |

Liebe (f)	प्रेम (m)	prem
lieben (vt)	प्यार करना	pyār karana
geliebt	प्यारा	pyāra

Zärtlichkeit (f)	स्नेह (f)	sneh
zärtlich	स्नेही	snehī
Treue (f)	वफ़ादारी (f)	vafādārī
treu (Adj)	वफ़ादार	vafādār
Fürsorge (f)	देखभाल (f)	dekhabhāl
sorgsam	परवाह करने वाला	paravāh karane vāla

Frischvermählte (pl)	नवविवाहित (m pl)	navavivāhit
Flitterwochen (pl)	हनीमून (m)	hanīmūn
heiraten (einen Mann ~)	शादी करना	shādī karana
heiraten (ein Frau ~)	शादी करना	shādī karana

Hochzeit (f)	शादी (f)	shādī
goldene Hochzeit (f)	विवाह की पचासवीं वर्षगांठ (m)	vivāh kī pachāsavīn varshagānth
Jahrestag (m)	वर्षगांठ (m)	varshagānth

| Geliebte (m) | प्रेमी (m) | premī |
| Geliebte (f) | प्रेमिका (f) | premika |

| Ehebruch (m) | व्यभिचार (m) | vyabhichār |
| Ehebruch begehen | संबंधों में धोखा देना | sambandhon men dhokha dena |

eifersüchtig	ईर्ष्यालु	īshyālu
eifersüchtig sein	ईर्ष्या करना	īshya karana
Scheidung (f)	तलाक़ (m)	talāq
sich scheiden lassen	तलाक़ देना	talāq dena

streiten (vi)	झगड़ना	jhagarana
sich versöhnen	सुलह करना	sulah karana
zusammen (Adv)	साथ	sāth
Sex (m)	यौन-क्रिया (f)	yaun-kriya

Glück (n)	खुशी (f)	khushī
glücklich	खुश	khush
Unglück (n)	दुर्घटना (f)	durghatana
unglücklich	नाखुश	nākhush

Charakter. Empfindungen. Gefühle

61. Empfindungen. Gefühle

Gefühl (n)	भावना (f)	bhāvana
Gefühle (pl)	भावनाएं (f)	bhāvanaen
fühlen (vt)	महसूस करना	mahasūs karana
Hunger (m)	भूख (f)	bhūkh
hungrig sein	भूख लगना	bhūkh lagana
Durst (m)	प्यास (f)	pyās
Durst haben	प्यास लगना	pyās lagana
Schläfrigkeit (f)	उनींदापन (f)	unīndāpan
schlafen wollen	नींद आना	nīnd āna
Müdigkeit (f)	थकान (f)	thakān
müde	थका हुआ	thaka hua
müde werden	थक जाना	thak jāna
Laune (f)	मन (m)	man
Langeweile (f)	ऊब (m)	ūb
sich langweilen	ऊब जाना	ūb jāna
Zurückgezogenheit (n)	अकेलापन (m)	akelāpan
sich zurückziehen	एकांत में रहना	ekānt men rahana
beunruhigen (vt)	चिन्ता करना	chinta karana
sorgen (vi)	फ़िक्रमंद होना	fikramand hona
Besorgnis (f)	फ़िक्र (f)	fikr
Angst (~ um …)	चिन्ता (f)	chinta
besorgt (Adj)	चिंताकुल	chintākul
nervös sein	घबराना	ghabarāna
in Panik verfallen (vi)	घबरा जाना	ghabara jāna
Hoffnung (f)	आशा (f)	āsha
hoffen (vi)	आशा रखना	āsha rakhana
Sicherheit (f)	विश्वास (m)	vishvās
sicher	विश्वास होना	vishvās hona
Unsicherheit (f)	अविश्वास (m)	avishvās
unsicher	विश्वास न होना	vishvās na hona
betrunken	मदहोश	madahosh
nüchtern	बिना नशे के	bina nashe ke
schwach	कमज़ोर	kamazor
glücklich	ख़ुश	khush
erschrecken (vt)	डराना	darāna
Wut (f)	रोष (m)	rosh
Rage (f)	रोष (m)	rosh
Depression (f)	उदासी (f)	udāsī
Unbehagen (n)	असुविधा (f)	asuvidha

Komfort (m)	सुविधा (f)	suvidha
bedauern (vt)	अफ़सोस करना	afasos karana
Bedauern (n)	अफ़सोस (m)	afasos
Missgeschick (n)	दुर्भाग्य (f)	durbhāgy
Kummer (m)	दुख (m)	dukh

Scham (f)	शर्म (m)	sharm
Freude (f)	प्रसन्नता (f)	prasannata
Begeisterung (f)	उत्साह (m)	utsāh
Enthusiast (m)	उत्साही (m)	utsāhī
Begeisterung zeigen	उत्साह दिखाना	utsāh dikhāna

62. Charakter. Persönlichkeit

Charakter (m)	चरित्र (m)	charitr
Charakterfehler (m)	चरित्र दोष (m)	charitr dosh
Verstand (m)	अक्ल (m)	aql
Vernunft (f)	तर्क करने की क्षमता (f)	tark karane kī kshamata

Gewissen (n)	अन्तरात्मा (f)	antarātma
Gewohnheit (f)	आदत (f)	ādat
Fähigkeit (f)	क्षमता (f)	kshamata
können (v mod)	कर सकना	kar sakana

geduldig	धैर्यशील	dhairyashīl
ungeduldig	बेसब्र	besabr
neugierig	उत्सुक	utsuk
Neugier (f)	उत्सुकता (f)	utsukata

Bescheidenheit (f)	लज्जा (f)	lajja
bescheiden	विनम्र	vinamr
unbescheiden	अविनम्र	avinamr

Faulheit (f)	आलस्य (m)	ālasy
faul	आलसी	ālasī
Faulenzer (m)	सुस्त आदमी (m)	sust ādamī

Listigkeit (f)	चालाक (m)	chālāk
listig	चालाकी	chālākī
Misstrauen (n)	अविश्वास (m)	avishvās
misstrauisch	अविश्वासपूर्ण	avishvāsapūrn

Freigebigkeit (f)	उदारता (f)	udārata
freigebig	उदार	udār
talentiert	प्रतिभाशाली	pratibhāshālī
Talent (n)	प्रतिभा (m)	pratibha

tapfer	साहसी	sāhasī
Tapferkeit (f)	साहस (m)	sāhas
ehrlich	ईमानदार	īmānadār
Ehrlichkeit (f)	ईमानदारी (f)	īmānadārī

| vorsichtig | सावधान | sāvadhān |
| tapfer | बहादुर | bahādur |

ernst	गम्भीर	gambhīr
streng	सख्त	sakht
entschlossen	निर्णयात्मक	nirnayātmak
unentschlossen	अनिर्णयक	anirnāyak
schüchtern	शर्मीला	sharmīla
Schüchternheit (f)	संकोच (m)	sankoch
Vertrauen (n)	यक़ीन (m)	yaqīn
vertrauen (vi)	यक़ीन करना	yaqīn karana
vertrauensvoll	भरोसा	bharosa
aufrichtig (Adv)	हार्दिक	hārdik
aufrichtig (Adj)	हार्दिक	hārdik
Aufrichtigkeit (f)	निष्ठा (f)	nishtha
offen	अनावृत	anāvrt
still (Adj)	शांत	shānt
freimütig	स्पष्ट	spasht
naiv	भोला	bhola
zerstreut	भुलक्कड़	bhulakkar
drollig, komisch	अजीब	ajīb
Gier (f)	लालच (m)	lālach
habgierig	लालची	lālachī
geizig	कंजूस	kanjūs
böse	दुष्ट	dusht
hartnäckig	ज़िद्दी	ziddī
unangenehm	अप्रिय	apriy
Egoist (m)	स्वार्थी (m)	svārthī
egoistisch	स्वार्थ	svārth
Feigling (m)	कायर (m)	kāyar
feige	कायरता	kāyarata

63. Schlaf. Träume

schlafen (vi)	सोना	sona
Schlaf (m)	सोना (m)	sona
Traum (m)	सपना (f)	sapana
träumen (im Schlaf)	सपना देखना	sapana dekhana
verschlafen	उनिंदा	uninda
Bett (n)	पलंग (m)	palang
Matratze (f)	गद्दा (m)	gadda
Decke (f)	कम्बल (m)	kambal
Kissen (n)	तकिया (m)	takiya
Laken (n)	चादर (f)	chādar
Schlaflosigkeit (f)	अनिद्रा (m)	anidra
schlaflos	अनिद्र	anidr
Schlafmittel (n)	नींद की गोली (f)	nīnd kī golī
Schlafmittel nehmen	नींद की गोली लेना	nīnd kī golī lena
schlafen wollen	नींद आना	nīnd āna

gähnen (vi)	जँभाई लेना	janbhaī lena
schlafen gehen	सोने जाना	sone jāna
das Bett machen	बिस्तर बिछाना	bistar bichhāna
einschlafen (vi)	सो जाना	so jāna

Alptraum (m)	डरावना सपना (m)	darāvana sapana
Schnarchen (n)	खर्राटे (m)	kharrāte
schnarchen (vi)	खर्राटे लेना	kharrāte lena

Wecker (m)	अलार्म घड़ी (f)	alārm gharī
aufwecken (vt)	जगाना	jagāna
erwachen (vi)	जगना	jagana
aufstehen (vi)	उठना	uthana
sich waschen	हाथ-मुँह धोना	hāth-munh dhona

64. Humor. Lachen. Freude

Humor (m)	हास्य (m)	hāsy
Sinn (m) für Humor	मज़ाक करने की आदत (m)	mazāk karane kī ādat
sich amüsieren	आनंद उठाना	ānand uthāna
froh (Adj)	हँसमुख	hansamukh
Fröhlichkeit (f)	उत्सव (m)	utsav

Lächeln (n)	मुस्कान (f)	muskān
lächeln (vi)	मुस्कुराना	muskurāna
auflachen (vi)	हसना शुरू करना	hansana shurū karana
lachen (vi)	हंसना	hansana
Lachen (n)	हंसी (f)	hansī

Anekdote, Witz (m)	चुटकुला (f)	chutakula
lächerlich	मज़ाकीय	mazākīy
komisch	हास्यास्प्रद	hāsyāsprad

Witz machen	मज़ाक करना	mazāk karana
Spaß (m)	लतीफ़ा (f)	latīfa
Freude (f)	खुशी (f)	khushī
sich freuen	खुश होना	khush hona
froh (Adj)	खुश	khush

65. Diskussion, Unterhaltung. Teil 1

Kommunikation (f)	संवाद (m)	sanvād
kommunizieren (vi)	संवाद करना	sanvād karana

Konversation (f)	बातचीत (f)	bātachīt
Dialog (m)	बातचीत (f)	bātachīt
Diskussion (f)	चर्चा (f)	charcha
Streitgespräch (n)	बहस (f)	bahas
streiten (vi)	बहस करना	bahas karana

Gesprächspartner (m)	वार्ताकार (m)	vārtākār
Thema (n)	विषय (m)	vishay

Gesichtspunkt (m)	दृष्टिकोण (m)	drshtikon
Meinung (f)	राय (f)	rāy
Rede (f)	भाषण (m)	bhāshan
Besprechung (f)	चर्चा (f)	charcha
besprechen (vt)	चर्चा करना	charcha karana
Gespräch (n)	बातचीत (f)	bātachīt
Gespräche führen	बात करना	bāt karana
Treffen (n)	भेंट (f)	bhent
sich treffen	मिलना	milana
Sprichwort (n)	लोकोक्ति (f)	lokokti
Redensart (f)	कहावत (f)	kahāvat
Rätsel (n)	पहेली (f)	pahelī
ein Rätsel aufgeben	पहेली पूछना	pahelī pūchhana
Parole (f)	पासवर्ड (m)	pāsavard
Geheimnis (n)	भेद (m)	bhed
Eid (m), Schwur (m)	शपथ (f)	shapath
schwören (vi, vt)	शपथ लेना	shapath lena
Versprechen (n)	वचन (m)	vachan
versprechen (vt)	वचन देना	vachan dena
Rat (m)	सलाह (f)	salāh
raten (vt)	सलाह देना	salāh dena
gehorchen (jemandem ~)	कहना मानना	kahana mānana
Neuigkeit (f)	समाचार (m)	samāchār
Sensation (f)	सनसनी (f)	sanasanī
Informationen (pl)	सूचना (f)	sūchana
Schlussfolgerung (f)	निष्कर्ष (m)	nishkarsh
Stimme (f)	आवाज़ (f)	āvāz
Kompliment (n)	प्रशंसा (m)	prashansa
freundlich	दयालु	dayālu
Wort (n)	शब्द (m)	shabd
Phrase (f)	जुमला (m)	jumala
Antwort (f)	जवाब (m)	javāb
Wahrheit (f)	सच (f)	sach
Lüge (f)	झूठ (f)	jhūth
Gedanke (m)	ख्याल (f)	khyāl
Idee (f)	विचार (f)	vichār
Phantasie (f)	कल्पना (f)	kalpana

66. Diskussion, Unterhaltung. Teil 2

angesehen (Adj)	आदरणीय	ādaranīy
respektieren (vt)	आदर करना	ādar karana
Respekt (m)	इज़्ज़त (m)	izzat
Sehr geehrter …	माननीय	mānanīy
bekannt machen	परिचय देना	parichay dena
Absicht (f)	इरादा (m)	irāda

beabsichtigen (vt)	इरादा करना	irāda karana
Wunsch (m)	इच्छा (f)	ichchha
wünschen (vt)	इच्छा करना	ichchha karana
Staunen (n)	हैरानी (f)	hairānī
erstaunen (vt)	हैरान करना	hairān karana
staunen (vi)	हैरान होना	hairān hona
geben (vt)	देना	dena
nehmen (vt)	लेना	lena
herausgeben (vt)	वापस देना	vāpas dena
zurückgeben (vt)	वापस करना	vāpas karana
sich entschuldigen	माफ़ी मांगना	māfī māngana
Entschuldigung (f)	माफ़ी (f)	māfī
verzeihen (vt)	क्षमा करना	kshama karana
sprechen (vi)	बात करना	bāt karana
hören (vt), zuhören (vi)	सुनना	sunana
sich anhören	सुन लेना	sun lena
verstehen (vt)	समझना	samajhana
zeigen (vt)	दिखाना	dikhāna
ansehen (vt)	देखना	dekhana
rufen (vt)	बुलाना	bulāna
stören (vt)	परेशान करना	pareshān karana
übergeben (vt)	भिजवाना	bhijavāna
Bitte (f)	प्रार्थना (f)	prārthana
bitten (vt)	अनुरोध करना	anurodh karana
Verlangen (n)	मांग (f)	māng
verlangen (vt)	माँगना	māngana
necken (vt)	चिढ़ाना	chirhāna
spotten (vi)	मज़ाक उड़ाना	mazāk urāna
Spott (m)	मज़ाक (m)	mazāk
Spitzname (m)	मुंह बोला नाम (m)	munh bola nām
Andeutung (f)	इशारा (m)	ishāra
andeuten (vt)	इशारा करना	ishāra karana
meinen (vt)	मतलब होना	matalab hona
Beschreibung (f)	वर्णन (m)	varnan
beschreiben (vt)	वर्णन करना	varnan karana
Lob (n)	प्रशंसा (m)	prashansa
loben (vt)	प्रशंसा करना	prashansa karana
Enttäuschung (f)	निराशा (m)	nirāsha
enttäuschen (vt)	निराश करना	nirāsh karana
enttäuscht sein	निराश होना	nirāsh hona
Vermutung (f)	अंदाज़ा (m)	andāza
vermuten (vt)	अंदाज़ा करना	andāza karana
Warnung (f)	चेतावनी (f)	chetāvanī
warnen (vt)	चेतावनी देना	chetāvanī dena

67. Diskussion, Unterhaltung. Teil 3

überreden (vt)	मना लेना	mana lena
beruhigen (vt)	शांत करना	shānt karana
Schweigen (n)	ख़ामोशी (f)	khāmoshī
schweigen (vi)	चुप रहना	chup rahana
flüstern (vt)	फुसफुसाना	fusafusāna
Flüstern (n)	फुसफुस (m)	fusafus
offen (Adv)	साफ़ साफ़	sāf sāf
meiner Meinung nach …	मेरे ख़्याल में …	mere khyāl men …
Detail (n)	विस्तार (m)	vistār
ausführlich (Adj)	विस्तृत	vistrt
ausführlich (Adv)	विस्तार से	vistār se
Tipp (m)	सुराग़ (m)	surāg
einen Tipp geben	सुराग़ देना	surāg dena
Blick (m)	नज़र (m)	nazar
anblicken (vt)	देखना	dekhana
starr (z.B. -en Blick)	स्थिर	sthir
blinzeln (mit den Augen)	झपकना	jhapakana
zwinkern (mit den Augen)	आँख मारना	ānkh mārana
nicken (vi)	सिर हिलाना	sir hilāna
Seufzer (m)	आह (f)	āh
aufseufzen (vi)	आह भरना	āh bharana
zusammenzucken (vi)	काँपना	kānpana
Geste (f)	इशारा (m)	ishāra
berühren (vt)	छू	chhūa
ergreifen (vt)	पकड़ना	pakarana
klopfen (vt)	थपथपाना	thapathapāna
Vorsicht!	ख़बरदार!	khabaradār!
Wirklich?	सचमुच?	sachamuch?
Sind Sie sicher?	क्या तुम्हें यक़ीन है?	kya tumhen yaqīn hai?
Viel Glück!	सफल हो!	safal ho!
Klar!	समझ आया!	samajh āya!
Schade!	अफ़सोस की बात है!	afasos kī bāt hai!

68. Zustimmung. Ablehnung

Einverständnis (n)	सहमति (f)	sahamati
zustimmen (vi)	राज़ी होना	rāzī hona
Billigung (f)	स्वीकृति (f)	svīkrti
billigen (vt)	स्वीकार करना	svīkār karana
Absage (f)	इन्कार (m)	inkār
sich weigern	इन्कार करना	inkār karana
Ausgezeichnet!	बहुत बढ़िया!	bahut barhiya!
Ganz recht!	अच्छा है!	achchha hai!

Gut! Okay!	ठीक!	thīk!
verboten (Adj)	वर्जित	varjit
Es ist verboten	मना है	mana hai
Es ist unmöglich	सम्भव नहीं	sambhav nahin
falsch	ग़लत	galat
ablehnen (vt)	अस्वीकार करना	asvīkār karana
unterstützen (vt)	समर्थन करना	samarthan karana
akzeptieren (vt)	स्वीकार करना	svīkār karana
bestätigen (vt)	पुष्टि करना	pushti karana
Bestätigung (f)	पुष्टि (f)	pushti
Erlaubnis (f)	अनुमति (f)	anumati
erlauben (vt)	अनुमति देना	anumati dena
Entscheidung (f)	फ़ैसला (m)	faisala
schweigen (nicht antworten)	चुप रहना	chup rahana
Bedingung (f)	हालत (m)	hālat
Ausrede (f)	बहाना (m)	bahāna
Lob (n)	प्रशंसा (m)	prashansa
loben (vt)	तारीफ़ करना	tārīf karana

69. Erfolg. Alles Gute. Misserfolg

Erfolg (m)	सफलता (f)	safalata
erfolgreich (Adv)	सफलतापूर्वक	safalatāpūrvak
erfolgreich (Adj)	सफल	safal
Glück (Glücksfall)	सौभाग्य (m)	saubhāgy
Viel Glück!	सफल हो!	safal ho!
Glücks- (z.B. -tag)	भाग्यशाली	bhāgyashālī
glücklich (Adj)	भाग्यशाली	bhāgyashālī
Misserfolg (m)	विफलता (f)	vifalata
Missgeschick (n)	नाकामयाबी (f)	nākāmayābī
Unglück (n)	दुर्भाग्य (m)	durbhāgy
missglückt (Adj)	असफल	asafal
Katastrophe (f)	दुर्घटना (f)	durghatana
Stolz (m)	गर्व (m)	garv
stolz	गर्व	garv
stolz sein	गर्व करना	garv karana
Sieger (m)	विजेता (m)	vijeta
siegen (vi)	जीतना	jītana
verlieren (Spiel usw.)	हार जाना	hār jāna
Versuch (m)	कोशिश (f)	koshish
versuchen (vt)	कोशिश करना	koshish karana
Chance (f)	मौक़ा (m)	mauqa

70. Streit. Negative Gefühle

| Schrei (m) | चिल्लाहट (f) | chillāhat |
| schreien (vi) | चिल्लाना | chillāna |

beginnen zu schreien	चीखना	chīkhana
Zank (m)	झगड़ा (m)	jhagara
sich zanken	झगड़ना	jhagarana
Riesenkrach (m)	झगड़ा (m)	jhagara
Krach haben	झगड़ना	jhagarana
Konflikt (m)	टकराव (m)	takarāv
Missverständnis (n)	ग़लतफ़हमी (m)	galatafahamī

Kränkung (f)	अपमान (m)	apamān
kränken (vt)	अपमान करना	apamān karana
gekränkt (Adj)	अपमानित	apamānit
Beleidigung (f)	द्वेष (f)	dvesh
beleidigen (vt)	नाराज़ करना	nārāz karana
sich beleidigt fühlen	बुरा मानना	bura mānana

Empörung (f)	क्रोध (m)	krodh
sich empören	ग़ुस्से में आना	gusse men āna
Klage (f)	शिकायत (f)	shikāyat
klagen (vi)	शिकायत करना	shikāyat karana

Entschuldigung (f)	माफ़ी (f)	māfī
sich entschuldigen	माफ़ी मांगना	māfī māngana
um Entschuldigung bitten	क्षमा मांगना	kshama māngana

Kritik (f)	आलोचना (f)	ālochana
kritisieren (vt)	आलोचना करना	ālochana karana
Anklage (f)	आरोप (m)	ārop
anklagen (vt)	आरोप लगाना	ārop lagāna

Rache (f)	बदला (m)	badala
rächen (vt)	बदला लेना	badala lena
sich rächen	बदला लेना	badala lena

Verachtung (f)	नफ़रत (m)	nafarat
verachten (vt)	नफ़रत करना	nafarat karana
Hass (m)	नफ़रत (m)	nafarat
hassen (vt)	नफ़रत करना	nafarat karana

nervös	घबराना	ghabarāna
nervös sein	घबराना	ghabarāna
verärgert	नाराज़	nārāz
ärgern (vt)	नाराज़ करना	nārāz karana

Erniedrigung (f)	बेइज़्ज़ती (f)	bezzatī
erniedrigen (vt)	निरादर करना	nirādar karana
sich erniedrigen	अपमान होना	apamān hona

Schock (m)	हैरानी (f)	hairānī
schockieren (vt)	हैरान होना	hairān hona

Ärger (m)	परेशानियाँ (f)	pareshāniyān
unangenehm	अप्रिय	apriy

Angst (f)	डर (f)	dar
furchtbar (z.B. -e Sturm)	भयानक	bhayānak
schrecklich	भयंकर	bhayankar

Entsetzen (n)	दहशत (f)	dahashat
entsetzlich	भयानक	bhayānak
weinen (vi)	रोना	rona
anfangen zu weinen	रोने लगना	rone lagana
Träne (f)	आँसु (f)	ānsu
Schuld (f)	ग़लती (f)	galatī
Schuldgefühl (n)	दोष का एहसास (m)	dosh ka ehasās
Schmach (f)	बदनामी (f)	badanāmī
Protest (m)	विरोध (m)	virodh
Stress (m)	तनाव (m)	tanāv
stören (vt)	परेशान करना	pareshān karana
sich ärgern	गुस्सा करना	gussa karana
ärgerlich	क्रोधित	krodhit
abbrechen (vi)	ख़त्म करना	khatm karana
schelten (vi)	कसम खाना	kasam khāna
erschrecken (vi)	डराना	darāna
schlagen (vt)	मारना	mārana
sich prügeln	झगड़ना	jhagarana
beilegen (Konflikt usw.)	सुलझाना	sulajhāna
unzufrieden	असंतुष्ट	asantusht
wütend	गुस्सा	gussa
Das ist nicht gut!	यह ठीक नहीं!	yah thīk nahin!
Das ist schlecht!	यह बुरा है!	yah bura hai!

Medizin

71. Krankheiten

Krankheit (f)	बीमारी (f)	bīmārī
krank sein	बीमार होना	bīmār hona
Gesundheit (f)	सेहत (f)	sehat
Schnupfen (m)	नज़ला (m)	nazala
Angina (f)	टॉन्सिल (m)	tonsil
Erkältung (f)	जुकाम (f)	zukām
sich erkälten	जुकाम हो जाना	zukām ho jāna
Bronchitis (f)	ब्रॉन्काइटिस (m)	bronkaitis
Lungenentzündung (f)	निमोनिया (f)	nimoniya
Grippe (f)	फ्लू (m)	flū
kurzsichtig	कमबीन	kamabīn
weitsichtig	कमज़ोर दूरदृष्टि	kamazor dūradrshti
Schielen (n)	तिरछी नज़र (m)	tirachhī nazar
schielend (Adj)	तिरछी नज़रवाला	tirachhī nazaravāla
grauer Star (m)	मोतिया बिंद (m)	motiya bind
Glaukom (n)	काला मोतिया (m)	kāla motiya
Schlaganfall (m)	स्ट्रोक (m)	strok
Infarkt (m)	दिल का दौरा (m)	dil ka daura
Herzinfarkt (m)	मायोकार्डियल इन्फ़ार्क्शन (m)	māyokārdiyal infārkshan
Lähmung (f)	लकवा (m)	lakava
lähmen (vt)	लकवा मारना	laqava mārana
Allergie (f)	एलर्जी (f)	elarjī
Asthma (n)	दमा (f)	dama
Diabetes (m)	शूगर (f)	shūgar
Zahnschmerz (m)	दाँत दर्द (m)	dānt dard
Karies (f)	दाँत में कीड़ा (m)	dānt men kīra
Durchfall (m)	दस्त (m)	dast
Verstopfung (f)	कब्ज़ (m)	kabz
Magenverstimmung (f)	पेट ख़राब (m)	pet kharāb
Vergiftung (f)	ख़राब खाने से हुई बीमारी (f)	kharāb khāne se huī bīmārī
Vergiftung bekommen	ख़राब खाने से बीमार पड़ना	kharāb khāne se bīmār parana
Arthritis (f)	गठिया (m)	gathiya
Rachitis (f)	बालवक्र (m)	bālavakr
Rheumatismus (m)	आमवात (m)	āmavāt
Atherosklerose (f)	धमनीकलाकाठिन्य (m)	dhamanīkalākāthiny
Gastritis (f)	जठर-शोथ (m)	jathar-shoth
Blinddarmentzündung (f)	उण्डुक-शोथ (m)	unduk-shoth

| Cholezystitis (f) | पित्ताशय (m) | pittāshay |
| Geschwür (n) | अल्सर (m) | alsar |

Masern (pl)	मीज़ल्स (m)	mīzals
Röteln (pl)	जर्मन मीज़ल्स (m)	jarman mīzals
Gelbsucht (f)	पीलिया (m)	pīliya
Hepatitis (f)	हेपेटाइटिस (m)	hepetaitis

Schizophrenie (f)	शीज़ोफ्रेनीय (f)	shīzofrenīy
Tollwut (f)	रेबीज़ (m)	rebīz
Neurose (f)	न्यूरोसिस (m)	nyūrosis
Gehirnerschütterung (f)	आघात (m)	āghāt

Krebs (m)	कर्क रोग (m)	kark rog
Sklerose (f)	काठिन्य (m)	kāthiny
multiple Sklerose (f)	मल्टीपल स्क्लेरोसिस (m)	maltīpal sklerosis

Alkoholismus (m)	शराबीपन (m)	sharābīpan
Alkoholiker (m)	शराबी (m)	sharābī
Syphilis (f)	सीफ़ीलिस (m)	sīfilis
AIDS	ऐड्स (m)	aids

Tumor (m)	ट्यूमर (m)	tyūmar
bösartig	घातक	ghātak
gutartig	अर्बुद	arbud

Fieber (n)	बुखार (m)	bukhār
Malaria (f)	मलेरिया (f)	maleriya
Gangrän (f, n)	गैन्ग्रीन (m)	gaingrīn
Seekrankheit (f)	जहाज़ी मतली (f)	jahāzī matalī
Epilepsie (f)	मिरगी (f)	miragī

Epidemie (f)	महामारी (f)	mahāmārī
Typhus (m)	टाइफ़स (m)	taifas
Tuberkulose (f)	टीबी (m)	tībī
Cholera (f)	हैज़ा (f)	haiza
Pest (f)	प्लेग (f)	pleg

72. Symptome. Behandlungen. Teil 1

Symptom (n)	लक्षण (m)	lakshan
Temperatur (f)	तापमान (m)	tāpamān
Fieber (n)	बुखार (f)	bukhār
Puls (m)	नब्ज़ (f)	nabz

Schwindel (m)	सिर का चक्कर (m)	sir ka chakkar
heiß (Stirne usw.)	गरम	garam
Schüttelfrost (m)	कंपकंपी (f)	kampakampī
blass (z.B. -es Gesicht)	पीला	pīla

Husten (m)	खाँसी (f)	khānsī
husten (vi)	खाँसना	khānsana
niesen (vi)	छींकना	chhīnkana
Ohnmacht (f)	बेहोशी (f)	behoshī

ohnmächtig werden	बेहोश होना	behosh hona
blauer Fleck (m)	नील (m)	nīl
Beule (f)	गुमड़ा (m)	gumara
sich stoßen	चोट लगना (m)	chot lagana
Prellung (f)	चोट (f)	chot
sich stoßen	घाव लगना	ghāv lagana
hinken (vi)	लँगड़ाना	langarāna
Verrenkung (f)	हड्डी खिसकना (f)	haddī khisakana
ausrenken (vt)	हड्डी खिसकना	haddī khisakana
Fraktur (f)	हड्डी टूट जाना (f)	haddī tūt jāna
brechen (Arm usw.)	हड्डी टूट जाना	haddī tūt jāna
Schnittwunde (f)	कट जाना (m)	kat jāna
sich schneiden	ख़ुद को काट लेना	khud ko kāt lena
Blutung (f)	रक्त-स्राव (m)	rakt-srāv
Verbrennung (f)	जला होना	jala hona
sich verbrennen	जल जाना	jal jāna
stechen (vt)	चुभाना	chubhāna
sich stechen	ख़ुद को चुभाना	khud ko chubhāna
verletzen (vt)	घायल करना	ghāyal karana
Verletzung (f)	चोट (f)	chot
Wunde (f)	घाव (m)	ghāv
Trauma (n)	चोट (f)	chot
irrereden (vi)	बेहोशी में बड़बड़ाना	behoshī men barabadāna
stottern (vi)	हकलाना	hakalāna
Sonnenstich (m)	धूप आघात (m)	dhūp āghāt

73. Symptome. Behandlungen. Teil 2

Schmerz (m)	दर्द (f)	dard
Splitter (m)	चुभ जाना (m)	chubh jāna
Schweiß (m)	पसीना (f)	pasīna
schwitzen (vi)	पसीना निकलना	pasīna nikalana
Erbrechen (n)	वमन (m)	vaman
Krämpfe (pl)	दौरा (m)	daura
schwanger	गर्भवती	garbhavatī
geboren sein	जन्म लेना	janm lena
Geburt (f)	पैदा करना (m)	paida karana
gebären (vt)	पैदा करना	paida karana
Abtreibung (f)	गर्भपात (m)	garbhapāt
Atem (m)	साँस (f)	sāns
Atemzug (m)	साँस अंदर खींचना (f)	sāns andar khīnchana
Ausatmung (f)	साँस बाहर छोड़ना (f)	sāns bāhar chhorana
ausatmen (vt)	साँस बाहर छोड़ना	sāns bāhar chhorana
einatmen (vt)	साँस अंदर खींचना	sāns andar khīnchana
Invalide (m)	अपाहिज (m)	apāhij
Krüppel (m)	लूला (m)	lūla

Drogenabhängiger (m)	नशेबाज़ (m)	nashebāz
taub	बहरा	bahara
stumm	गूँगा	gūnga
taubstumm	बहरा और गूँगा	bahara aur gūnga
verrückt (Adj)	पागल	pāgal
Irre (m)	पगला (m)	pagala
Irre (f)	पगली (f)	pagalī
den Verstand verlieren	पागल हो जाना	pāgal ho jāna
Gen (n)	वंशाणु (m)	vanshānu
Immunität (f)	रोग प्रतिरोधक शक्ति (f)	rog pratirodhak shakti
erblich	जन्मजात	janmajāt
angeboren	पैदाइशी	paidaishī
Virus (m, n)	विषाणु (m)	vishānu
Mikrobe (f)	कीटाणु (m)	kītānu
Bakterie (f)	जीवाणु (m)	jīvānu
Infektion (f)	संक्रमण (m)	sankraman

74. Symptome. Behandlungen. Teil 3

Krankenhaus (n)	अस्पताल (m)	aspatāl
Patient (m)	मरीज़ (m)	marīz
Diagnose (f)	रोग-निर्णय (m)	rog-nirnay
Heilung (f)	इलाज (m)	ilāj
Behandlung (f)	चिकित्सीय उपचार (m)	chikitsīy upachār
Behandlung bekommen	इलाज कराना	ilāj karāna
behandeln (vt)	इलाज करना	ilāj karana
pflegen (Kranke)	देखभाल करना	dekhabhāl karana
Pflege (f)	देखभाल (f)	dekhabhāl
Operation (f)	ऑपरेशन (m)	opareshan
verbinden (vt)	पट्टी बाँधना	pattī bāndhana
Verband (m)	पट्टी (f)	pattī
Impfung (f)	टीका (m)	tīka
impfen (vt)	टीका लगाना	tīka lagāna
Spritze (f)	इंजेक्शन (m)	injekshan
eine Spritze geben	इंजेक्शन लगाना	injekshan lagāna
Amputation (f)	अंगविच्छेद (f)	angavichchhed
amputieren (vt)	अंगविच्छेद करना	angavichchhed karana
Koma (n)	कोमा (m)	koma
im Koma liegen	कोमा में चले जाना	koma men chale jāna
Reanimation (f)	गहन चिकित्सा (f)	gahan chikitsa
genesen von … (vi)	ठीक हो जाना	thīk ho jāna
Zustand (m)	हालत (m)	hālat
Bewusstsein (n)	होश (m)	hosh
Gedächtnis (n)	याददाश्त (f)	yādadāsht
ziehen (einen Zahn ~)	दाँत निकालना	dānt nikālana
Plombe (f)	भराव (m)	bharāv

plombieren (vt)	दाँत को भरना	dānt ko bharana
Hypnose (f)	हिप्नोसिस (m)	hipanosis
hypnotisieren (vt)	हिप्नोटाइज़ करना	hipanotaiz karana

75. Ärzte

Arzt (m)	डॉक्टर (m)	doktar
Krankenschwester (f)	नर्स (m)	nars
Privatarzt (m)	निजी डॉक्टर (m)	nijī doktar

Zahnarzt (m)	दंत-चिकित्सक (m)	dant-chikitsak
Augenarzt (m)	आँखों का डॉक्टर (m)	ānkhon ka doktar
Internist (m)	चिकित्सक (m)	chikitsak
Chirurg (m)	शल्य-चिकित्सक (m)	shaly-chikitsak

Psychiater (m)	मनोरोग चिकित्सक (m)	manorog chikitsak
Kinderarzt (m)	बाल-चिकित्सक (m)	bāl-chikitsak
Psychologe (m)	मनोवैज्ञानिक (m)	manovaigyānik
Frauenarzt (m)	प्रसूतिशास्री (f)	prasūtishāsrī
Kardiologe (m)	हृदय रोग विशेषज्ञ (m)	hrday rog visheshagy

76. Medizin. Medikamente. Accessoires

Arznei (f)	दवा (f)	dava
Heilmittel (n)	दवाई (f)	davaī
verschreiben (vt)	नुस्खा लिखना	nusakha likhana
Rezept (n)	नुस्खा (m)	nusakha

Tablette (f)	गोली (f)	golī
Salbe (f)	मरहम (m)	maraham
Ampulle (f)	एम्प्यूल (m)	empyūl
Mixtur (f)	सिरप (m)	sirap
Sirup (m)	शरबत (m)	sharabat
Pille (f)	गोली (f)	golī
Pulver (n)	चूरन (m)	chūran

Verband (m)	पट्टी (f)	pattī
Watte (f)	रूई का गोला (m)	rūī ka gola
Jod (n)	आयोडीन (m)	āyodīn
Pflaster (n)	बैंड-एड (m)	baind-ed
Pipette (f)	आई-ड्रॉपर (m)	āī-dropar
Thermometer (n)	थरमामीटर (m)	tharamāmītar
Spritze (f)	इंजेक्शन (m)	injekshan

| Rollstuhl (m) | व्हीलचेयर (f) | vhīlacheyar |
| Krücken (pl) | बैसाखी (m pl) | baisākhī |

Betäubungsmittel (n)	दर्द-निवारक (f)	dard-nivārak
Abführmittel (n)	जुलाब की गोली (f)	julāb kī golī
Spiritus (m)	स्पिरिट (m)	spirit
Heilkraut (n)	जड़ी-बूटी (f)	jarī-būtī
Kräuter- (z.B. Kräutertee)	जड़ी-बूटियों से बना	jarī-būtiyon se bana

77. Rauchen. Tabakwaren

Tabak (m)	तम्बाकू (m)	tambākū
Zigarette (f)	सिगरेट (m)	sigaret
Zigarre (f)	सिगार (m)	sigār
Pfeife (f)	पाइप (f)	paip
Packung (f)	पैक (m)	paik
Streichhölzer (pl)	माचिस (f pl)	māchis
Streichholzschachtel (f)	माचिस का डिब्बा (m)	māchis ka dibba
Feuerzeug (n)	लाइटर (f)	laitar
Aschenbecher (m)	राखदानी (f)	rākhadānī
Zigarettenetui (n)	सिगरेट केस (m)	sigaret kes
Mundstück (n)	सिगरेट होलडर (m)	sigaret holadar
Filter (n)	फ़िल्टर (m)	filtar
rauchen (vi, vt)	धूम्रपान करना	dhumrapān karana
anrauchen (vt)	सिगरेट जलाना	sigaret jalāna
Rauchen (n)	धूम्रपान (m)	dhumrapān
Raucher (m)	धूम्रपान करने वाला (m)	dhūmrapān karane vāla
Stummel (m)	सिगरेट का बचा हुआ टुकड़ा (m)	sigaret ka bacha hua tukara
Rauch (m)	सिगरेट का धुँआ (m)	sigaret ka dhuna
Asche (f)	राख (m)	rākh

LEBENSRAUM DES MENSCHEN

Stadt

78. Stadt. Leben in der Stadt

Stadt (f)	नगर (m)	nagar
Hauptstadt (f)	राजधानी (f)	rājadhānī
Dorf (n)	गांव (m)	gānv
Stadtplan (m)	नगर का नक्शा (m)	nagar ka naksha
Stadtzentrum (n)	नगर का केन्द्र (m)	nagar ka kendr
Vorort (m)	उपनगर (m)	upanagar
Vorort-	उपनगरिक	upanagarik
Stadtrand (m)	बाहरी इलाका (m)	bāharī ilāka
Umgebung (f)	इर्दगिर्द के इलाके (m pl)	irdagird ke ilāke
Stadtviertel (n)	सेक्टर (m)	sektar
Wohnblock (m)	मुहल्ला (m)	muhalla
Straßenverkehr (m)	यातायात (f)	yātāyāt
Ampel (f)	यातायात सिग्नल (m)	yātāyāt signal
Stadtverkehr (m)	जन परिवहन (m)	jan parivahan
Straßenkreuzung (f)	चौराहा (m)	chaurāha
Übergang (m) -	ज़ेबरा क्रॉसिंग (f)	zebara krosing
Fußgängerunterführung (f)	पैदल यात्रियों के लिए अंडरपास (f)	paidal yātriyon ke lie andarapās
überqueren (vt)	सड़क पार करना	sarak pār karana
Fußgänger (m)	पैदल-यात्री (m)	paidal-yātrī
Gehweg (m)	फुटपाथ (m)	futapāth
Brücke (f)	पुल (m)	pul
Kai (m)	तट (m)	tat
Springbrunnen (m)	फौवारा (m)	fauvāra
Allee (f)	छायापथ (f)	chhāyāpath
Park (m)	पार्क (m)	pārk
Boulevard (m)	चौड़ी सड़क (m)	chaurī sarak
Platz (m)	मैदान (m)	maidān
Avenue (f)	मार्ग (m)	mārg
Straße (f)	सड़क (f)	sarak
Gasse (f)	गली (f)	galī
Sackgasse (f)	बंद गली (f)	band galī
Haus (n)	मकान (m)	makān
Gebäude (n)	इमारत (f)	imārat
Wolkenkratzer (m)	गगनचुंबी भवन (f)	gaganachumbī bhavan
Fassade (f)	अगवाड़ा (m)	agavāra

Dach (n)	छत (f)	chhat
Fenster (n)	खिड़की (f)	khirakī
Bogen (m)	मेहराब (m)	meharāb
Säule (f)	स्तंभ (m)	stambh
Ecke (f)	कोना (m)	kona

Schaufenster (n)	दुकान का शो-केस (m)	dukān ka sho-kes
Firmenschild (n)	साईनबोर्ड (m)	saīnabord
Anschlag (m)	पोस्टर (m)	postar
Werbeposter (m)	विज्ञापन पोस्टर (m)	vigyāpan postar
Werbeschild (n)	बिलबोर्ड (m)	bilabord

Müll (m)	कूड़ा (m)	kūra
Mülleimer (m)	कूड़े का डिब्बा (m)	kūre ka dibba
Abfall wegwerfen	कूड़ा-करकट डालना	kūra-karkat dālana
Mülldeponie (f)	डम्पिंग ग्राउंड (m)	damping graund

Telefonzelle (f)	फ़ोन बूथ (m)	fon būth
Straßenlaterne (f)	बिजली का खंभा (m)	bijalī ka khambha
Bank (Park-)	पार्क-बेंच (f)	pārk-bench

Polizist (m)	पुलिसवाला (m)	pulisavāla
Polizei (f)	पुलिस (m)	pulis
Bettler (m)	भिखारी (m)	bhikhārī
Obdachlose (m)	बेघर (m)	beghar

79. Innerstädtische Einrichtungen

Laden (m)	दुकान (f)	dukān
Apotheke (f)	दवाख़ाना (m)	davākhāna
Optik (f)	चश्मे की दुकान (f)	chashme kī dukān
Einkaufszentrum (n)	शॉपिंग मॉल (m)	shoping mol
Supermarkt (m)	सुपर बाज़ार (m)	supar bāzār

Bäckerei (f)	बेकरी (f)	bekarī
Bäcker (m)	बेकर (m)	bekar
Konditorei (f)	टॉफ़ी की दुकान (f)	tofī kī dukān
Lebensmittelladen (m)	परचून की दुकान (f)	parachūn kī dukān
Metzgerei (f)	गोश्त की दुकान (f)	gosht kī dukān

| Gemüseladen (m) | सब्ज़ियों की दुकान (f) | sabziyon kī dukān |
| Markt (m) | बाज़ार (m) | bāzār |

Kaffeehaus (n)	काफ़ी हाउस (m)	kāfī haus
Restaurant (n)	रेस्टरॉं (m)	restarān
Bierstube (f)	शराबख़ाना (m)	sharābakhāna
Pizzeria (f)	पिट्ज़ा की दुकान (f)	pitza kī dukān

Friseursalon (m)	नाई की दुकान (f)	naī kī dukān
Post (f)	डाकघर (m)	dākaghar
chemische Reinigung (f)	ड्राइक्लीनर (m)	draiklīnar
Fotostudio (n)	फ़ोटो की दुकान (f)	foto kī dukān
Schuhgeschäft (n)	जूते की दुकान (f)	jūte kī dukān
Buchhandlung (f)	किताबों की दुकान (f)	kitābon kī dukān

Sportgeschäft (n)	खेलकूद की दुकान (f)	khelakūd kī dukān
Kleiderreparatur (f)	कपड़ों की मरम्मत की दुकान (f)	kaparon kī marammat kī dukān
Bekleidungsverleih (m)	कपड़ों को किराए पर देने की दुकान (f)	kaparon ko kirae par dene kī dukān
Videothek (f)	वीडियो रेन्टल दुकान (f)	vīdiyo rental dukān

Zirkus (m)	सर्कस (m)	sarkas
Zoo (m)	चिड़ियाघर (m)	chiriyāghar
Kino (n)	सिनेमाघर (m)	sinemāghar
Museum (n)	संग्रहालय (m)	sangrahālay
Bibliothek (f)	पुस्तकालय (m)	pustakālay

Theater (n)	रंगमंच (m)	rangamanch
Opernhaus (n)	ओपेरा (m)	opera
Nachtklub (m)	नाईट क्लब (m)	naīt klab
Kasino (n)	केसिनो (m)	kesino

Moschee (f)	मस्जिद (m)	masjid
Synagoge (f)	सीनागोग (m)	sīnāgog
Kathedrale (f)	गिरजाघर (m)	girajāghar
Tempel (m)	मंदिर (m)	mandir
Kirche (f)	गिरजाघर (m)	girajāghar

Institut (n)	कॉलेज (m)	kolej
Universität (f)	विश्वविद्यालय (m)	vishvavidyālay
Schule (f)	विद्यालय (m)	vidyālay

Präfektur (f)	प्रशासक प्रान्त (m)	prashāsak prānt
Rathaus (n)	सिटी हॉल (m)	sitī hol
Hotel (n)	होटल (f)	hotal
Bank (f)	बैंक (m)	baink

Botschaft (f)	दूतावस (m)	dūtāvas
Reisebüro (n)	पर्यटन आफ़िस (m)	paryatan āfis
Informationsbüro (n)	पूछताछ कार्यालय (m)	pūchhatāchh kāryālay
Wechselstube (f)	मुद्रालय (m)	mudrālay

| U-Bahn (f) | मेट्रो (m) | metro |
| Krankenhaus (n) | अस्पताल (m) | aspatāl |

| Tankstelle (f) | पेट्रोल पम्प (f) | petrol pamp |
| Parkplatz (m) | पार्किंग (f) | pārking |

80. Schilder

Firmenschild (n)	साईनबोर्ड (m)	saīnabord
Aufschrift (f)	दुकान का साईन (m)	dukān ka saīn
Plakat (n)	पोस्टर (m)	postar
Wegweiser (m)	दिशा संकेतक (m)	disha sanketak
Pfeil (m)	तीर दिशा संकेतक (m)	tīr disha sanketak

| Vorsicht (f) | चेतावनी (f) | chetāvanī |
| Warnung (f) | चेतावनी संकेतक (m) | chetāvanī sanketak |

warnen (vt)	चेतावनी देना	chetāvanī dena
freier Tag (m)	छुट्टी का दिन (m)	chhuttī ka din
Fahrplan (m)	समय सारणी (f)	samay sāranī
Öffnungszeiten (pl)	खुलने का समय (m)	khulane ka samay

HERZLICH WILLKOMMEN!	आपका स्वागत है!	āpaka svāgat hai!
EINGANG	प्रवेश	pravesh
AUSGANG	निकास	nikās

DRÜCKEN	धक्का दें	dhakka den
ZIEHEN	खींचे	khīnche
GEÖFFNET	खुला	khula
GESCHLOSSEN	बंद	band

| DAMEN, FRAUEN | औरतों के लिये | auraton ke liye |
| HERREN, MÄNNER | आदमियों के लिये | ādamiyon ke liye |

AUSVERKAUF	डिस्काउन्ट	diskaunt
REDUZIERT	सेल	sel
NEU!	नया!	naya!
GRATIS	मुफ्त	muft

ACHTUNG!	ध्यान दें!	dhyān den!
ZIMMER BELEGT	कोई जगह खाली नहीं है	koī jagah khālī nahin hai
RESERVIERT	रिज़र्वड	rizarvad

| VERWALTUNG | प्रशासन | prashāsan |
| NUR FÜR PERSONAL | केवल कर्मचारियों के लिए | keval karmachāriyon ke lie |

VORSICHT BISSIGER HUND	कुत्ते से सावधान!	kutte se sāvadhān!
RAUCHEN VERBOTEN!	धुम्रपान निषेध!	dhumrapān nishedh!
BITTE NICHT BERÜHREN	छूना मना!	chhūna mana!

GEFÄHRLICH	खतरा	khatara
VORSICHT!	खतरा	khatara
HOCHSPANNUNG	उच्च वोल्टेज	uchch voltej
BADEN VERBOTEN	तैरना मना!	tairana mana!
AUßER BETRIEB	ख़राब	kharāb

LEICHTENTZÜNDLICH	ज्वलनशील	jvalanashīl
VERBOTEN	निषिद्ध	nishiddh
DURCHGANG VERBOTEN	प्रवेश निषेध!	pravesh nishedh!
FRISCH GESTRICHEN	गीला पेंट	gīla pent

81. Innerstädtischer Transport

Bus (m)	बस (f)	bas
Straßenbahn (f)	ट्रैम (m)	traim
Obus (m)	ट्रॉलीबस (f)	trolības
Linie (f)	मार्ग (m)	mārg
Nummer (f)	नम्बर (m)	nambar
mit ... fahren	के माध्यम से जाना	ke mādhyam se jāna
einsteigen (vi)	सवार होना	savār hona

aussteigen (aus dem Bus)	उतरना	utarana
Haltestelle (f)	बस स्टॉप (m)	bas stop
nächste Haltestelle (f)	अगला स्टॉप (m)	agala stop
Endhaltestelle (f)	अंतिम स्टेशन (m)	antim steshan
Fahrplan (m)	समय सारणी (f)	samay sāranī
warten (vi, vt)	इंतज़ार करना	intazār karana

Fahrkarte (f)	टिकट (m)	tikat
Fahrpreis (m)	टिकट का किराया (m)	tikat ka kirāya

Kassierer (m)	कैशियर (m)	kaishiyar
Fahrkartenkontrolle (f)	टिकट जाँच (f)	tikat jānch
Fahrkartenkontrolleur (m)	कंडक्टर (m)	kandaktar

sich verspäten	देर हो जाना	der ho jāna
versäumen (Zug usw.)	छूट जाना	chhūt jāna
sich beeilen	जल्दी में रहना	jaldī men rahana

Taxi (n)	टैक्सी (m)	taiksī
Taxifahrer (m)	टैक्सीवाला (m)	taiksīvāla
mit dem Taxi	टैक्सी से (m)	taiksī se
Taxistand (m)	टैक्सी स्टैंड (m)	taiksī staind
ein Taxi rufen	टैक्सी बुलाना	taiksī bulāna
ein Taxi nehmen	टैक्सी लेना	taiksī lena

Straßenverkehr (m)	यातायात (f)	yātāyāt
Stau (m)	ट्रैफ़िक जाम (m)	traifik jām
Hauptverkehrszeit (f)	भीड़ का समय (m)	bhīr ka samay
parken (vi)	पार्क करना	pārk karana
parken (vt)	पार्क करना	pārk karana
Parkplatz (m)	पार्किंग (f)	pārking

U-Bahn (f)	मेट्रो (m)	metro
Station (f)	स्टेशन (m)	steshan
mit der U-Bahn fahren	मेट्रो लेना	metro lena
Zug (m)	रेलगाड़ी, ट्रेन (f)	relagārī, tren
Bahnhof (m)	स्टेशन (m)	steshan

82. Sehenswürdigkeiten

Denkmal (n)	स्मारक (m)	smārak
Festung (f)	किला (m)	kila
Palast (m)	भवन (m)	bhavan
Schloss (n)	महल (m)	mahal
Turm (m)	मीनार (m)	mīnār
Mausoleum (n)	समाधि (f)	samādhi

Architektur (f)	वस्तुशाला (m)	vastushāla
mittelalterlich	मध्ययुगीय	madhayayugīy
alt (antik)	प्राचीन	prāchīn
national	राष्ट्रीय	rāshtrīy
berühmt	मशहूर	mashhūr
Tourist (m)	पर्यटक (m)	paryatak
Fremdenführer (m)	गाइड (m)	gaid

Ausflug (m)	पर्यटन यात्रा (m)	paryatan yātra
zeigen (vt)	दिखाना	dikhāna
erzählen (vt)	बताना	batāna

finden (vt)	ढूँढना	dhūnrhana
sich verlieren	खो जाना	kho jāna
Karte (U-Bahn ~)	नक्शा (m)	naksha
Karte (Stadt-)	नक्शा (m)	naksha

Souvenir (n)	यादगार (m)	yādagār
Souvenirladen (m)	गिफ़्ट शॉप (f)	gift shop
fotografieren (vt)	फोटो खींचना	foto khīnchana
sich fotografieren	अपना फ़ोटो खिंचवाना	apana foto khinchavāna

83. Shopping

kaufen (vt)	खरीदना	kharīdana
Einkauf (m)	खरीदारी (f)	kharīdārī
einkaufen gehen	खरीदारी करने जाना	kharīdārī karane jāna
Einkaufen (n)	खरीदारी (f)	kharīdārī

| offen sein (Laden) | खुला होना | khula hona |
| zu sein | बन्द होना | band hona |

Schuhe (pl)	जूता (m)	jūta
Kleidung (f)	पोशाक (m)	poshāk
Kosmetik (f)	श्रृंगार-सामग्री (f)	shrrngār-sāmagrī
Lebensmittel (pl)	खाने-पीने की चीज़ें (f pl)	khāne-pīne kī chīzen
Geschenk (n)	उपहार (m)	upahār

| Verkäufer (m) | बेचनेवाला (m) | bechanevāla |
| Verkäuferin (f) | बेचनेवाली (f) | bechanevālī |

Kasse (f)	कैश-काउन्टर (m)	kaish-kauntar
Spiegel (m)	आईना (m)	āīna
Ladentisch (m)	काउन्टर (m)	kauntar
Umkleidekabine (f)	ट्राई करने का कमरा (m)	traī karane ka kamara

anprobieren (vt)	ट्राई करना	traī karana
passen (Schuhe, Kleid)	फिटिंग करना	fiting karana
gefallen (vi)	पसंद करना	pasand karana

Preis (m)	दाम (m)	dām
Preisschild (n)	प्राइस टैग (m)	prais taig
kosten (vt)	दाम होना	dām hona
Wie viel?	कितना?	kitana?
Rabatt (m)	डिस्काउन्ट (m)	diskaunt

preiswert	सस्ता	sasta
billig	सस्ता	sasta
teuer	महंगा	mahanga
Das ist teuer	यह महंगा है	yah mahanga hai
Verleih (m)	रेन्टल (m)	rental
leihen, mieten (ein Auto usw.)	किराए पर लेना	kirae par lena

| Kredit (m), Darlehen (n) | क्रेडिट (m) | kredit |
| auf Kredit | क्रेडिट पर | kredit par |

84. Geld

Geld (n)	पैसा (m pl)	paisa
Austausch (m)	मुद्रा विनिमय (m)	mudra vinimay
Kurs (m)	विनिमय दर (m)	vinimay dar
Geldautomat (m)	एटीएम (m)	etīem
Münze (f)	सिक्का (m)	sikka

| Dollar (m) | डॉलर (m) | dolar |
| Euro (m) | यूरो (m) | yūro |

Lira (f)	लीरा (f)	līra
Mark (f)	डचमार्क (m)	dachamārk
Franken (m)	फ्रांक (m)	fränk
Pfund Sterling (n)	पाउन्ड स्टरलिंग (m)	paund staraling
Yen (m)	येन (m)	yen

Schulden (pl)	कर्ज़ (m)	karz
Schuldner (m)	कर्ज़दार (m)	qarzadār
leihen (vt)	कर्ज़ देना	karz dena
leihen, borgen (Geld usw.)	कर्ज़ लेना	karz lena

Bank (f)	बैंक (m)	baink
Konto (n)	बैंक खाता (m)	baink khāta
auf ein Konto einzahlen	बैंक खाते में जमा करना	baink khāte men jama karana
abheben (vt)	खाते से पैसे निकालना	khāte se paise nikālana

Kreditkarte (f)	क्रेडिट कार्ड (m)	kredit kārd
Bargeld (n)	कैश (m pl)	kaish
Scheck (m)	चेक (m)	chek
einen Scheck schreiben	चेक लिखना	chek likhana
Scheckbuch (n)	चेकबुक (f)	chekabuk

Geldtasche (f)	बटुआ (m)	batua
Geldbeutel (m)	बटुआ (m)	batua
Safe (m)	लॉकर (m)	lokar

Erbe (m)	उत्तराधिकारी (m)	uttarādhikārī
Erbschaft (f)	उत्तराधिकार (m)	uttarādhikār
Vermögen (n)	संपत्ति (f)	sampatti

Pacht (f)	किराये पर देना (m)	kirāye par dena
Miete (f)	किराया (m)	kirāya
mieten (vt)	किराए पर लेना	kirae par lena

Preis (m)	दाम (m)	dām
Kosten (pl)	कीमत (f)	kīmat
Summe (f)	रक़म (m)	raqam

| ausgeben (vt) | खर्च करना | kharch karana |
| Ausgaben (pl) | खर्च (m pl) | kharch |

| sparen (vt) | बचत करना | bachat karana |
| sparsam | किफ़ायती | kifāyatī |

zahlen (vt)	दाम चुकाना	dām chukāna
Lohn (m)	भुगतान (m)	bhugatān
Wechselgeld (n)	चिल्लर (m)	chillar

Steuer (f)	टैक्स (m)	taiks
Geldstrafe (f)	जुर्माना (m)	jurmāna
bestrafen (vt)	जुर्माना लगाना	jurmāna lagāna

85. Post. Postdienst

Post (Postamt)	डाकघर (m)	dākaghar
Post (Postsendungen)	डाक (m)	dāk
Briefträger (m)	डाकिया (m)	dākiya
Öffnungszeiten (pl)	खुलने का समय (m)	khulane ka samay

Brief (m)	पत्र (m)	patr
Einschreibebrief (m)	रजिस्टरी पत्र (m)	rajistarī patr
Postkarte (f)	पोस्ट कार्ड (m)	post kārd
Telegramm (n)	तार (m)	tār
Postpaket (n)	पार्सल (f)	pārsal
Geldanweisung (f)	मनी ट्रांसफर (m)	manī trānsafar

bekommen (vt)	पाना	pāna
abschicken (vt)	भेजना	bhejana
Absendung (f)	भेज (m)	bhej

Postanschrift (f)	पता (m)	pata
Postleitzahl (f)	पिन कोड (m)	pin kod
Absender (m)	भेजनेवाला (m)	bhejanevāla
Empfänger (m)	पानेवाला (m)	pānevāla

| Vorname (m) | पहला नाम (m) | pahala nām |
| Nachname (m) | उपनाम (m) | upanām |

Tarif (m)	डाक दर (m)	dāk dar
Standard- (Tarif)	मानक	mānak
Spar- (-tarif)	किफ़ायती	kifāyatī

Gewicht (n)	वज़न (m)	vazan
abwiegen (vt)	तोलना	tolana
Briefumschlag (m)	लिफ़ाफ़ा (m)	lifāfa
Briefmarke (f)	डाक टिकट (m)	dāk tikat
Briefmarke aufkleben	डाक टिकट लगाना	dāk tikat lagāna

Wohnung. Haus. Zuhause

86. Haus. Wohnen

Haus (n)	मकान (m)	makān
zu Hause	घर पर	ghar par
Hof (m)	आंगन (m)	āngan
Zaun (m)	बाड़ (f)	bār
Ziegel (m)	ईंट (f)	īnt
Ziegel-	ईंट का	īnt ka
Stein (m)	पत्थर (m)	patthar
Stein-	पत्थरीला	pattharīla
Beton (m)	कंक्रीट (m)	kankrīt
Beton-	कंक्रीट का	kankrīt ka
neu	नया	naya
alt	पुराना	purāna
baufällig	टूटा-फूटा	tūta-fūta
modern	आधुनिक	ādhunik
mehrstöckig	बहुमंज़िला	bahumanzila
hoch	ऊंचा	ūncha
Stock (m)	मंज़िल (f)	manzil
einstöckig	एकमंज़िला	ekamanzila
Erdgeschoß (n)	पहली मंज़िल (f)	pahalī manzil
oberster Stock (m)	ऊपरी मंज़िल (f)	ūparī manzil
Dach (n)	छत (f)	chhat
Schlot (m)	चिमनी (f)	chimanī
Dachziegel (m)	खपड़ा (m)	khapara
Dachziegel-	टाइल का बना	tail ka bana
Dachboden (m)	अटारी (f)	atārī
Fenster (n)	खिड़की (f)	khirakī
Glas (n)	कांच (f)	kānch
Fensterbrett (n)	विन्डो सिल (m)	vindo sil
Fensterläden (pl)	शट्टर (m)	shattar
Wand (f)	दीवार (f)	dīvār
Balkon (m)	बाल्कनी (f)	bālkanī
Regenfallrohr (n)	जल निकास पाइप (f)	jal nikās paip
nach oben	ऊपर	ūpar
hinaufgehen (vi)	ऊपर जाना	ūpar jāna
herabsteigen (vi)	नीचे उतरना	nīche utarana
umziehen (vi)	घर बदलना	ghar badalana

87. Haus. Eingang. Lift

Eingang (m)	प्रवेश-द्वार (m)	pravesh-dvār
Treppe (f)	सीढ़ी (f)	sīrhī
Stufen (pl)	सीढ़ी (f)	sīrhī
Geländer (n)	रेलिंग (f pl)	reling
Halle (f)	हॉल (m)	hol
Briefkasten (m)	लेटर बॉक्स (m)	letar boks
Müllkasten (m)	कचरे का डब्बा (m)	kachare ka dabba
Müllschlucker (m)	कचरे का श्यूट (m)	kachare ka shyūt
Aufzug (m)	लिफ़्ट (m)	lift
Lastenaufzug (m)	लिफ़्ट (m)	lift
Aufzugkabine (f)	लिफ़्ट (f)	lift
Aufzug nehmen	लिफ़्ट से जाना	lift se jāna
Wohnung (f)	फ़्लैट (f)	flait
Mieter (pl)	निवासी (m)	nivāsī
Nachbar (m)	पड़ोसी (m)	parosī
Nachbarin (f)	पड़ोसन (f)	parosan
Nachbarn (pl)	पड़ोसी (m pl)	parosī

88. Haus. Elektrizität

Elektrizität (f)	बिजली (f)	bijalī
Glühbirne (f)	बल्ब (m)	balb
Schalter (m)	स्विच (m)	svich
Sicherung (f)	फ़्यूज़ बटन (m)	fyūz batan
Draht (m)	तार (m)	tār
Leitung (f)	तार (m)	tār
Stromzähler (m)	बिजली का मीटर (m)	bijalī ka mītar
Zählerstand (m)	मीटर रीडिंग (f)	mītar rīding

89. Haus. Türen. Schlösser

Tür (f)	दरवाज़ा (m)	daravāza
Tor (der Villa usw.)	फाटक (m)	fātak
Griff (m)	हत्था (m)	hattha
aufschließen (vt)	खोलना	kholana
öffnen (vt)	खोलना	kholana
schließen (vt)	बंद करना	band karana
Schlüssel (m)	चाबी (f)	chābī
Bündel (n)	चाबियों का गुच्छा (m)	chābiyon ka guchchha
knarren (vi)	चरमराना	charamarāna
Knarren (n)	चरमराने की आवाज़ (m)	charamarāne kī āvāz
Türscharnier (n)	क़ब्ज़ा (m)	qabza
Fußmatte (f)	पायदान (m)	pāyadān
Schloss (n)	ताला (m)	tāla

Schlüsselloch (n)	ताला (m)	tāla
Türriegel (m)	अर्गला (f)	argala
kleiner Türriegel (m)	अर्गला (f)	argala
Vorhängeschloss (n)	ताला (m)	tāla

klingeln (vi)	बजाना	bajāna
Klingel (Laut)	घंटी (f)	ghantī
Türklingel (f)	घंटी (f)	ghantī
Knopf (m)	घंटी (f)	ghantī
Klopfen (n)	खटखट (f)	khatakhat
anklopfen (vi)	खटखटाना	khatakhatāna

Code (m)	कोड (m)	kod
Zahlenschloss (n)	कॉम्बिनेशन लॉक (m)	kombineshan lok
Sprechanlage (f)	इंटरकॉम (m)	intarakom
Nummer (f)	मकान नम्बर (m)	makān nambar
Türschild (n)	नेम प्लेट (f)	nem plet
Türspion (m)	पीप होल (m)	pīp hol

90. Landhaus

Dorf (n)	गांव (m)	gānv
Gemüsegarten (m)	सब्जियों का बगीचा (m)	sabziyon ka bagīcha
Zaun (m)	बाड़ा (m)	bāra
Lattenzaun (m)	बाड़ (f)	bār
Zauntür (f)	छोटा फाटक (m)	chhota fātak

Speicher (m)	अनाज का गोदाम (m)	anāj ka godām
Keller (m)	सब्जियों का गोदाम (m)	sabziyon ka godām
Schuppen (m)	शेड (m)	shed
Brunnen (m)	कुआँ (m)	kuān

Ofen (m)	चूल्हा (m)	chūlha
heizen (Ofen ~)	चूल्हा जलाना	chūlaha jalāna
Holz (n)	लकड़ियां (f pl)	lakariyān
Holzscheit (n)	लकड़ी (f)	lakarī

Veranda (f)	बराम्दा (f)	barāmda
Terrasse (f)	छत (f)	chhat
Außentreppe (f)	पोर्च (m)	porch
Schaukel (f)	झूले वाली कुर्सी (f)	jhūle vālī kursī

91. Villa. Schloss

Landhaus (n)	गाँव का मकान (m)	gānv ka makān
Villa (f)	बंगला (m)	bangala
Flügel (m)	खंड (m)	khand

Garten (m)	बाग़ (m)	bāg
Park (m)	पार्क (m)	pārk
Orangerie (f)	ग्रीनहाउस (m)	grīnahaus
pflegen (Garten usw.)	देखभाल करना	dekhabhāl karana

Schwimmbad (n)	तरण-ताल (m)	taran-tāl
Kraftraum (m)	व्यायाम कक्ष (m)	vyāyām kaksh
Tennisplatz (m)	टेनिस-कोर्ट (m)	tenis-kort
Heimkinoraum (m)	सिनेमाघर (m)	sinemāghar
Garage (f)	गराज (m)	garāj
Privateigentum (n)	नीजी सम्पत्ति (f)	nījī sampatti
Privatgrundstück (n)	नीजी ज़मीन (f)	nījī zamīn
Warnung (f)	चेतावनी (f)	chetāvanī
Warnschild (n)	चेतावनी संकेत (m)	chetāvanī sanket
Bewachung (f)	सुरक्षा (f)	suraksha
Wächter (m)	पहरेदार (m)	paharedār
Alarmanlage (f)	चोर घंटी (f)	chor ghantī

92. Burg. Palast

Schloss (n)	महल (m)	mahal
Palast (m)	भवन (m)	bhavan
Festung (f)	किला (m)	kila
Mauer (f)	दीवार (f)	dīvār
Turm (m)	मीनार (m)	mīnār
Bergfried (m)	केन्द्रीय मीनार (m)	kendrīy mīnār
Fallgatter (n)	आरोहण द्वार (m)	ārohan dvār
Tunnel (n)	भूमिगत सुरंग (m)	bhūmigat surang
Graben (m)	खाई (f)	khaī
Kette (f)	जंजीर (f)	janjīr
Schießscharte (f)	ऐरो लूप (m)	airo lūp
großartig, prächtig	शानदार	shānadār
majestätisch	महिमामय	mahimāmay
unnahbar	अभेद्य	abhedy
mittelalterlich	मध्ययुगीय	madhayayugīy

93. Wohnung

Wohnung (f)	फ्लैट (f)	flait
Zimmer (n)	कमरा (m)	kamara
Schlafzimmer (n)	सोने का कमरा (m)	sone ka kamara
Esszimmer (n)	खाने का कमरा (m)	khāne ka kamara
Wohnzimmer (n)	बैठक (f)	baithak
Arbeitszimmer (n)	घरेलू कार्यालय (m)	gharelū kāryālay
Vorzimmer (n)	प्रवेश कक्ष (m)	pravesh kaksh
Badezimmer (n)	स्नानघर (m)	snānaghar
Toilette (f)	शौचालय (m)	shauchālay
Decke (f)	छत (f)	chhat
Fußboden (m)	फ़र्श (m)	farsh
Ecke (f)	कोना (m)	kona

94. Wohnung. Saubermachen

aufräumen (vt)	साफ़ करना	sāf karana
weglegen (vt)	रख देना	rakh dena
Staub (m)	धूल (m)	dhūl
staubig	धूसर	dhūsar
Staub abwischen	धूल पोंछना	dhūl ponchhana
Staubsauger (m)	वैक्युम क्लीनर (m)	vaikyum klīnar
Staub saugen	वैक्यूम करना	vaikyūm karana
kehren, fegen (vt)	झाड़ू लगाना	jhārū lagāna
Kehricht (m, n)	कूड़ा (m)	kūra
Ordnung (f)	तरतीब (m)	taratīb
Unordnung (f)	बेतरतीब (f)	betaratīb
Schrubber (m)	पोंछा (m)	ponchha
Lappen (m)	डस्टर (m)	dastar
Besen (m)	झाड़ू (m)	jhārū
Kehrichtschaufel (f)	कूड़ा उठाने का तसला (m)	kūra uthāne ka tasala

95. Möbel. Innenausstattung

Möbel (n)	फ़र्निचर (m)	farnichar
Tisch (m)	मेज़ (f)	mez
Stuhl (m)	कुर्सी (f)	kursī
Bett (n)	पलंग (m)	palang
Sofa (n)	सोफ़ा (m)	sofa
Sessel (m)	हत्थे वाली कुर्सी (f)	hatthe vālī kursī
Bücherschrank (m)	किताबों की अलमारी (f)	kitābon kī alamārī
Regal (n)	शेल्फ़ (f)	shelf
Schrank (m)	कपड़ों की अलमारी (f)	kaparon kī alamārī
Hakenleiste (f)	खूँटी (f)	khūntī
Kleiderständer (m)	खूँटी (f)	khūntī
Kommode (f)	कपड़ों की अलमारी (f)	kaparon kī alamārī
Couchtisch (m)	कॉफ़ी की मेज़ (f)	kofī kī mez
Spiegel (m)	आईना (m)	āīna
Teppich (m)	कालीन (m)	kālīn
Matte (kleiner Teppich)	दरी (f)	darī
Kamin (m)	चिमनी (f)	chimanī
Kerze (f)	मोमबती (f)	momabattī
Kerzenleuchter (m)	मोमबतीदान (m)	momabattīdān
Vorhänge (pl)	परदे (m pl)	parade
Tapete (f)	वॉल पेपर (m)	vol pepar
Jalousie (f)	जेलुज़ी (f pl)	jeluzī
Tischlampe (f)	मेज़ का लैम्प (m)	mez ka laimp
Leuchte (f)	दिवार का लैम्प (m)	divār ka laimp

| Stehlampe (f) | फ़र्श का लैम्प (m) | farsh ka laimp |
| Kronleuchter (m) | झूमर (m) | jhūmar |

Bein (Tischbein usw.)	पाँव (m)	pānv
Armlehne (f)	कुर्सी का हत्था (m)	kursī ka hattha
Lehne (f)	कुर्सी की पीठ (f)	kursī kī pīth
Schublade (f)	दराज़ (m)	darāz

96. Bettwäsche

Bettwäsche (f)	बिस्तर के कपड़े (m)	bistar ke kapare
Kissen (n)	तकिया (m)	takiya
Kissenbezug (m)	ग़िलाफ़ (m)	gilāf
Bettdecke (f)	रज़ाई (f)	razaī
Laken (n)	चादर (f)	chādar
Tagesdecke (f)	चादर (f)	chādar

97. Küche

Küche (f)	रसोईघर (m)	rasoīghar
Gas (n)	गैस (m)	gais
Gasherd (m)	गैस का चूल्हा (m)	gais ka chūlha
Elektroherd (m)	बिजली का चूल्हा (m)	bijalī ka chūlha
Backofen (m)	ओवन (m)	ovan
Mikrowellenherd (m)	माइक्रोवेव ओवन (m)	maikrovev ovan

Kühlschrank (m)	फ़्रिज (m)	frij
Tiefkühltruhe (f)	फ़्रीज़र (m)	frījar
Geschirrspülmaschine (f)	डिशवॉशर (m)	dishavoshar

Fleischwolf (m)	कीमा बनाने की मशीन (f)	kīma banāne kī mashīn
Saftpresse (f)	जूसर (m)	jūsar
Toaster (m)	टोस्टर (m)	tostar
Mixer (m)	मिक्सर (m)	miksar

Kaffeemaschine (f)	कॉफ़ी मशीन (f)	kofī mashīn
Kaffeekanne (f)	कॉफ़ी पॉट (m)	kofī pot
Kaffeemühle (f)	कॉफ़ी पीसने की मशीन (f)	kofī pīsane kī mashīn

Wasserkessel (m)	केतली (f)	ketalī
Teekanne (f)	चायदानी (f)	chāyadānī
Deckel (m)	ढक्कन (m)	dhakkan
Teesieb (n)	छलनी (f)	chhalanī

Löffel (m)	चम्मच (m)	chammach
Teelöffel (m)	चम्मच (m)	chammach
Esslöffel (m)	चम्मच (m)	chammach
Gabel (f)	काँटा (m)	kānta
Messer (n)	छुरी (f)	chhurī

| Geschirr (n) | बरतन (m) | baratan |
| Teller (m) | तश्तरी (f) | tashtarī |

Untertasse (f)	तश्तरी (f)	tashtarī
Schnapsglas (n)	जाम (m)	jām
Glas (n)	गिलास (m)	gilās
Tasse (f)	प्याला (m)	pyāla
Zuckerdose (f)	चीनीदानी (f)	chīnīdānī
Salzstreuer (m)	नमकदानी (m)	namakadānī
Pfefferstreuer (m)	मिर्चदानी (f)	mirchadānī
Butterdose (f)	मक्खनदानी (f)	makkhanadānī
Kochtopf (m)	सॉसपैन (m)	sosapain
Pfanne (f)	फ्राइ पैन (f)	frai pain
Schöpflöffel (m)	डोई (f)	doī
Durchschlag (m)	कालेन्डर (m)	kālendar
Tablett (n)	थाली (m)	thālī
Flasche (f)	बोतल (f)	botal
Glas (Einmachglas)	शीशी (f)	shīshī
Dose (f)	डिब्बा (m)	dibba
Flaschenöffner (m)	बोतल ओपनर (m)	botal opanar
Dosenöffner (m)	ओपनर (m)	opanar
Korkenzieher (m)	पेंचकस (m)	penchakas
Filter (n)	फ़िल्टर (m)	filtar
filtern (vt)	फ़िल्टर करना	filtar karana
Müll (m)	कूड़ा (m)	kūra
Mülleimer, Treteimer (m)	कूड़े की बाल्टी (f)	kūre kī bāltī

98. Bad

Badezimmer (n)	स्नानघर (m)	snānaghar
Wasser (n)	पानी (m)	pānī
Wasserhahn (m)	नल (m)	nal
Warmwasser (n)	गरम पानी (m)	garam pānī
Kaltwasser (n)	ठंडा पानी (m)	thanda pānī
Zahnpasta (f)	टूथपेस्ट (m)	tūthapest
Zähne putzen	दाँत ब्रश करना	dānt brash karana
sich rasieren	शेव करना	shev karana
Rasierschaum (m)	शेविंग फ़ोम (m)	sheving fom
Rasierer (m)	रेज़र (f)	rezar
waschen (vt)	धोना	dhona
sich waschen	नहाना	nahāna
Dusche (f)	शावर (m)	shāvar
sich duschen	शावर लेना	shāvar lena
Badewanne (f)	बाथटब (m)	bāthatab
Klosettbecken (n)	संडास (m)	sandās
Waschbecken (n)	सिंक (m)	sink
Seife (f)	साबुन (m)	sābun
Seifenschale (f)	साबुनदानी (f)	sābunadānī

Schwamm (m)	स्पंज (f)	spanj
Shampoo (n)	शैम्पू (m)	shaimpū
Handtuch (n)	तौलिया (f)	tauliya
Bademantel (m)	चोगा (m)	choga

Wäsche (f)	धुलाई (f)	dhulaī
Waschmaschine (f)	वॉशिंग मशीन (f)	voshing mashīn
waschen (vt)	कपड़े धोना	kapare dhona
Waschpulver (n)	कपड़े धोने का पाउडर (m)	kapare dhone ka paudar

99. Haushaltsgeräte

Fernseher (m)	टीवी सेट (m)	tīvī set
Tonbandgerät (n)	टेप रिकार्डर (m)	tep rikārdar
Videorekorder (m)	वीडियो टेप रिकार्डर (m)	vīdiyo tep rikārdar
Empfänger (m)	रेडियो (m)	rediyo
Player (m)	प्लेयर (m)	pleyar

Videoprojektor (m)	वीडियो प्रोजेक्टर (m)	vīdiyo projektar
Heimkino (n)	होम थीएटर (m)	hom thīetar
DVD-Player (m)	डीवीडी प्लेयर (m)	dīvīdī pleyar
Verstärker (m)	ध्वनि-विस्तारक (m)	dhvani-vistārak
Spielkonsole (f)	वीडियो गेम कन्सोल (m)	vīdiyo gem kansol

Videokamera (f)	वीडियो कैमरा (m)	vīdiyo kaimara
Kamera (f)	कैमरा (m)	kaimara
Digitalkamera (f)	डीजिटल कैमरा (m)	dījital kaimara

Staubsauger (m)	वैक्यूम क्लीनर (m)	vaikyūm klīnar
Bügeleisen (n)	इस्तरी (f)	istarī
Bügelbrett (n)	इस्तरी तख्ता (m)	istarī takhta

Telefon (n)	टेलीफ़ोन (m)	telīfon
Mobiltelefon (n)	मोबाइल फ़ोन (m)	mobail fon
Schreibmaschine (f)	टाइपराइटर (m)	taiparaitar
Nähmaschine (f)	सिलाई मशीन (f)	silaī mashīn

Mikrophon (n)	माइक्रोफ़ोन (m)	maikrofon
Kopfhörer (m)	हैड्फ़ोन (m pl)	hairafon
Fernbedienung (f)	रिमोट (m)	rimot

CD (f)	सीडी (m)	sīdī
Kassette (f)	कैसेट (f)	kaiset
Schallplatte (f)	रिकार्ड (m)	rikārd

100. Reparaturen. Renovierung

Renovierung (f)	नवीकरण (m)	navīkaran
renovieren (vt)	नवीकरण करना	navīkaran karana
reparieren (vt)	मरम्मत करना	marammat karana
in Ordnung bringen	ठीक करना	thīk karana
noch einmal machen	फिर से करना	fir se karana

Farbe (f)	रंग (m)	rang
streichen (vt)	रंगना	rangana
Anstreicher (m)	रोग़न करनेवाला (m)	rogan karanevāla
Pinsel (m)	सफ़ेदी का ब्रश (m)	safedī ka brash

| Kalkfarbe (f) | सफ़ेदी (f) | safedī |
| weißen (vt) | सफ़ेदी करना | safedī karana |

Tapete (f)	वॉल-पैपर (m pl)	vol-paipar
tapezieren (vt)	वाल-पैपर लगाना	vāl-paipar lagāna
Lack (z.B. Parkettlack)	पॉलिश (f)	polish
lackieren (vt)	पॉलिश करना	polish karana

101. Rohrleitungen

Wasser (n)	पानी (m)	pānī
Warmwasser (n)	गरम पानी (m)	garam pānī
Kaltwasser (n)	ठंडा पानी (m)	thanda pānī
Wasserhahn (m)	टोंटी (f)	tontī

Tropfen (m)	बूँद (m)	būnd
tropfen (vi)	टपकना	tapakana
durchsickern (vi)	बहना	bahana
Leck (n)	लीक (m)	līk
Lache (f)	डबरा (m)	dabara

Rohr (n)	पाइप (f)	paip
Ventil (n)	वॉल्व (m)	volv
sich verstopfen	भर जाना	bhar jāna

Werkzeuge (pl)	औज़ार (m pl)	auzār
Engländer (m)	रिंच (m)	rinch
abdrehen (vt)	खोलना	kholana
zudrehen (vt)	बंद करना	band karana

reinigen (Rohre ~)	सफ़ाई करना	safaī karana
Klempner (m)	प्लम्बर (m)	plambar
Keller (m)	तहख़ाना (m)	tahakhāna
Kanalisation (f)	मलप्रवाह-पद्धति (f)	malapravāh-paddhati

102. Feuer. Brand

Feuer (n)	आग (f)	āg
Flamme (f)	आग की लपटें (f)	āg kī lapaten
Funke (m)	चिंगारी (f)	chingārī
Rauch (m)	धुँआ (m)	dhuna
Fackel (f)	मशाल (m)	mashāl
Lagerfeuer (n)	कैम्प फ़ायर (m)	kaimp fāyar

Benzin (n)	पेट्रोल (m)	petrol
Kerosin (n)	केरोसीन (m)	kerosīn
brennbar	ज्वलनशील	jvalanashīl

| explosiv | विस्फ़ोटक | visfotak |
| RAUCHEN VERBOTEN! | धुम्रपान निषेध! | dhumrapān nishedh! |

Sicherheit (f)	सुरक्षा (f)	suraksha
Gefahr (f)	ख़तरा (f)	khatara
gefährlich	ख़तरनाक	khataranāk

sich entflammen	आग लग जाना	āg lag jāna
Explosion (f)	विस्फ़ोट (m)	visfot
in Brand stecken	आग लगाना	āg lagāna
Brandstifter (m)	आग लगानेवाला (m)	āg lagānevāla
Brandstiftung (f)	आगज़नी (f)	āgazanī

flammen (vi)	दहकना	dahakana
brennen (vi)	जलना	jalana
verbrennen (vi)	जल जाना	jal jāna

Feuerwehrmann (m)	दमकल कर्मचारी (m)	damakal karmachārī
Feuerwehrauto (n)	दमकल (m)	damakal
Feuerwehr (f)	फ़ायरब्रिगेड (m)	fāyarabriged
Drehleiter (f)	फ़ायर ट्रक सीढ़ी (f)	fāyar trak sīrhī

Feuerwehrschlauch (m)	आग बुझाने का पाइप (m)	āg bujhāne ka paip
Feuerlöscher (m)	अग्निशामक (m)	agnishāmak
Helm (m)	हेलमेट (f)	helamet
Sirene (f)	साइरन (m)	sairan

schreien (vi)	चिल्लाना	chillāna
um Hilfe rufen	मदद के लिए बुलाना	madad ke lie bulāna
Retter (m)	बचानेवाला (m)	bachānevāla
retten (vt)	बचाना	bachāna

ankommen (vi)	पहुँचना	pahunchana
löschen (vt)	आग बुझाना	āg bujhāna
Wasser (n)	पानी (m)	pānī
Sand (m)	रेत (f)	ret

Trümmer (pl)	खंडहर (m pl)	khandahar
zusammenbrechen (vi)	गिर जाना	gir jāna
einfallen (vi)	टूटकर गिरना	tūtakar girana
einstürzen (Decke)	ढहना	dhahana

| Bruchstück (n) | मलबे का टुकड़ा (m) | malabe ka tukara |
| Asche (f) | राख (m) | rākh |

| ersticken (vi) | दम घुटना | dam ghutana |
| ums Leben kommen | मर जाना | mar jāna |

AKTIVITÄTEN DES MENSCHEN

Beruf. Geschäft. Teil 1

103. Büro. Arbeiten im Büro

Büro (Firmensitz)	कार्यालय (m)	kāryālay
Büro (~ des Direktors)	कार्यालय (m)	kāryālay
Rezeption (f)	रिसेप्शन (m)	risepshan
Sekretärin (f)	सेक्रटरी (f)	sekratarī
Direktor (m)	निदेशक (m)	nideshak
Manager (m)	मैनेजर (m)	mainejar
Buchhalter (m)	लेखापाल (m)	lekhāpāl
Mitarbeiter (m)	कर्मचारी (m)	karmachārī
Möbel (n)	फ़र्निचर (m)	farnichar
Tisch (m)	मेज़ (f)	mez
Schreibtischstuhl (m)	कुर्सी (f)	kursī
Rollcontainer (m)	साइड टेबल (f)	said tebal
Kleiderständer (m)	खूँटी (f)	khūntī
Computer (m)	कंप्यूटर (m)	kampyūtar
Drucker (m)	प्रिन्टर (m)	printar
Fax (n)	फ़ैक्स मशीन (f)	faiks mashīn
Kopierer (m)	ज़ीरोक्स (m)	zīroks
Papier (n)	काग़ज़ (m)	kāgaz
Büromaterial (n)	स्टेशनरी (m pl)	steshanarī
Mousepad (n)	माउस पैड (m)	maus paid
Blatt (n) Papier	पन्ना (m)	panna
Ordner (m)	बाइन्डर (m)	baindar
Katalog (m)	कैटेलॉग (m)	kaitelog
Adressbuch (n)	डाइरेक्टरी (f)	dairektarī
Dokumentation (f)	दस्तावेज़ (m)	dastāvez
Broschüre (f)	पुस्तिका (f)	pustika
Flugblatt (n)	पर्चा (m)	parcha
Muster (n)	नमूना (m)	namūna
Training (n)	प्रशिक्षण बैठक (f)	prashikshan baithak
Meeting (n)	बैठक (f)	baithak
Mittagspause (f)	मध्यान्तर (m)	madhyāntar
eine Kopie machen	कॉपी करना	kopī karana
vervielfältigen (vt)	ज़ीरोक्स करना	zīroks karana
ein Fax bekommen	फ़ैक्स मिलना	faiks milana
ein Fax senden	फ़ैक्स भेजना	faiks bhejana
anrufen (vt)	फ़ोन करना	fon karana

| antworten (vi) | जवाब देना | javāb dena |
| verbinden (vt) | फ़ोन ट्रांस्फ़र करना | fon trānsfar karana |

ausmachen (vt)	व्यवस्थित करना	vyavasthit karana
demonstrieren (vt)	प्रदर्शित करना	pradarshit karana
fehlen (am Arbeitsplatz ~)	अनुपस्थित होना	anupasthit hona
Abwesenheit (f)	अनुपस्थिती (f)	anupasthitī

104. Geschäftsabläufe. Teil 1

Angelegenheit (f)	पेशा (m)	pesha
Firma (f)	कम्पनी (f)	kampanī
Gesellschaft (f)	कम्पनी (f)	kampanī
Konzern (m)	निगम (m)	nigam
Unternehmen (n)	उद्योग (m)	udyog
Agentur (f)	एजेंसी (f)	ejensī

Vereinbarung (f)	समझौता (f)	samajhauta
Vertrag (m)	ठेका (m)	theka
Geschäft (Transaktion)	सौदा (f)	sauda
Auftrag (Bestellung)	आर्डर (m)	ārdar
Bedingung (f)	शर्तें (f)	sharten

en gros (im Großen)	थोक	thok
Großhandels-	थोक	thok
Großhandel (m)	थोक (m)	thok
Einzelhandels-	खुदरा	khudara
Einzelhandel (m)	खुदरा (m)	khudara

Konkurrent (m)	प्रतियोगी (m)	pratiyogī
Konkurrenz (f)	प्रतियोगिता (f)	pratiyogita
konkurrieren (vi)	प्रतियोगिता करना	pratiyogita karana

| Partner (m) | सहयोगी (f) | sahayogī |
| Partnerschaft (f) | साझेदारी (f) | sājhedārī |

Krise (f)	संकट (m)	sankat
Bankrott (m)	दिवाला (m)	divāla
Bankrott machen	दिवालिया हो जाना	divāliya ho jāna
Schwierigkeit (f)	कठिनाई (f)	kathinaī
Problem (n)	समस्या (f)	samasya
Katastrophe (f)	दुर्घटना (f)	durghatana

Wirtschaft (f)	अर्थशास्त्र (f)	arthashāstr
wirtschaftlich	आर्थिक	ārthik
Rezession (f)	अर्थिक गिरावट (f)	arthik girāvat

| Ziel (n) | लक्ष्य (m) | lakshy |
| Aufgabe (f) | कार्य (m) | kāry |

handeln (Handel treiben)	व्यापार करना	vyāpār karana
Netz (Verkaufs-)	जाल (m)	jāl
Lager (n)	गोदाम (m)	godām
Sortiment (n)	किस्म (m)	kism

führende Unternehmen (n)	लीडर (m)	līdar
groß (-e Firma)	विशाल	vishāl
Monopol (n)	एकाधिकार (m)	ekādhikār

Theorie (f)	सिद्धांत (f)	siddhānt
Praxis (f)	व्यवहार (f)	vyavahār
Erfahrung (f)	अनुभव (m)	anubhav
Tendenz (f)	प्रवृत्ति (f)	pravrtti
Entwicklung (f)	विकास (m)	vikās

105. Geschäftsabläufe. Teil 2

| Vorteil (m) | लाभ (f) | lābh |
| vorteilhaft | फ़ायदेमन्द | fāyademand |

Delegation (f)	प्रतिनिधिमंडल (f)	pratinidhimandal
Lohn (m)	आय (f)	āy
korrigieren (vt)	ठीक करना	thīk karana
Dienstreise (f)	व्यापारिक यात्रा (f)	vyāpārik yātra
Kommission (f)	आयोग (f)	āyog

kontrollieren (vt)	जांचना	jānchana
Konferenz (f)	सम्मेलन (m)	sammelan
Lizenz (f)	अनुज्ञप्ति (f)	anugyapti
zuverlässig	विश्वसनीय	vishvasanīy

Initiative (f)	पहल (f)	pahal
Norm (f)	मानक (m)	mānak
Umstand (m)	परिस्थिति (f)	paristhiti
Pflicht (f)	कर्तव्य (m)	kartavy

Unternehmen (n)	संगठन (f)	sangathan
Organisation (Prozess)	आयोजन (m)	āyojan
organisiert (Adj)	आयोजित	āyojit
Abschaffung (f)	निरस्तीकरण (m)	nirastīkaran
abschaffen (vt)	रद्द करना	radd karana
Bericht (m)	रिपोर्ट (m)	riport

Patent (n)	पेटेंट (m)	petent
patentieren (vt)	पेटेंट करना	petent karana
planen (vt)	योजना बनाना	yojana banāna

Prämie (f)	बोनस (m)	bonas
professionell	पेशेवर	peshevar
Prozedur (f)	प्रक्रिया (f)	prakriya

prüfen (Vertrag ~)	विचार करना	vichār karana
Berechnung (f)	हिसाब (m)	hisāb
Ruf (m)	प्रतिष्ठा (f)	pratishtha
Risiko (n)	जोखिम (m)	jokhim

leiten (vt)	प्रबंध करना	prabandh karana
Informationen (pl)	सूचना (f)	sūchana
Eigentum (n)	जायदाद (f)	jāyadād

Bund (m)	संघ (m)	sangh
Lebensversicherung (f)	जीवन-बीमा (m)	jīvan-bīma
versichern (vt)	बीमा करना	bīma karana
Versicherung (f)	बीमा (m)	bīma

Auktion (f)	नीलामी (m pl)	nīlāmī
benachrichtigen (vt)	जानकारी देना	jānakārī dena
Verwaltung (f)	प्रबंधन (m)	prabandhan
Dienst (m)	सेवा (f)	seva

Forum (n)	मंच (m)	manch
funktionieren (vi)	कार्य करना	kāry karana
Etappe (f)	चरण (m)	charan
juristisch	कानूनी	kānūnī
Jurist (m)	वकील (m)	vakīl

106. Fertigung. Arbeiten

Werk (n)	कारख़ाना (m)	kārakhāna
Fabrik (f)	कारख़ाना (m)	kārakhāna
Werkstatt (f)	वर्कशाप (m)	varkashāp
Betrieb (m)	उत्पादन स्थल (m)	utpādan sthal

Industrie (f)	उद्योग (m)	udyog
Industrie-	औद्योगिक	audyogik
Schwerindustrie (f)	भारी उद्योग (m)	bhārī udyog
Leichtindustrie (f)	हल्का उद्योग (m)	halka udyog

Produktion (f)	उत्पाद (m)	utpād
produzieren (vt)	उत्पादन करना	utpādan karana
Rohstoff (m)	कच्चा माल (m)	kachcha māl

Vorarbeiter (m), Meister (m)	फ़ोरमैन (m)	foramain
Arbeitsteam (n)	मज़दूर दल (m)	mazadūr dal
Arbeiter (m)	मज़दूर (m)	mazadūr

Arbeitstag (m)	कार्यदिवस (m)	kāryadivas
Pause (f)	अंतराल (m)	antarāl
Versammlung (f)	बैठक (f)	baithak
besprechen (vt)	चर्चा करना	charcha karana

Plan (m)	योजना (f)	yojana
den Plan erfüllen	योजना बनाना	yojana banāna
Arbeitsertrag (m)	उत्पादन दर (f)	utpādan dar
Qualität (f)	गुणवत्ता (m)	gunavatta
Prüfung, Kontrolle (f)	जाँच (f)	jānch
Gütekontrolle (f)	गुणवत्ता जाँच (f)	gunavatta jānch

Arbeitsplatzsicherheit (f)	कार्यस्थल सुरक्षा (f)	kāryasthal suraksha
Disziplin (f)	अनुशासन (f)	anushāsan
Übertretung (f)	उल्लंघन (m)	ullanghan
übertreten (vt)	उल्लंघन करना	ullanghan karana
Streik (m)	हड़ताल (f)	haratāl
Streikender (m)	हड़तालकारी (m)	haratālakārī

streiken (vi)	हड़ताल करना	haratāl karana
Gewerkschaft (f)	ट्रेड-यूनियन (m)	tred-yūniyan

erfinden (vt)	आविष्कार करना	āvishkār karana
Erfindung (f)	आविष्कार (m)	āvishkār
Erforschung (f)	अनुसंधान (f)	anusandhān
verbessern (vt)	सुधारना	sudhārana
Technologie (f)	प्रौद्योगिकी (f)	praudyogikī
technische Zeichnung (f)	तकनीकी चित्रकारी (f)	takanīkī chitrakārī

Ladung (f)	भार (m)	bhār
Ladearbeiter (m)	कुली (m)	kulī
laden (vt)	लादना	lādana
Beladung (f)	लादना (m)	lādana
entladen (vt)	सामान उतारना	sāmān utārana
Entladung (f)	उतारना	utārana

Transport (m)	परिवहन (m)	parivahan
Transportunternehmen (n)	परिवहन कम्पनी (f)	parivahan kampanī
transportieren (vt)	अपवाहन करना	apavāhan karana

Güterwagen (m)	माल गाड़ी (f)	māl gārī
Zisterne (f)	टैंकर (m)	tainkar
Lastkraftwagen (m)	ट्रक (m)	trak

Werkzeugmaschine (f)	मशीनी उपकरण (m)	mashīnī upakaran
Mechanismus (m)	यंत्र (m)	yantr

Industrieabfälle (pl)	औद्योगिक अवशेष (m)	audyogik avashesh
Verpacken (n)	पैकिंग (f)	paiking
verpacken (vt)	पैक करना	paik karana

107. Vertrag. Zustimmung

Vertrag (m), Auftrag (m)	ठेका (m)	theka
Vereinbarung (f)	समझौता (f)	samajhauta
Anhang (m)	परिशिष्ट (f)	parishisht

einen Vertrag abschließen	अनुबंध पर हस्ताक्षर करना	anubandh par hastākshar karana
Unterschrift (f)	हस्ताक्षर (m)	hastākshar
unterschreiben (vt)	हस्ताक्षर करना	hastākshar karana
Stempel (m)	सील (m)	sīl

Vertragsgegenstand (m)	अनुबंध की विषय-वस्तु (f)	anubandh kī vishay-vastu
Punkt (m)	धारा (f)	dhāra
Parteien (pl)	पार्टी (f)	pārtī
rechtmäßige Anschrift (f)	कानूनी पता (m)	kānūnī pata

Vertrag brechen	अनुबंध का उल्लंघन करना	anubandh ka ullanghan karana
Verpflichtung (f)	प्रतिबद्धता (f)	pratibaddhta
Verantwortlichkeit (f)	ज़िम्मेदारी (f)	zimmedārī
Force majeure (f)	अप्रत्याशित घटना (f)	apratyāshit ghatana

| Streit (m) | विवाद (m) | vivād |
| Strafsanktionen (pl) | जुर्माना (m) | jurmāna |

108. Import & Export

Import (m)	आयात (m)	āyāt
Importeur (m)	आयातकर्ता (m)	āyātakarta
importieren (vt)	आयात करना	āyāt karana
Import-	आयातित	āyātit

| Exporteur (m) | निर्यातकर्ता (m) | niryātakarta |
| exportieren (vt) | निर्यात करना | niryāt karana |

| Waren (pl) | माल (m) | māl |
| Partie (f), Ladung (f) | प्रेषित माल (m) | preshit māl |

Gewicht (n)	वज़न (m)	vazan
Volumen (n)	आयतन (m)	āyatan
Kubikmeter (m)	घन मीटर (m)	ghan mītar

Hersteller (m)	उत्पादक (m)	utpādak
Transportunternehmen (n)	वाहन कम्पनी (f)	vāhan kampanī
Container (m)	डिब्बा (m)	dibba

Grenze (f)	सीमा (f)	sīma
Zollamt (n)	सीमाशुल्क कार्यालय (f)	sīmāshulk kāryālay
Zoll (m)	सीमाशुल्क (m)	sīmāshulk
Zollbeamter (m)	सीमाशुल्क अधिकारी (m)	sīmāshulk adhikārī
Schmuggel (m)	तस्करी (f)	taskarī
Schmuggelware (f)	तस्करी का माल (m)	taskarī ka māl

109. Finanzen

Aktie (f)	शेयर (f)	sheyar
Obligation (f)	बॉंड (m)	bānd
Wechsel (m)	विनिमय पत्र (m)	vinimay patr

| Börse (f) | स्टॉक मार्केट (m) | stok mārket |
| Aktienkurs (m) | शेयर का मूल्य (m) | sheyar ka mūly |

| billiger werden | मूल्य कम होना | mūly kam hona |
| teuer werden | मूल्य बढ़ जाना | mūly barh jāna |

Mehrheitsbeteiligung (f)	नियंत्रण हित (f)	niyantran hit
Investitionen (pl)	निवेश (f)	nivesh
investieren (vt)	निवेश करना	nivesh karana
Prozent (n)	प्रतिशत (f)	pratishat
Zinsen (pl)	ब्याज (m pl)	byāj

Gewinn (m)	नफ़ा (m)	nafa
gewinnbringend	लाभदायक	lābhadāyak
Steuer (f)	कर (f)	kar

Währung (f)	मुद्रा (m)	mudra
Landes-	राष्ट्रीय	rāshtrīy
Geldumtausch (m)	विनिमय (m)	vinimay

| Buchhalter (m) | लेखापाल (m) | lekhāpāl |
| Buchhaltung (f) | लेखा विभाग (m) | lekha vibhāg |

Bankrott (m)	दिवाला (m)	divāla
Zusammenbruch (m)	वित्तीय पतन (m)	vittīy pattan
Pleite (f)	बरबादी (m)	barabādī
pleite gehen	आर्थिक रूप से बरबादी	ārthik rūp se barabādī
Inflation (f)	मुद्रास्फीति (f)	mudrāsfīti
Abwertung (f)	अवमूल्यन (m)	avamūlyan

Kapital (n)	पूँजी (f)	pūnjī
Einkommen (n)	आय (f)	āy
Umsatz (m)	कुल बिक्री (f)	kul bikrī
Mittel (Reserven)	वित्तीय संसाधन (m)	vittīy sansādhan
Geldmittel (pl)	मुद्रागत संसाधन (m)	mudrāgat sansādhan
reduzieren (vt)	कम करना	kam karana

110. Marketing

Marketing (n)	विपणन (m)	vipanan
Markt (m)	मंडी (f)	mandī
Marktsegment (n)	बाज़ार क्षेत्र (m)	bāzār kshetr
Produkt (n)	उत्पाद (m)	utpād
Waren (pl)	माल (m)	māl

Handelsmarke (f)	ट्रेड मार्क (m)	tred mārk
Firmenzeichen (n)	लोगोटाइप (m)	logotaip
Logo (n)	लोगो (m)	logo

Nachfrage (f)	मांग (f)	māng
Angebot (n)	आपूर्ति (f)	āpūrti
Bedürfnis (n)	ज़रूरत (f)	zarūrat
Verbraucher (m)	उपभोक्ता (m)	upabhokta

Analyse (f)	विश्लेषण (m)	vishleshan
analysieren (vt)	विश्लेषण करना	vishleshan karana
Positionierung (f)	स्थिति-निर्धारण (f)	sthiti-nirdhāran
positionieren (vt)	स्थिति-निर्धारण करना	sthiti-nirdhāran karana

Preis (m)	दाम (m)	dām
Preispolitik (f)	मूल्य निर्धारण नीति (f)	mūly nirdhāran nīti
Preisbildung (f)	मूल्य स्थापना (f)	mūly sthāpana

111. Werbung

Werbung (f)	विज्ञापन (m)	vigyāpan
werben (vt)	विज्ञापन देना	vigyāpan dena
Budget (n)	बजट (m)	bajat

Werbeanzeige (f)	विज्ञापन (m)	vigyāpan
Fernsehwerbung (f)	टीवी विज्ञापन (m)	tīvī vigyāpan
Radiowerbung (f)	रेडियो विज्ञापन (m)	rediyo vigyāpan
Außenwerbung (f)	बिलबोर्ड विज्ञापन (m)	bilabord vigyāpan
Massenmedien (pl)	जनसंपर्क माध्यम (m)	janasampark mādhyam
Zeitschrift (f)	पत्रिका (f)	patrika
Image (n)	सार्वजनिक छवि (f)	sārvajanik chhavi
Losung (f)	नारा (m)	nāra
Motto (n)	नारा (m)	nāra
Kampagne (f)	अभियान (m)	abhiyān
Werbekampagne (f)	विज्ञापन प्रचार (m)	vigyāpan prachār
Zielgruppe (f)	श्रोतागण (f)	shrotāgan
Visitenkarte (f)	बिज़नेस कार्ड (m)	bizanes kārd
Flugblatt (n)	पर्चा (f)	parcha
Broschüre (f)	ब्रोशर (m)	broshar
Faltblatt (n)	पर्चा (f)	parcha
Informationsblatt (n)	सूचनापत्र (m)	sūchanāpatr
Firmenschild (n)	नेमप्लेट (m)	nemaplet
Plakat (n)	पोस्टर (m)	postar
Werbeschild (n)	इश्तहार (m)	ishtahār

112. Bankgeschäft

Bank (f)	बैंक (m)	baink
Filiale (f)	शाखा (f)	shākha
Berater (m)	क्लर्क (m)	klark
Leiter (m)	मैनेजर (m)	mainejar
Konto (n)	बैंक खाता (m)	baink khāta
Kontonummer (f)	खाते का नम्बर (m)	khāte ka nambar
Kontokorrent (n)	चालू खाता (m)	chālū khāta
Sparkonto (n)	बचत खाता (m)	bachat khāta
ein Konto eröffnen	खाता खोलना	khāta kholana
das Konto schließen	खाता बंद करना	khāta band karana
einzahlen (vt)	खाते में जमा करना	khāte men jama karana
abheben (vt)	खाते से पैसा निकालना	khāte se paisa nikālana
Einzahlung (f)	जमा (m)	jama
eine Einzahlung machen	जमा करना	jama karana
Überweisung (f)	तार स्थानांतरण (m)	tār sthānāntaran
überweisen (vt)	पैसे स्थानांतरित करना	paise sthānāntarit karana
Summe (f)	रक़म (m)	raqam
Wieviel?	कितना?	kitana?
Unterschrift (f)	हस्ताक्षर (f)	hastākshar
unterschreiben (vt)	हस्ताक्षर करना	hastākshar karana

Kreditkarte (f)	क्रेडिट कार्ड (m)	kredit kārd
Code (m)	पिन कोड (m)	pin kod
Kreditkartennummer (f)	क्रेडिट कार्ड संख्या (f)	kredit kārd sankhya
Geldautomat (m)	एटीएम (m)	etīem

Scheck (m)	चेक (m)	chek
einen Scheck schreiben	चेक लिखना	chek likhana
Scheckbuch (n)	चेकबुक (f)	chekabuk

Darlehen (m)	उधार (m)	uthār
ein Darlehen beantragen	उधार के लिए आवेदन करना	udhār ke lie āvedan karana
ein Darlehen aufnehmen	उधार लेना	uthār lena
ein Darlehen geben	उधार देना	uthār dena
Sicherheit (f)	गारन्टी (f)	gārantī

113. Telefon. Telefongespräche

Telefon (n)	फ़ोन (m)	fon
Mobiltelefon (n)	मोबाइल फ़ोन (m)	mobail fon
Anrufbeantworter (m)	जवाबी मशीन (f)	javābī mashīn

| anrufen (vt) | फ़ोन करना | fon karana |
| Anruf (m) | कॉल (m) | kol |

eine Nummer wählen	नम्बर लगाना	nambar lagāna
Hallo!	हेलो!	helo!
fragen (vt)	पूछना	pūchhana
antworten (vi)	जवाब देना	javāb dena

hören (vt)	सुनना	sunana
gut (~ aussehen)	ठीक	thīk
schlecht (Adv)	ठीक नहीं	thīk nahin
Störungen (pl)	आवाज़ें (f)	āvāzen

Hörer (m)	रिसीवर (m)	risīvar
den Hörer abnehmen	फ़ोन उठाना	fon uthāna
auflegen (den Hörer ~)	फ़ोन रखना	fon rakhana

besetzt	बिज़ी	bizī
läuten (vi)	फ़ोन बजना	fon bajana
Telefonbuch (n)	टेलीफ़ोन बुक (m)	telīfon buk
Orts-	लोकल	lokal
Auslands-	अंतरराष्ट्रीय	antarrāshtrīy
Fern-	लंबी दूरी की कॉल	lambī dūrī kī kol

114. Mobiltelefon

Mobiltelefon (n)	मोबाइल फ़ोन (m)	mobail fon
Display (n)	डिस्प्ले (m)	disple
Knopf (m)	बटन (m)	batan
SIM-Karte (f)	सिम कार्ड (m)	sim kārd
Batterie (f)	बैटरी (f)	baitarī

| leer sein (Batterie) | बैटरी डेड हो जाना | baitarī ded ho jāna |
| Ladegerät (n) | चार्जर (m) | chārjar |

Menü (n)	मीनू (m)	mīnū
Einstellungen (pl)	सेटिंग्स (f)	setings
Melodie (f)	कॉलर ट्यून (m)	kolar tyūn
auswählen (vt)	चुनना	chunana

Rechner (m)	कैल्कुलैटर (m)	kailkulaitar
Anrufbeantworter (m)	वॉयस मेल (f)	voyas mel
Wecker (m)	अलार्म घड़ी (f)	alārm gharī
Kontakte (pl)	संपर्क (m)	sampark

| SMS-Nachricht (f) | एसएमएस (m) | esemes |
| Teilnehmer (m) | सदस्य (m) | sadasy |

115. Bürobedarf

| Kugelschreiber (m) | बॉल पेन (m) | bol pen |
| Federhalter (m) | फाउन्टेन पेन (m) | faunten pen |

Bleistift (m)	पेंसिल (f)	pensil
Faserschreiber (m)	हाइलाइटर (m)	hailaitar
Filzstift (m)	फ़ेल्ट टिप पेन (m)	felt tip pen

| Notizblock (m) | नोटबुक (m) | notabuk |
| Terminkalender (m) | डायरी (f) | dāyarī |

Lineal (n)	स्केल (m)	skel
Rechner (m)	कैल्कुलेटर (m)	kailkuletar
Radiergummi (m)	रबड़ (f)	rabar
Reißzwecke (f)	थंबटैक (m)	thanrbataik
Heftklammer (f)	पेपर क्लिप (m)	pepar klip

Klebstoff (m)	गोंद (f)	gond
Hefter (m)	स्टेप्लर (m)	steplar
Locher (m)	होल पंचर (m)	hol panchar
Bleistiftspitzer (m)	शार्पनर (m)	shārpanar

116. Verschiedene Dokumente

Bericht (m)	रिपोर्ट (m)	riport
Abkommen (n)	समझौता (f)	samajhauta
Anmeldeformular (n)	आवेदन प्रपत्र (m)	āvedan prapatr
Original-	असल	asal
Namensschild (n)	बैज (f)	baij
Visitenkarte (f)	बिज़नेस कार्ड (m)	bizanes kārd

Zertifikat (n)	प्रमाणपत्र (m)	pramānapatr
Scheck (m)	चेक (m)	chek
Rechnung (im Restaurant)	बिल (m)	bil
Verfassung (f)	संविधान (m)	sanvidhān

Vertrag (m)	अनुबंध (m)	anubandh
Kopie (f)	कॉपी (f)	kopī
Kopie (~ des Vertrages)	प्रति (f)	prati

Zolldeklaration (f)	सीमाशुल्क घोषणा (f)	sīmāshulk ghoshana
Dokument (n)	दस्तावेज़ (m)	dastāvez
Führerschein (m)	ड्राइवर-लाइसेंस (m)	draivar-laisens
Anlage (f)	परिशिष्ट (f)	parishisht
Fragebogen (m)	प्रपत्र (m)	prapatr

Ausweis (m)	पहचान पत्र (m)	pahachān patr
Anfrage (f)	पूछताछ (f)	pūchhatāchh
Einladungskarte (f)	निमंत्रण-पत्र (m)	nimantran-patr
Rechnung (von Firma)	इन्वॉएस (m)	invoes

Gesetz (n)	कानून (m)	kānūn
Brief (m)	पत्र (m)	patr
Briefbogen (n)	लेटरहेड (m)	letarahed
Liste (schwarze ~)	सूची (f)	sūchī
Manuskript (n)	हस्तलेख (m)	hastalekh
Informationsblatt (n)	संवादपत्र (m)	sanvādapatr
Zettel (m)	नोट (m)	not

Passierschein (m)	पास (m)	pās
Pass (m)	पासपोर्ट (m)	pāsaport
Erlaubnis (f)	अनुमति (f)	anumati
Lebenslauf (m)	रेज्यूम (m)	rijyūm
Schuldschein (m)	ऋण नोट (m)	ririn not
Quittung (f)	रसीद (f)	rasīd
Kassenzettel (m)	बिक्री रसीद (f)	bikrī rasīd
Bericht (m)	रिपोर्ट (m)	riport

vorzeigen (vt)	दिखाना	dikhāna
unterschreiben (vt)	हस्ताक्षर करना	hastākshar karana
Unterschrift (f)	हस्ताक्षर (f)	hastākshar
Stempel (m)	सील (m)	sīl
Text (m)	पाठ (m)	pāth
Eintrittskarte (f)	प्रवेश टिकट (m)	pravesh tikat

| streichen (vt) | रेखा खींचकर काटना | rekha khīnchakar kātana |
| ausfüllen (vt) | भरना | bharana |

| Frachtbrief (m) | रसीद (f) | rasīd |
| Testament (n) | वसीयत (m) | vasīyat |

117. Geschäftsarten

Buchführung (f)	लेखा सेवा (f)	lekha seva
Werbung (f)	विज्ञापन (m)	vigyāpan
Werbeagentur (f)	विज्ञापन एजन्सी (f)	vigyāpan ejansī
Klimaanlagen (pl)	वातानुकूलक सेवा (f)	vātānukūlak seva
Fluggesellschaft (f)	हवाई कम्पनी (f)	havaī kampanī
Spirituosen (pl)	मद्य पदार्थ (m)	mady padārth
Antiquitäten (pl)	पुरानी चीज़ें (f)	purānī chīzen

Kunstgalerie (f)	चित्रशाला (f)	chitrashāla
Rechnungsprüfung (f)	लेखापरीक्षा सेवा (f)	lekhāparīksha seva
Bankwesen (n)	बैंक (m)	baink
Bar (f)	बार (m)	bār
Schönheitssalon (m)	ब्यूटी पार्लर (m)	byūtī pārlar
Buchhandlung (f)	किताबों की दुकान (f)	kitābon kī dukān
Bierbrauerei (f)	शराब की भट्ठी (f)	sharāb kī bhaththī
Bürogebäude (n)	व्यापार केन्द्र (m)	vyāpār kendr
Business-Schule (f)	व्यापार विद्यालय (m)	vyāpār vidyālay
Kasino (n)	केसिनो (m)	kesino
Bau (m)	निर्माण (m)	nirmān
Beratung (f)	परामर्श सेवा (f)	parāmarsh seva
Stomatologie (f)	दंतचिकित्सा क्लिनिक (f)	dantachikitsa klinik
Design (n)	डिज़ाइन (m)	dizain
Apotheke (f)	दवाख़ाना (m)	davākhāna
chemische Reinigung (f)	ड्राइक्लीनिंग (f)	draiklīning
Personalagentur (f)	रोज़गार एजेंसी (f)	rozagār ejensī
Finanzdienstleistungen (pl)	वित्त सेवा (f)	vitt seva
Nahrungsmittel (pl)	खाद्य पदार्थ (m)	khādy padārth
Bestattungsinstitut (n)	शमशान घाट (m)	shamashān ghāt
Möbel (n)	फ़र्निचर (m)	farnichar
Kleidung (f)	पोशाक (m)	poshāk
Hotel (n)	होटल (m)	hotal
Eis (n)	आईसक्रीम (f)	āīsakrīm
Industrie (f)	उद्योग (m)	udyog
Versicherung (f)	बीमा (m)	bīma
Internet (n)	इन्टरनेट (m)	intaranet
Investitionen (pl)	निवेश (f)	nivesh
Juwelier (m)	सुनार (m)	sunār
Juwelierwaren (pl)	आभूषण (m)	ābhūshan
Wäscherei (f)	धोबीघर (m)	dhobīghar
Rechtsberatung (f)	कानूनी सलाह (f)	kānūnī salāh
Leichtindustrie (f)	हल्का उद्योग (m)	halka udyog
Zeitschrift (f)	पत्रिका (f)	patrika
Versandhandel (m)	मेल-ऑर्डर विक्रय (m)	mel-ordar vikray
Medizin (f)	औषधि (f)	aushadhi
Kino (Filmtheater) (n)	सिनेमाघर (m)	sinemāghar
Museum (n)	संग्रहालय (m)	sangrahālay
Nachrichtenagentur (f)	सूचना केन्द्र (m)	sūchana kendr
Zeitung (f)	अख़बार (m)	akhabār
Nachtklub (m)	नाइट क्लब (m)	nait klab
Erdöl (n)	पेट्रोलियम (m)	petroliyam
Kurierdienst (m)	कुरियर सेवा (f)	kuriyar seva
Pharmaindustrie (f)	औषधि (f)	aushadhi
Druckindustrie (f)	छपाई (m)	chhapaī
Verlag (m)	प्रकाशन गृह (m)	prakāshan grh
Rundfunk (m)	रेडियो (m)	rediyo

| Immobilien (pl) | अचल संपत्ति (f) | achal sampatti |
| Restaurant (n) | रेस्टराँ (m) | restarān |

Sicherheitsagentur (f)	सुरक्षा एजेंसी (f)	suraksha ejensī
Sport (m)	क्रीड़ा (f)	krīra
Börse (f)	स्टॉक मार्केट (m)	stok mārket
Laden (m)	दुकान (f)	dukān
Supermarkt (m)	सुपर बाज़ार (m)	supar bāzār
Schwimmbad (n)	तरण-ताल (m)	taran-tāl

Atelier (n)	दर्जी (m)	darzī
Fernsehen (n)	टीवी (m)	tīvī
Theater (n)	रंगमंच (m)	rangamanch
Handel (m)	व्यापार (m)	vyāpār
Transporte (pl)	परिवहन (m)	parivahan
Reisen (pl)	पर्यटन (m)	paryatan

Tierarzt (m)	पशुचिकित्सक (m)	pashuchikitsak
Warenlager (n)	भंडार (m)	bhandār
Müllabfuhr (f)	कूड़ा उठाने की सेवा (f)	kūra uthāne kī seva

Arbeit. Geschäft. Teil 2

118. Show. Ausstellung

Ausstellung (f)	प्रदर्शनी (f)	pradarshanī
Handelsausstellung (f)	व्यापारिक प्रदर्शनी (f)	vyāpārik pradarshanī
Teilnahme (f)	शिरकत (f)	shirakat
teilnehmen (vi)	भाग लेना	bhāg lena
Teilnehmer (m)	प्रतिभागी (m)	pratibhāgī
Direktor (m)	निदेशक (m)	nideshak
Messeverwaltung (f)	आयोजकों का कार्यालय (m)	āyojakon ka kāryālay
Organisator (m)	आयोजक (m)	āyojak
veranstalten (vt)	आयोजित करना	āyojit karana
Anmeldeformular (n)	प्रतिभागी प्रपत्र (m)	pratibhāgī prapatr
ausfüllen (vt)	भरना	bharana
Details (pl)	विवरण (m)	vivaran
Information (f)	जानकारी (f)	jānakārī
Preis (m)	दाम (m)	dām
einschließlich	सहित	sahit
einschließen (vt)	शामिल करना	shāmil karana
zahlen (vt)	दाम चुकाना	dām chukāna
Anmeldegebühr (f)	पंजीकरण शुल्क (f)	panjīkaran shulk
Eingang (m)	प्रवेश (m)	pravesh
Pavillon (m)	हॉल (m)	hol
registrieren (vt)	पंजीकरण करवाना	panjīkaran karavāna
Namensschild (n)	बैज (f)	baij
Stand (m)	स्टेंड (m)	stend
reservieren (vt)	बुक करना	buk karana
Vitrine (f)	प्रदर्शन खिड़की (f)	pradarshan khirakī
Strahler (m)	स्पॉटलाइट (f)	spotalait
Design (n)	डिज़ाइन (m)	dizain
stellen (vt)	रखना	rakhana
Distributor (m)	वितरक (m)	vitarak
Lieferant (m)	आपूर्तिकर्ता (m)	āpūrtikarta
Land (n)	देश (m)	desh
ausländisch	विदेश	videsh
Produkt (n)	उत्पाद (m)	utpād
Assoziation (f)	संस्था (f)	sanstha
Konferenzraum (m)	सम्मेलन भवन (m)	sammelan bhavan
Kongress (m)	सम्मेलन (m)	sammelan

Wettbewerb (m)	प्रतियोगिता (f)	pratiyogita
Besucher (m)	सहभागी (m)	sahabhāgī
besuchen (vt)	भाग लेना	bhāg lena
Auftraggeber (m)	ग्राहक (m)	grāhak

119. Massenmedien

Zeitung (f)	अख़बार (m)	akhabār
Zeitschrift (f)	पत्रिका (f)	patrika
Presse (f)	प्रेस (m)	pres
Rundfunk (m)	रेडियो (m)	rediyo
Rundfunkstation (f)	रेडियो स्टेशन (m)	rediyo steshan
Fernsehen (n)	टीवी (m)	tīvī

Moderator (m)	प्रस्तुतकर्ता (m)	prastutakarta
Sprecher (m)	उद्घोषक (m)	udghoshak
Kommentator (m)	टिप्पणीकार (m)	tippanīkār

Journalist (m)	पत्रकार (m)	patrakār
Korrespondent (m)	पत्रकार (m)	patrakār
Bildberichterstatter (m)	फ़ोटो पत्रकार (m)	foto patrakār
Reporter (m)	पत्रकार (m)	patrakār

Redakteur (m)	संपादक (m)	sampādak
Chefredakteur (m)	मुख्य संपादक (m)	mūkhy sampādak
abonnieren (vt)	सदस्य बनना	sadasy banana
Abonnement (n)	सदस्यता शुल्क (f)	sadasyata shulk
Abonnent (m)	सदस्य (m)	sadasy
lesen (vi, vt)	पढ़ना	parhana
Leser (m)	पाठक (m)	pāthak

Auflage (f)	प्रतियों की संख्या (f)	pratiyon kī sankhya
monatlich (Adj)	मासिक	māsik
wöchentlich (Adj)	सप्ताहिक	saptāhik
Ausgabe (Zeitschrift)	संस्करण संख्या (f)	sanskaran sankhya
neueste (~ Ausgabe)	ताज़ा	tāza

Titel (m)	हेडलाइन (f)	hedalain
Notiz (f)	लघु लेख (m)	laghu lekh
Rubrik (f)	कॉलम (m)	kolam
Artikel (m)	लेख (m)	lekh
Seite (f)	पृष्ठ (m)	prshth

Reportage (f)	रिपोर्ट (f)	riport
Ereignis (n)	घटना (f)	ghatana
Sensation (f)	सनसनी (f)	sanasanī
Skandal (m)	कांड (m)	kānd
skandalös	चौंका देने वाला	chaunka dene vāla
groß (-er Skandal)	बड़ा	bara

Sendung (f)	प्रसारण (m)	prasāran
Interview (n)	साक्षात्कार (m)	sākshātkār
Live-Übertragung (f)	सीधा प्रसारण (m)	sīdha prasāran
Kanal (m)	चैनल (m)	chainal

120. Landwirtschaft

Landwirtschaft (f)	खेती (f)	khetī
Bauer (m)	किसान (m)	kisān
Bäuerin (f)	किसान (f)	kisān
Farmer (m)	किसान (m)	kisān
Traktor (m)	ट्रैक्टर (m)	traiktar
Mähdrescher (m)	फ़सल काटने की मशीन (f)	fasal kātane kī mashīn
Pflug (m)	हल (m)	hal
pflügen (vt)	जोतना	jotana
Acker (m)	जोत भूमि (f)	jot bhūmi
Furche (f)	जोती गई भूमि (f)	jotī gaī bhūmi
säen (vt)	बोना	bona
Sämaschine (f)	बोने की मशीन (f)	bone kī mashīn
Saat (f)	बोवाई (f)	bovaī
Sense (f)	हँसिया (m)	hansiya
mähen (vt)	काटना	kātana
Schaufel (f)	कुदाल (m)	kudāl
graben (vt)	खोदना	khodana
Hacke (f)	फावड़ा (m)	fāvara
jäten (vt)	निराना	nirāna
Unkraut (n)	जंगली घास	jangalī ghās
Gießkanne (f)	सींचाई कनस्तर (m)	sīnchaī kanastar
gießen (vt)	सींचना	sīnchana
Bewässerung (f)	सींचाई (f)	sīnchaī
Heugabel (f)	पंजा (m)	panja
Rechen (m)	जेली (f)	jelī
Dünger (m)	खाद (f)	khād
düngen (vt)	खाद डालना	khād dālana
Mist (m)	गोबर (m)	gobar
Feld (n)	खेत (f)	khet
Wiese (f)	केदार (m)	kedār
Gemüsegarten (m)	सब्ज़ियों का बगीचा (m)	sabziyon ka bagīcha
Obstgarten (m)	बाग़ (m)	bāg
weiden (vt)	चराना	charāna
Hirt (m)	चरवाहा (m)	charavāha
Weide (f)	चरागाह (f)	charāgāh
Viehzucht (f)	पशुपालन (m)	pashupālan
Schafzucht (f)	भेड़पालन (m)	bherapālan
Plantage (f)	बागान (m)	bāgān
Beet (n)	क्यारी (f)	kyārī
Treibhaus (n)	पौधाघर (m)	paudhāghar

| Dürre (f) | सूखा (f) | sūkha |
| dürr, trocken | सूखा | sūkha |

| Getreidepflanzen (pl) | अनाज (m pl) | anāj |
| ernten (vt) | फ़सल काटना | fasal kātana |

Müller (m)	चक्कीवाला (m)	chakkīvāla
Mühle (f)	चक्की (f)	chakkī
mahlen (vt)	पीसना	pīsana
Mehl (n)	आटा (m)	āta
Stroh (n)	फूस (m)	fūs

121. Gebäude. Bauabwicklung

Baustelle (f)	निर्माण स्थल (m)	nirmān sthal
bauen (vt)	निर्माण करना	nirmān karana
Bauarbeiter (m)	मज़दूर (m)	mazadūr

Projekt (n)	परियोजना (m)	pariyojana
Architekt (m)	वास्तुकार (m)	vāstukār
Arbeiter (m)	मज़दूर (m)	mazadūr

Fundament (n)	आधार (m)	ādhār
Dach (n)	छत (f)	chhat
Pfahl (m)	नींव (m)	nīnv
Wand (f)	दीवार (f)	dīvār

| Bewehrungsstahl (m) | मज़बूत सलाखें (m) | mazabūt salākhen |
| Gerüst (n) | मचान (m) | machān |

| Beton (m) | कंक्रीट (m) | kankrīt |
| Granit (m) | ग्रेनाइट (m) | grenait |

| Stein (m) | पत्थर (m) | patthar |
| Ziegel (m) | ईंट (f) | īnt |

Sand (m)	रेत (f)	ret
Zement (m)	सीमेन्ट (m)	sīment
Putz (m)	प्लस्तर (m)	plastar
verputzen (vt)	प्लस्तर लगाना	plastar lagāna

Farbe (f)	रंग (m)	rang
färben (vt)	रंगना	rangana
Fass (n), Tonne (f)	पीपा (m)	pīpa

Kran (m)	क्रेन (m)	kren
aufheben (vt)	उठाना	uthāna
herunterlassen (vt)	नीचे उतारना	nīche utārana

Planierraupe (f)	बुल्डोज़र (m)	buldozar
Bagger (m)	उत्खनक (m)	utkhanak
Baggerschaufel (f)	उत्खनक बाल्टी (m)	utkhanak bāltī
graben (vt)	खोदना	khodana
Schutzhelm (m)	हेलमेट (f)	helamet

122. Wissenschaft. Forschung. Wissenschaftler

Wissenschaft (f)	विज्ञान (m)	vigyān
wissenschaftlich	वैज्ञानिक	vaigyānik
Wissenschaftler (m)	वैज्ञानिक (m)	vaigyānik
Theorie (f)	सिद्धांत (f)	siddhānt
Axiom (n)	सिद्ध प्रमाण (m)	siddh pramān
Analyse (f)	विश्लेषण (m)	vishleshan
analysieren (vt)	विश्लेषण करना	vishleshan karana
Argument (n)	तथ्य (m)	tathy
Substanz (f)	पदार्थ (m)	padārth
Hypothese (f)	परिकल्पना (f)	parikalpana
Dilemma (n)	दुविधा (m)	duvidha
Dissertation (f)	शोधनिबंध (m)	shodhanibandh
Dogma (n)	हठधर्मिता (f)	hathadharmita
Doktrin (f)	सिद्धांत (m)	siddhānt
Forschung (f)	शोध (m)	shodh
forschen (vi)	शोध करना	shodh karana
Kontrolle (f)	जांच (f)	jānch
Labor (n)	प्रयोगशाला (f)	prayogashāla
Methode (f)	वीधि (f)	vīdhi
Molekül (n)	अणु (m)	anu
Monitoring (n)	निगरानी (f)	nigarānī
Entdeckung (f)	आविष्कार (m)	āvishkār
Postulat (n)	स्वसिद्ध (m)	svasiddh
Prinzip (n)	सिद्धांत (m)	siddhānt
Prognose (f)	पूर्वानुमान (m)	pūrvānumān
prognostizieren (vt)	पूर्वानुमान करना	pūrvānumān karana
Synthese (f)	संश्लेषण (m)	sanshleshan
Tendenz (f)	प्रवृत्ति (f)	pravrtti
Theorem (n)	प्रमेय (m)	pramey
Lehre (Doktrin)	शिक्षा (f)	shiksha
Tatsache (f)	तथ्य (m)	tathy
Expedition (f)	अभियान (m)	abhiyān
Experiment (n)	प्रयोग (m)	prayog
Akademiemitglied (n)	अकदमीशियन (m)	akadamīshiyan
Bachelor (m)	स्नातक (m)	snātak
Doktor (m)	डॉक्टर (m)	doktar
Dozent (m)	सह - प्राध्यापक (m)	sah - prādhyāpak
Magister (m)	स्नातकोत्तर (m)	snātakottar
Professor (m)	प्रोफ़ेसर (m)	profesar

Berufe und Tätigkeiten

123. Arbeitsuche. Kündigung

Arbeit (f), Stelle (f)	नौकरी (f)	naukarī
Personal (n)	कर्मचारी (m)	karmachārī
Karriere (f)	व्यवसाय (m)	vyavasāy
Perspektive (f)	संभावना (f)	sambhāvana
Können (n)	हुनर (m)	hunar
Auswahl (f)	चुनाव (m)	chunāv
Personalagentur (f)	रोज़गार केन्द्र (m)	rozagār kendr
Lebenslauf (m)	रेज़्यूम (m)	rijyūm
Vorstellungsgespräch (n)	नौकरी के लिए साक्षात्कार (m)	naukarī ke lie sākshātkār
Vakanz (f)	रिक्ति (f)	rikti
Gehalt (n)	वेतन (m)	vetan
festes Gehalt (n)	वेतन (m)	vetan
Arbeitslohn (m)	भुगतान (m)	bhugatān
Stellung (f)	पद (m)	pad
Pflicht (f)	कर्तव्य (m)	kartavy
Aufgabenspektrum (n)	कार्य-क्षेत्र (m)	kāry-kshetr
beschäftigt	व्यस्त	vyast
kündigen (vt)	बरख़ास्त करना	barakhāst karana
Kündigung (f)	बरख़ास्तगी (f)	barakhāstagī
Arbeitslosigkeit (f)	बेरोज़गारी (f)	berozagārī
Arbeitslose (m)	बेरोज़गार (m)	berozagār
Rente (f), Ruhestand (m)	सेवा-निवृत्ति (f)	seva-nivrtti
in Rente gehen	सेवा-निवृत्त होना	seva-nivrtt hona

124. Geschäftsleute

Direktor (m)	निदेशक (m)	nideshak
Leiter (m)	प्रबंधक (m)	prabandhak
Boss (m)	मालिक (m)	mālik
Vorgesetzte (m)	वरिष्ठ अधिकारी (m)	varishth adhikārī
Vorgesetzten (pl)	वरिष्ठ अधिकारी (m)	varishth adhikārī
Präsident (m)	अध्यक्ष (m)	adhyaksh
Vorsitzende (m)	सभाध्यक्ष (m)	sabhādhyaksh
Stellvertreter (m)	उपाध्यक्ष (m)	upādhyaksh
Helfer (m)	सहायक (m)	sahāyak

Sekretär (m)	सेक्रटरी (f)	sekratarī
Privatsekretär (m)	निजी सहायक (m)	nijī sahāyak
Geschäftsmann (m)	व्यापारी (m)	vyāpārī
Unternehmer (m)	उद्यमी (m)	udyamī
Gründer (m)	संस्थापक (m)	sansthāpak
gründen (vt)	स्थापित करना	sthāpit karana
Gründungsmitglied (n)	स्थापक (m)	sthāpak
Partner (m)	पार्टनर (m)	pārtanar
Aktionär (m)	शेयर होल्डर (m)	sheyar holadar
Millionär (m)	लखपति (m)	lakhapati
Milliardär (m)	करोड़पति (m)	karorapati
Besitzer (m)	मालिक (m)	mālik
Landbesitzer (m)	ज़मीनदार (m)	zamīnadār
Kunde (m)	ग्राहक (m)	grāhak
Stammkunde (m)	खरीदार (m)	kharīdār
Käufer (m)	ग्राहक (m)	grāhak
Besucher (m)	आगंतुक (m)	āgantuk
Fachmann (m)	पेशेवर (m)	peshevar
Experte (m)	विशेषज्ञ (m)	visheshagy
Spezialist (m)	विशेषज्ञ (m)	visheshagy
Bankier (m)	बैंकर (m)	bainkar
Makler (m)	ब्रोकर (m)	brokar
Kassierer (m)	कैशियर (m)	kaishiyar
Buchhalter (m)	लेखापाल (m)	lekhāpāl
Wächter (m)	पहरेदार (m)	paharedār
Investor (m)	निवेशक (m)	niveshak
Schuldner (m)	क़र्ज़दार (m)	qarzadār
Gläubiger (m)	लेनदार (m)	lenadār
Kreditnehmer (m)	कर्ज़दार (m)	karzadār
Importeur (m)	आयातकर्ता (m)	āyātakartta
Exporteur (m)	नियतिकर्ता (m)	niryātakartta
Hersteller (m)	उत्पादक (m)	utpādak
Distributor (m)	वितरक (m)	vitarak
Vermittler (m)	बिचौलिया (m)	bichauliya
Berater (m)	सलाहकार (m)	salāhakār
Vertreter (m)	बिक्री प्रतिनिधि (m)	bikrī pratinidhi
Agent (m)	एजेंट (m)	ejent
Versicherungsagent (m)	बीमा एजन्ट (m)	bīma ejant

125. Dienstleistungsberufe

Koch (m)	बावरची (m)	bāvarachī
Chefkoch (m)	मुख्य बावरची (m)	mukhy bāvarachī
Bäcker (m)	बेकर (m)	bekar

Barmixer (m)	बारटेन्डर (m)	bāretendar
Kellner (m)	बैरा (m)	baira
Kellnerin (f)	बैरा (f)	baira

Rechtsanwalt (m)	वकील (m)	vakīl
Jurist (m)	वकील (m)	vakīl
Notar (m)	नोटरी (m)	notarī

Elektriker (m)	बिजलीवाला (m)	bijalīvāla
Klempner (m)	प्लम्बर (m)	plambar
Zimmermann (m)	बढ़ई (m)	barhī

Masseur (m)	मालिशिया (m)	mālishiya
Masseurin (f)	मालिशिया (m)	mālishiya
Arzt (m)	चिकित्सक (m)	chikitsak

Taxifahrer (m)	टैक्सीवाला (m)	taiksīvāla
Fahrer (m)	ड्राइवर (m)	draivar
Ausfahrer (m)	कूरियर (m)	kūriyar

Zimmermädchen (n)	चैम्बरमेड (f)	chaimbaramed
Wächter (m)	पहरेदार (m)	paharedār
Flugbegleiterin (f)	एयर होस्टेस (f)	eyar hostes

Lehrer (m)	शिक्षक (m)	shikshak
Bibliothekar (m)	पुस्तकाध्यक्ष (m)	pustakādhyaksh
Übersetzer (m)	अनुवादक (m)	anuvādak
Dolmetscher (m)	दुभाषिया (m)	dubhāshiya
Fremdenführer (m)	गाइड (m)	gaid

Friseur (m)	नाई (m)	naī
Briefträger (m)	डाकिया (m)	dākiya
Verkäufer (m)	विक्रेता (m)	vikreta

Gärtner (m)	माली (m)	mālī
Diener (m)	नौकर (m)	naukar
Magd (f)	नौकरानी (f)	naukarānī
Putzfrau (f)	सफ़ाईवाली (f)	safaīvālī

126. Militärdienst und Ränge

einfacher Soldat (m)	सैनिक (m)	sainik
Feldwebel (m)	सार्जेंट (m)	sārjent
Leutnant (m)	लेफ्टिनेंट (m)	leftinent
Hauptmann (m)	कैप्टन (m)	kaiptan

Major (m)	मेजर (m)	mejar
Oberst (m)	कर्नल (m)	karnal
General (m)	जनरल (m)	janaral
Marschall (m)	मार्शल (m)	mārshal
Admiral (m)	एडमिरल (m)	edamiral

| Militärperson (f) | सैनिक (m) | sainik |
| Soldat (m) | सिपाही (m) | sipāhī |

Offizier (m)	अफ़्सर (m)	afsar
Kommandeur (m)	कमांडर (m)	kamāndar
Grenzsoldat (m)	सीमा रक्षक (m)	sīma rakshak
Funker (m)	रेडियो ऑपरेटर (m)	rediyo oparetar
Aufklärer (m)	गुप्तचर (m)	guptachar
Pionier (m)	युद्ध इंजीनियर (m)	yuddh injīniyar
Schütze (m)	तीरंदाज़ (m)	tīrandāz
Steuermann (m)	नैवीगेटर (m)	naivīgetar

127. Beamte. Priester

| König (m) | बादशाह (m) | bādashāh |
| Königin (f) | महारानी (f) | mahārānī |

| Prinz (m) | राजकुमार (m) | rājakumār |
| Prinzessin (f) | राजकुमारी (f) | rājakumārī |

| Zar (m) | राजा (m) | rāja |
| Zarin (f) | रानी (f) | rānī |

Präsident (m)	राष्ट्रपति (m)	rāshtrapati
Minister (m)	मंत्री (m)	mantrī
Ministerpräsident (m)	प्रधान मंत्री (m)	pradhān mantrī
Senator (m)	सांसद (m)	sānsad

Diplomat (m)	राजनयिक (m)	rājanayik
Konsul (m)	राजनयिक (m)	rājanayik
Botschafter (m)	राजदूत (m)	rājadūt
Ratgeber (m)	राजनयिक परामर्शदाता (m)	rājanayik parāmarshadāta

Beamte (m)	अधिकारी (m)	adhikārī
Präfekt (m)	अधिकारी (m)	adhikārī
Bürgermeister (m)	मेयर (m)	meyar

| Richter (m) | न्यायाधीश (m) | nyāyādhīsh |
| Staatsanwalt (m) | अभियोक्ता (m) | abhiyokta |

Missionar (m)	पादरी (m)	pādarī
Mönch (m)	मठवासी (m)	mathavāsī
Abt (m)	मठाधीश (m)	mathādhīsh
Rabbiner (m)	रब्बी (m)	rabbī

Wesir (m)	वज़ीर (m)	vazīr
Schah (n)	शाह (m)	shāh
Scheich (m)	शेख़ (m)	shekh

128. Landwirtschaftliche Berufe

Bienenzüchter (m)	मधुमक्खी-पालक (m)	madhumakkhī-pālak
Hirt (m)	चरवाहा (m)	charavāha
Agronom (m)	कृषिविज्ञानी (m)	krshivigyānī
Viehzüchter (m)	पशुपालक (m)	pashupālak

Tierarzt (m)	पशुचिकित्सक (m)	pashuchikitsak
Farmer (m)	किसान (m)	kisān
Winzer (m)	मदिराकारी (m)	madirākārī
Zoologe (m)	जीव विज्ञानी (m)	jīv vigyānī
Cowboy (m)	चरवाहा (m)	charavāha

129. Künstler

Schauspieler (m)	अभिनेता (m)	abhineta
Schauspielerin (f)	अभिनेत्री (f)	abhinetrī

Sänger (m)	गायक (m)	gāyak
Sängerin (f)	गायिका (f)	gāyika

Tänzer (m)	नर्तक (m)	nartak
Tänzerin (f)	नर्तकी (f)	nartakī

Künstler (m)	अदाकार (m)	adākār
Künstlerin (f)	अदाकारा (f)	adākāra

Musiker (m)	साज़िन्दा (m)	sāzinda
Pianist (m)	पियानो वादक (m)	piyāno vādak
Gitarrist (m)	गिटार वादक (m)	gitār vādak

Dirigent (m)	बैंड कंडक्टर (m)	baind kandaktar
Komponist (m)	संगीतकार (m)	sangītakār
Manager (m)	इम्प्रेसारियो (m)	impresāriyo

Regisseur (m)	निर्देशक (m)	nirdeshak
Produzent (m)	प्रोड्यूसर (m)	prodyūsar
Drehbuchautor (m)	लेखक (m)	lekhak
Kritiker (m)	आलोचक (m)	ālochak

Schriftsteller (m)	लेखक (m)	lekhak
Dichter (m)	कवि (m)	kavi
Bildhauer (m)	मूर्तिकार (m)	mūrtikār
Maler (m)	चित्रकार (m)	chitrakār

Jongleur (m)	बाज़ीगर (m)	bāzīgar
Clown (m)	जोकर (m)	jokar
Akrobat (m)	कलाबाज़ (m)	kalābāz
Zauberkünstler (m)	जादूगर (m)	jādūgar

130. Verschiedene Berufe

Arzt (m)	चिकित्सक (m)	chikitsak
Krankenschwester (f)	नर्स (m)	nars
Psychiater (m)	मनोचिकित्सक (m)	manochikitsak
Zahnarzt (m)	दंतचिकित्सक (m)	dantachikitsak
Chirurg (m)	शल्य-चिकित्सक (m)	shaly-chikitsak

Astronaut (m)	अंतरिक्षयात्री (m)	antarikshayātrī

Astronom (m)	खगोल-विज्ञानी (m)	khagol-vigyānī
Pilot (m)	पाइलट (m)	pailat
Fahrer (Taxi-)	ड्राइवर (m)	draivar
Lokomotivführer (m)	इंजन ड्राइवर (m)	injan draivar
Mechaniker (m)	मैकेनिक (m)	maikenik

Bergarbeiter (m)	खनिक (m)	khanik
Arbeiter (m)	मज़दूर (m)	mazadūr
Schlosser (m)	ताला बनानेवाला (m)	tāla banānevāla
Tischler (m)	बढ़ई (m)	barhī
Dreher (m)	खरादी (m)	kharādī
Bauarbeiter (m)	मज़ूदर (m)	mazūdar
Schweißer (m)	वेल्डर (m)	veldar

Professor (m)	प्रोफ़ेसर (m)	profesar
Architekt (m)	वास्तुकार (m)	vāstukār
Historiker (m)	इतिहासकार (m)	itihāsakār
Wissenschaftler (m)	वैज्ञानिक (m)	vaigyānik
Physiker (m)	भौतिक विज्ञानी (m)	bhautik vigyānī
Chemiker (m)	रसायनविज्ञानी (m)	rasāyanavigyānī

Archäologe (m)	पुरातत्वविद (m)	purātatvavid
Geologe (m)	भूविज्ञानी (m)	bhūvigyānī
Forscher (m)	शोधकर्ता (m)	shodhakarta

Kinderfrau (f)	दाई (f)	daī
Lehrer (m)	शिक्षक (m)	shikshak

Redakteur (m)	संपादक (m)	sampādak
Chefredakteur (m)	मुख्य संपादक (m)	mūkhy sampādak
Korrespondent (m)	पत्रकार (m)	patrakār
Schreibkraft (f)	टाइपिस्ट (f)	taipist

Designer (m)	डिज़ाइनर (m)	dizainar
Computerspezialist (m)	कंप्यूटर विशेषज्ञ (m)	kampyūtar visheshagy
Programmierer (m)	प्रोग्रामर (m)	progrāmar
Ingenieur (m)	इंजीनियर (m)	injīniyar

Seemann (m)	मल्लाह (m)	mallāh
Matrose (m)	मल्लाह (m)	mallāh
Retter (m)	बचानेवाला (m)	bachānevāla

Feuerwehrmann (m)	दमकल कर्मचारी (m)	damakal karmachārī
Polizist (m)	पुलिसवाला (m)	pulisavāla
Nachtwächter (m)	पहरेदार (m)	paharedār
Detektiv (m)	जासूस (m)	jāsūs

Zollbeamter (m)	सीमाशुल्क अधिकारी (m)	sīmāshulk adhikārī
Leibwächter (m)	अंगरक्षक (m)	angarakshak
Gefängniswärter (m)	जेल का पहरेदार (m)	jel ka paharedār
Inspektor (m)	अधीक्षक (m)	adhīkshak

Sportler (m)	खिलाड़ी (m)	khilārī
Trainer (m)	प्रशिक्षक (m)	prashikshak
Fleischer (m)	कसाई (m)	kasaī
Schuster (m)	मोची (m)	mochī

Geschäftsmann (m)	व्यापारी (m)	vyāpārī
Ladearbeiter (m)	कुली (m)	kulī
Modedesigner (m)	फ़ैशन डिज़ाइनर (m)	faishan dizainar
Modell (n)	मॉडल (m)	modal

131. Beschäftigung. Sozialstatus

| Schüler (m) | छात्र (m) | chhātr |
| Student (m) | विद्यार्थी (m) | vidyārthī |

Philosoph (m)	दर्शनशास्त्री (m)	darshanashāstrī
Ökonom (m)	अर्थशास्त्री (m)	arthashāstrī
Erfinder (m)	आविष्कारक (m)	āvishkārak

Arbeitslose (m)	बेरोज़गार (m)	berozagār
Rentner (m)	सेवा-निवृत्त (m)	seva-nivrtt
Spion (m)	गुप्तचर (m)	guptachar

Gefangene (m)	क़ैदी (m)	qaidī
Streikender (m)	हड़तालकारी (m)	haratālakārī
Bürokrat (m)	अफ़सरशाह (m)	afasarashāh
Reisende (m)	यात्री (m)	yātrī

| Homosexuelle (m) | समलैंगिक (m) | samalaingik |
| Hacker (m) | हैकर (m) | haikar |

Bandit (m)	डाकू (m)	dākū
Killer (m)	हत्यारा (m)	hatyāra
Drogenabhängiger (m)	नशेबाज़ (m)	nashebāz
Drogenhändler (m)	नशीली दवाओं का विक्रेता (m)	nashīlī davaon ka vikreta
Prostituierte (f)	वैश्या (f)	vaishya
Zuhälter (m)	दलाल (m)	dalāl

Zauberer (m)	जादूगर (m)	jādūgar
Zauberin (f)	डायन (f)	dāyan
Seeräuber (m)	समुद्री लुटेरा (m)	samudrī lūtera
Sklave (m)	दास (m)	dās
Samurai (m)	सामुराई (m)	sāmuraī
Wilde (m)	जंगली (m)	jangalī

Sport

132. Sportarten. Persönlichkeiten des Sports

Sportler (m)	खिलाड़ी (m)	khilārī
Sportart (f)	खेल (m)	khel
Basketball (m)	बास्केटबॉल (f)	bāsketabol
Basketballspieler (m)	बास्केटबॉल खिलाड़ी (m)	bāsketabol khilārī
Baseball (m, n)	बेसबॉल (f)	besabol
Baseballspieler (m)	बेसबॉल खिलाड़ी (m)	besabol khilārī
Fußball (m)	फ़ुटबॉल (f)	futabol
Fußballspieler (m)	फ़ुटबॉल खिलाड़ी (m)	futabol khilārī
Torwart (m)	गोलची (m)	golachī
Eishockey (n)	हॉकी (f)	hokī
Eishockeyspieler (m)	हॉकी खिलाड़ी (m)	hokī khilārī
Volleyball (m)	वॉलीबॉल (f)	volībol
Volleyballspieler (m)	वॉलीबॉल खिलाड़ी (m)	volībol khilārī
Boxen (n)	मुक्केबाज़ी (f)	mukkebāzī
Boxer (m)	मुक्केबाज़ (m)	mukkebāz
Ringen (n)	कुश्ती (m)	kushtī
Ringkämpfer (m)	पहलवान (m)	pahalavān
Karate (n)	कराटे (m)	karāte
Karatekämpfer (m)	कराटेबाज़ (m)	karātebāz
Judo (n)	जूडो (m)	jūdo
Judoka (m)	जूडोबाज़ (m)	jūdobāz
Tennis (n)	टेनिस (m)	tenis
Tennisspieler (m)	टेनिस खिलाड़ी (m)	tenis khilārī
Schwimmen (n)	तैराकी (m)	tairākī
Schwimmer (m)	तैराक (m)	tairāk
Fechten (n)	तलवारबाज़ी (f)	talavārabāzī
Fechter (m)	तलवारबाज़ (m)	talavārabāz
Schach (n)	शतरंज (m)	shataranj
Schachspieler (m)	शतंरजबाज़ (m)	shatanrajabāz
Bergsteigen (n)	पर्वतारोहण (m)	parvatārohan
Bergsteiger (m)	पर्वतारोही (m)	parvatārohī
Lauf (m)	दौड़ (f)	daur

Läufer (m)	धावक (m)	dhāvak
Leichtathletik (f)	एथलेटिक्स (f)	ethaletiks
Athlet (m)	एथलीट (m)	ethalīt

| Pferdesport (m) | घुड़सवारी (f) | ghurasavārī |
| Reiter (m) | घुड़सवार (m) | ghurasavār |

Eiskunstlauf (m)	फ़ीगर स्केटिन्ग (m)	fīgar sketing
Eiskunstläufer (m)	फ़ीगर स्केटर (m)	fīgar sketar
Eiskunstläuferin (f)	फ़ीगर स्केटर (f)	fīgar sketar

Gewichtheben (n)	पॉवरलिफ्टिंग (m)	povaralifting
Autorennen (n)	कार रेस (f)	kār res
Rennfahrer (m)	रेस ड्राइवर (m)	res draivar

| Radfahren (n) | साइकिलिंग (f) | saikiling |
| Radfahrer (m) | साइकिल चालक (m) | saikil chālak |

Weitsprung (m)	लांग जम्प (m)	lāng jamp
Stabhochsprung (m)	बांस कूद (m)	bāns kūd
Springer (m)	जम्पर (m)	jampar

133. Sportarten. Verschiedenes

American Football (m)	फ़ुटबाल (m)	futabāl
Federballspiel (n)	बैडमिंटन (m)	baidamintan
Biathlon (n)	बायएथलॉन (m)	bāyethalon
Billard (n)	बिलियड्स (m)	biliyards

Bob (m)	बोबस्लेड (m)	bobasled
Bodybuilding (n)	बॉडीबिल्डिंग (m)	bodībilding
Wasserballspiel (n)	वॉटर-पोलो (m)	votar-polo
Handball (m)	हैन्डबॉल (f)	haindabol
Golf (n)	गोल्फ़ (m)	golf

Rudern (n)	नौकायन (m)	naukāyan
Tauchen (n)	स्कूबा डाइविंग (f)	skūba daiving
Skilanglauf (m)	क्रॉस कंट्री स्कीइंग (f)	kros kantrī skīing
Tischtennis (n)	टेबल टेनिस (m)	tebal tenis

Segelsport (m)	पाल नौकायन (m)	pāl naukāyan
Rallye (f, n)	रैली रेसिंग (f)	railī resing
Rugby (n)	रगबी (m)	ragbī
Snowboard (n)	स्नोबोर्डिंग (m)	snobording
Bogenschießen (n)	तीरंदाज़ी (f)	tīrandāzī

134. Fitnessstudio

Hantel (f)	वेट (m)	vet
Hanteln (pl)	डाम्बबेल्स (m pl)	dāmbabels
Trainingsgerät (n)	ट्रेनिंग मशीन (f)	trening mashīn
Fahrradtrainer (m)	व्यायाम साइकिल (f)	vyāyām saikil

Laufband (n)	ट्रेडमिल (f)	tredamil
Reck (n)	क्षैतिज बार (m)	kshaitij bār
Barren (m)	समानांतर बार (m)	samānāntar bār
Sprungpferd (n)	घोड़ा (m)	ghora
Matte (f)	मैट (m)	mait

| Aerobic (n) | एरोबिक (m) | erobik |
| Yoga (m) | योग (m) | yog |

135. Hockey

Eishockey (n)	हॉकी (f)	hokī
Eishockeyspieler (m)	हॉकी का खिलाड़ी (m)	hokī ka khilārī
Hockey spielen	हॉकी खेलना	hokī khelana
Eis (n)	बर्फ़ (m)	barf

Puck (m)	पक (m)	pak
Hockeyschläger (m)	स्टिक (m)	stik
Schlittschuhe (pl)	आइस स्केट्स (m)	āis skets

| Bord (m) | बोर्ड (m) | bord |
| Schuss (m) | शॉट (m) | shot |

Torwart (m)	गोलची (m)	golachī
Tor (n)	गोल (m)	gol
ein Tor schießen	गोल करना	gol karana

| Drittel (n) | अवधि (f) | avadhi |
| Ersatzbank (f) | सब्सचिट्यूट बेंच (f) | sabsachityūt bench |

136. Fußball

Fußball (m)	फ़ुटबॉल (m)	futabol
Fußballspieler (m)	फ़ुटबॉल का खिलाड़ी (m)	futabol ka khilārī
Fußball spielen	फ़ुटबॉल खेलना	futabol khelana

Oberliga (f)	मेजर लीग (m)	mejar līg
Fußballclub (m)	फ़ुटबॉल क्लब (m)	futabol klab
Trainer (m)	प्रशिक्षक (m)	prashikshak
Besitzer (m)	मालिक (m)	mālik

Mannschaft (f)	दल (m)	dal
Mannschaftskapitän (m)	दल का कसान (m)	dal ka kaptān
Spieler (m)	खिलाड़ी (m)	khilārī
Ersatzspieler (m)	रिज़र्व-खिलाड़ी (m)	rizarv-khilārī

Stürmer (m)	फ़ोर्वर्ड (m)	forvard
Mittelstürmer (m)	केन्द्रिय फ़ोर्वर्ड (m)	kendriy forvard
Torjäger (m)	गोल स्कोरर (m)	gol skorar
Verteidiger (m)	रक्षक (m)	rakshak
Läufer (m)	हाफ़बैक (m)	hāfabaik
Spiel (n)	मैच (m)	maich

sich begegnen	मिलना	milana
Finale (n)	फ़ाइनल (m)	fainal
Halbfinale (n)	सेमीफ़ाइनल (m)	semīfainal
Meisterschaft (f)	चैम्पियनशिप (f)	chaimpiyanaship

Halbzeit (f)	हाफ़ (m)	hāf
erste Halbzeit (f)	पहला हाफ़ (m)	pahala hāf
Halbzeit (Pause)	अंतराल (m)	antarāl

Tor (n)	गोल (m)	gol
Torwart (m)	गोलची (m)	golachī
Torpfosten (m)	गोलपोस्ट (m)	golapost
Torlatte (f)	अर्गला (f)	argala
Netz (n)	जाल (m)	jāl
ein Tor zulassen	गोल देना	gol dena

Ball (m)	गेंद (m)	gend
Pass (m)	पास (m)	pās
Schuss (m)	किक (f)	kik
schießen (vi)	किक करना	kik karana
Freistoß (m)	फ़्री किक (f)	frī kik
Eckball (m)	कॉर्नर किक (f)	kornar kik

Attacke (f)	आक्रमण (m)	ākraman
Gegenangriff (m)	काउन्टर अटैक (m)	kauntar ataik
Kombination (f)	कॉम्बिनेशन (m)	kombineshan

Schiedsrichter (m)	रेफ़री (m)	refarī
pfeifen (vi)	सीटी बजाना	sītī bajāna
Pfeife (f)	सीटी (f)	sītī
Foul (n)	फ़ाउल (m)	faul
foulen (vt)	फ़ाउल करना	faul karana
vom Platz verweisen	बाहर निकालना	bāhar nikālana

gelbe Karte (f)	पीला कार्ड (m)	pīla kārd
rote Karte (f)	लाल कार्ड (m)	lāl kārd
Disqualifizierung (f)	डिसक्वालिफ़िकेशन (m)	disakvālifikeshan
disqualifizieren (vt)	डिस्क्वालिफ़ाई करना	diskvālifaī karana

Elfmeter (m)	पेनल्टी किक (f)	penaltī kik
Mauer (f)	दीवार (f)	dīvār
schießen (ein Tor ~)	स्कोर करना	skor karana
Tor (n)	गोल (m)	gol
ein Tor schießen	गोल करना	gol karana

Wechsel (m)	बदलाव (m)	badalāv
ersetzen (vt)	खिलाड़ी बदलना	khilārī badalana
Regeln (pl)	नियम (m pl)	niyam
Taktik (f)	टैक्टिक्स (m)	taiktiks

Stadion (n)	स्टेडियम (m)	stediyam
Tribüne (f)	स्टॉल (m)	stol
Anhänger (m)	फ़ैन (m)	fain
schreien (vi)	चिल्लाना	chillāna
Anzeigetafel (f)	स्कोरबोर्ड (m)	skorabord
Ergebnis (n)	स्कोर (m)	skor

Niederlage (f)	हार (f)	hār
verlieren (vt)	हारना	hārana
Unentschieden (n)	टाई (m)	taī
unentschieden spielen	टाई करना	taī karana

Sieg (m)	विजय (m)	vijay
gewinnen (vt)	जीतना	jītana
Meister (m)	चैम्पियन (m)	chaimpiyan
der beste	सर्वोत्तम	sarvottam
gratulieren (vi)	बधाई देना	badhaī dena

Kommentator (m)	टिप्पणीकार (m)	tippanīkār
kommentieren (vt)	टिप्पणी करना	tippanī karana
Übertragung (f)	प्रसारण (m)	prasāran

137. Ski alpin

Ski (pl)	स्की (m pl)	skī
Ski laufen	स्की करना	skī karana
Skiort (m)	माउंटेन स्की कैम्प (m)	maunten skī kaimp
Skilift (m)	स्की लिफ़्ट (m)	skī lift

Skistöcke (pl)	स्की की डंडियाँ (f)	skī kī dandiyān
Abhang (m)	ढलान (f)	dhalān
Slalom (m)	स्लालोम (m)	slālom

138. Tennis Golf

Golf (n)	गोल्फ़ (m)	golf
Golfklub (m)	गोल्फ़-क्लब (m)	golf-klab
Golfspieler (m)	गोल्फ़-खिलाड़ी (m)	golf-khilāṛī

Loch (n)	गुच्ची (f)	guchchī
Schläger (m)	डंडा (m)	danda
Golfwagen (m)	स्टिकों की गाड़ी (f)	stikon kī gāṛī

Tennis (n)	टेनिस (m)	tenis
Tennisplatz (m)	कोर्ट (m)	kort
Aufschlag (m)	सर्विस (f)	sarvis
angeben (vt)	सर्विस करना	sarvis karana
Tennisschläger (m)	रैकेट (m)	raiket
Netz (n)	नेट (m)	net
Ball (m)	गेंद (m)	gend

139. Schach

Schach (n)	शतरंज (m)	shataranj
Schachfiguren (pl)	शतरंज के मोहरे (m pl)	shataranj ke mohare
Schachspieler (m)	शतरंज का खिलाड़ी (m)	shataranj ka khilāṛī
Schachbrett (n)	शतरंज की बिसात (f)	shataranj kī bisāt

Figur (f)	शतरंज का मोहरा (m)	shataranj ka mohara
Weißen (pl)	सफ़ेद (m)	safed
Schwarze (pl)	काला (m)	kāla

Bauer (m)	प्यादा (f)	pyāda
Läufer (m)	ऊँठ (m)	ūnth
Springer (m)	घोड़ा (m)	ghora
Turm (m)	हाथी (m)	hāthī
Königin (f)	रानी (f)	rānī
König (m)	बादशाह (m)	bādashāh

Zug (m)	चाल (f)	chāl
einen Zug machen	चाल चलना	chāl chalana
opfern (vt)	त्याग देना	tyāg dena
Rochade (f)	कैसलिंग (m)	kaisaling
Schach (n)	शह (m)	shah
Matt (n)	शह और मात (m)	shah aur māt

Schachturnier (n)	शतरंज की प्रतियोगिता (f)	shataranj kī pratiyogita
Großmeister (m)	ग्रांडमास्टर (m)	grāndamāstar
Kombination (f)	कॉम्बिनेशन (m)	kombineshan
Partie (f), Spiel (n)	बाज़ी (f)	bāzī
Damespiel (n)	चेकर्स (m)	chekars

140. Boxen

Boxen (n)	मुक्केबाज़ी (f)	mukkebāzī
Boxkampf (m)	लड़ाई (f)	laraī
Zweikampf (m)	मुक्केबाज़ी का मुक़ाबला (m)	mukkebāzī ka muqābala
Runde (f)	मुक्केबाज़ी का राउंड (m)	mukkevāzī ka raund

| Ring (m) | बॉक्सिंग रिंग (f) | boksing ring |
| Gong (m, n) | घंटा (m) | ghanta |

Schlag (m)	प्रहार (m)	prahār
Knockdown (m)	नॉकडाउन (m)	nokadaun
Knockout (m)	नॉकआउट (m)	nokaut
k.o. schlagen (vt)	नॉकआउट करना	nokaut karana

| Boxhandschuh (m) | मुक्केबाज़ी के दस्ताने (m) | mukkebāzī ke dastāne |
| Schiedsrichter (m) | रेफ़री (m) | refarī |

Leichtgewicht (n)	कम वज़न (m)	kam vazan
Mittelgewicht (n)	मध्यम वज़न (m)	madhyam vazan
Schwergewicht (n)	भारी वज़न (m)	bhārī vazan

141. Sport. Verschiedenes

Olympische Spiele (pl)	ओलिम्पिक खेल (m pl)	olimpik khel
Sieger (m)	विजेता (m)	vijeta
siegen (vi)	विजय पाना	vijay pāna
gewinnen (Sieger sein)	जीतना	jītana

Tabellenführer (m)	लीडर (m)	līdar
führen (vi)	लीड करना	līd karana
der erste Platz	पहला स्थान (m)	pahala sthān
der zweite Platz	दूसरा स्थान (m)	dūsara sthān
der dritte Platz	तीसरा स्थान (m)	tīsara sthān
Medaille (f)	मेडल (m)	medal
Trophäe (f)	ट्रॉफ़ी (f)	trofī
Pokal (m)	कप (m)	kap
Siegerpreis m (m)	पुरस्कार (m)	puraskār
Hauptpreis (m)	मुख्य पुरस्कार (m)	mukhy puraskār
Rekord (m)	रिकॉर्ड (m)	rikord
einen Rekord aufstellen	रिकॉर्ड बनाना	rikord banāna
Finale (n)	फ़ाइनल (m)	fainal
Final-	अंतिम	antim
Meister (m)	चेम्पियन (m)	chempiyan
Meisterschaft (f)	चैम्पियनशिप (f)	chaimpiyanaship
Stadion (n)	स्टेडियम (m)	stediyam
Tribüne (f)	सीट (f)	sīt
Fan (m)	फ़ैन (m)	fain
Gegner (m)	प्रतिद्वंद्वी (f)	pratidvandvī
Start (m)	स्टार्ट (m)	stārt
Ziel (n), Finish (n)	फ़िनिश (f)	finish
Niederlage (f)	हार (f)	hār
verlieren (vt)	हारना	hārana
Schiedsrichter (m)	रेफ़री (m)	refarī
Jury (f)	ज्यूरी (m)	jyūrī
Ergebnis (n)	स्कोर (m)	skor
Unentschieden (n)	टाई (m)	taī
unentschieden spielen	खेल टाइ करना	khel tai karana
Punkt (m)	अंक (m)	ank
Ergebnis (n)	नतीजा (m)	natīja
Spielabschnitt (m)	टाइम (m)	taim
Halbzeit (f), Pause (f)	हाफ़ टाइम (m)	hāf taim
Doping (n)	अवैध दवाओं का इस्तेमाल (m)	avaidh davaon ka istemāl
bestrafen (vt)	पेनल्टी लगाना	penaltī lagāna
disqualifizieren (vt)	डिस्क्वेलिफ़ाई करना	diskvelifaī karana
Sportgerät (n)	खेलकूद का सामान (m)	khelakūd ka sāmān
Speer (m)	भाला (m)	bhāla
Kugel (im Kugelstoßen)	गोला (m)	gola
Kugel (f), Ball (m)	गेंद (m)	gend
Ziel (n)	निशाना (m)	nishāna
Zielscheibe (f)	निशाना (m)	nishāna

schießen (vi)	गोली चलाना	golī chalāna
genau (Adj)	सटीक	satīk
Trainer (m)	प्रशिक्षक (m)	prashikshak
trainieren (vt)	प्रशिक्षित करना	prashikshit karana
trainieren (vi)	प्रशिक्षण करना	prashikshan karana
Training (n)	प्रशिक्षण (f)	prashikshan
Turnhalle (f)	जिम (m)	jim
Übung (f)	व्यायाम (m)	vyāyām
Aufwärmen (n)	वार्म-अप (m)	vārm-ap

Ausbildung

142. Schule

Schule (f)	पाठशाला (m)	pāthashāla
Schulleiter (m)	प्रिंसिपल (m)	prinsipal
Schüler (m)	छात्र (m)	chhātr
Schülerin (f)	छात्रा (f)	chhātra
Schuljunge (m)	छात्र (m)	chhātr
Schulmädchen (f)	छात्रा (f)	chhātra
lehren (vt)	पढ़ाना	parhāna
lernen (Englisch ~)	पढ़ना	parhana
auswendig lernen	याद करना	yād karana
lernen (vi)	सीखना	sīkhana
in der Schule sein	स्कूल में पढ़ना	skūl men parhana
die Schule besuchen	स्कूल जाना	skūl jāna
Alphabet (n)	वर्णमाला (f)	varnamāla
Fach (n)	विषय (m)	vishay
Klassenraum (m)	कक्षा (f)	kaksha
Stunde (f)	पाठ (m)	pāth
Pause (f)	अंतराल (m)	antarāl
Schulglocke (f)	स्कूल की घंटी (f)	skūl kī ghantī
Schulbank (f)	बेंच (f)	bench
Tafel (f)	चॉकबोर्ड (m)	chokabord
Note (f)	अंक (m)	ank
gute Note (f)	अच्छे अंक (m)	achchhe ank
schlechte Note (f)	कम अंक (m)	kam ank
eine Note geben	मार्क्स देना	mārks dena
Fehler (m)	ग़लती (f)	galatī
Fehler machen	ग़लती करना	galatī karana
korrigieren (vt)	ठीक करना	thīk karana
Spickzettel (m)	कुंजी (f)	kunjī
Hausaufgabe (f)	गृहकार्य (m)	grhakāry
Übung (f)	अभ्यास (m)	abhyās
anwesend sein	उपस्थित होना	upasthit hona
fehlen (in der Schule ~)	अनुपस्थित होना	anupasthit hona
bestrafen (vt)	सज़ा देना	saza dena
Strafe (f)	सज़ा (f)	saza
Benehmen (n)	बरताव (m)	baratāv
Zeugnis (n)	रिपोर्ट कार्ड (f)	riport kārd

Bleistift (m)	पेंसिल (f)	pensil
Radiergummi (m)	रबड़ (f)	rabar
Kreide (f)	चॉक (m)	chok
Federkasten (m)	पेंसिल का डिब्बा (m)	pensil ka dibba

| Schulranzen (m) | बस्ता (m) | basta |
| Kugelschreiber, Stift (m) | कलम (m) | kalam |

Heft (n)	कॉपी (f)	kopī
Lehrbuch (n)	पाठ्यपुस्तक (f)	pāthyapustak
Zirkel (m)	कंपास (m)	kampās

| zeichnen (vt) | तकनीकी चित्रकारी बनाना | takanīkī chitrakārī banāna |
| Zeichnung (f) | तकनीकी चित्रकारी (f) | takanīkī chitrakārī |

Gedicht (n)	कविता (f)	kavita
auswendig (Adv)	रटकर	ratakar
auswendig lernen	याद करना	yād karana

| Ferien (pl) | छुट्टियाँ (f pl) | chhuttiyān |
| in den Ferien sein | छुट्टी पर होना | chhuttī par hona |

Test (m), Prüfung (f)	परीक्षा (f)	parīksha
Aufsatz (m)	रचना (f)	rachana
Diktat (n)	श्रुतलेख (m)	shrutalekh

Prüfung (f)	परीक्षा (f)	parīksha
Prüfungen ablegen	परीक्षा देना	parīksha dena
Experiment (n)	परीक्षण (m)	parīkshan

143. Hochschule. Universität

Akademie (f)	अकादमी (f)	akādamī
Universität (f)	विश्वविद्यालय (m)	vishvavidyālay
Fakultät (f)	संकाय (f)	sankāy

Student (m)	छात्र (m)	chhātr
Studentin (f)	छात्रा (f)	chhātra
Lehrer (m)	अध्यापक (m)	adhyāpak

| Hörsaal (m) | व्याख्यान कक्ष (m) | vyākhyān kaksh |
| Hochschulabsolvent (m) | स्नातक (m) | snātak |

| Diplom (n) | डिप्लोमा (m) | diploma |
| Dissertation (f) | शोधनिबंध (m) | shodhanibandh |

| Forschung (f) | अध्ययन (m) | adhyayan |
| Labor (n) | प्रयोगशाला (f) | prayogashāla |

| Vorlesung (f) | व्याख्यान (f) | vyākhyān |
| Kommilitone (m) | सहपाठी (m) | sahapāthī |

| Stipendium (n) | छात्रवृत्ति (f) | chhātravrtti |
| akademischer Grad (m) | शैक्षणिक डिग्री (f) | shaikshanik digrī |

144. Naturwissenschaften. Fächer

Mathematik (f)	गणितशास्त्र (m)	ganitashāstr
Algebra (f)	बीजगणित (m)	bījaganit
Geometrie (f)	रेखागणित (m)	rekhāganit

Astronomie (f)	खगोलवैज्ञान (m)	khagolavaigyān
Biologie (f)	जीवविज्ञान (m)	jīvavigyān
Erdkunde (f)	भूगोल (m)	bhūgol
Geologie (f)	भूविज्ञान (m)	bhūvigyān
Geschichte (f)	इतिहास (m)	itihās

Medizin (f)	चिकित्सा (m)	chikitsa
Pädagogik (f)	शिक्षाविज्ञान (m)	shikshāvigyān
Recht (n)	कानून (m)	kānūn

Physik (f)	भौतिकविज्ञान (m)	bhautikavigyān
Chemie (f)	रसायन (m)	rasāyan
Philosophie (f)	दर्शनशास्त्र (m)	darshanashāstr
Psychologie (f)	मनोविज्ञान (m)	manovigyān

145. Schrift Rechtschreibung

Grammatik (f)	व्याकरण (m)	vyākaran
Lexik (f)	शब्दावली (f)	shabdāvalī
Phonetik (f)	स्वरविज्ञान (m)	svaravigyān

Substantiv (n)	संज्ञा (f)	sangya
Adjektiv (n)	विशेषण (m)	visheshan
Verb (n)	क्रिया (m)	kriya
Adverb (n)	क्रिया विशेषण (f)	kriya visheshan

Pronomen (n)	सर्वनाम (m)	sarvanām
Interjektion (f)	विस्मयादिबोधक (m)	vismayādibodhak
Präposition (f)	पूर्वसर्ग (m)	pūrvasarg

Wurzel (f)	मूल शब्द (m)	mūl shabd
Endung (f)	अन्त्याक्षर (m)	antyākshar
Vorsilbe (f)	उपसर्ग (m)	upasarg
Silbe (f)	अक्षर (m)	akshar
Suffix (n), Nachsilbe (f)	प्रत्यय (m)	pratyay

Betonung (f)	बल चिह्न (m)	bal chihn
Apostroph (m)	वर्णलोप चिह्न (m)	varnalop chihn

Punkt (m)	पूर्णविराम (m)	pūrnavirām
Komma (n)	उपविराम (m)	upavirām
Semikolon (n)	अर्धविराम (m)	ardhavirām
Doppelpunkt (m)	कोलन (m)	kolan
Auslassungspunkte (pl)	तीन बिन्दु (m)	tīn bindu

Fragezeichen (n)	प्रश्न चिह्न (m)	prashn chihn
Ausrufezeichen (n)	विस्मयादिबोधक चिह्न (m)	vismayādibodhak chihn

Anführungszeichen (pl)	उद्धरण चिह्न (m)	uddharan chihn
in Anführungszeichen	उद्धरण चिह्न में	uddharan chihn men
runde Klammern (pl)	कोष्ठक (m pl)	koshthak
in Klammern	कोष्ठक में	koshthak men

Bindestrich (m)	हाइफन (m)	haifan
Gedankenstrich (m)	डैश (m)	daish
Leerzeichen (n)	रिक्त स्थान (m)	rikt sthān

| Buchstabe (m) | अक्षर (m) | akshar |
| Großbuchstabe (m) | बड़ा अक्षर (m) | bara akshar |

| Vokal (m) | स्वर (m) | svar |
| Konsonant (m) | समस्वर (m) | samasvar |

Satz (m)	वाक्य (m)	vāky
Subjekt (n)	कर्ता (m)	kartta
Prädikat (n)	विधेय (m)	vidhey

Zeile (f)	पंक्ति (f)	pankti
in einer neuen Zeile	नई पंक्ति पर	naī pankti par
Absatz (m)	अनुच्छेद (m)	anuchchhed

Wort (n)	शब्द (m)	shabd
Wortverbindung (f)	शब्दों का समूह (m)	shabdon ka samūh
Redensart (f)	अभिव्यक्ति (f)	abhivyakti
Synonym (n)	समनार्थक शब्द (m)	samanārthak shabd
Antonym (n)	विपरीतार्थी शब्द (m)	viparītārthī shabd

Regel (f)	नियम (m)	niyam
Ausnahme (f)	अपवाद (m)	apavād
richtig (Adj)	ठीक	thīk

Konjugation (f)	क्रियारूप संयोजन (m)	kriyārūp sanyojan
Deklination (f)	विभक्ति-रूप (m)	vibhakti-rūp
Kasus (m)	कारक (m)	kārak
Frage (f)	प्रश्न (m)	prashn
unterstreichen (vt)	रेखांकित करना	rekhānkit karana
punktierte Linie (f)	बिन्दुरेखा (f)	bindurekha

146. Fremdsprachen

Sprache (f)	भाषा (f)	bhāsha
Fremdsprache (f)	विदेशी भाषा (f)	videshī bhāsha
studieren (z.B. Jura ~)	पढ़ना	parhana
lernen (Englisch ~)	सीखना	sīkhana

lesen (vi, vt)	पढ़ना	parhana
sprechen (vi, vt)	बोलना	bolana
verstehen (vt)	समझना	samajhana
schreiben (vi, vt)	लिखना	likhana

| schnell (Adv) | तेज़ | tez |
| langsam (Adv) | धीरे | dhīre |

fließend (Adv)	धड़ल्ले से	dharalle se
Regeln (pl)	नियम (m pl)	niyam
Grammatik (f)	व्याकरण (m)	vyākaran
Vokabular (n)	शब्दावली (f)	shabdāvalī
Phonetik (f)	स्वरविज्ञान (m)	svaravigyān

Lehrbuch (n)	पाठ्यपुस्तक (f)	pāthyapustak
Wörterbuch (n)	शब्दकोश (m)	shabdakosh
Selbstlernbuch (n)	स्वयंशिक्षक पुस्तक (m)	svayanshikshak pustak
Sprachführer (m)	वार्त्तालाप-पुस्तिका (f)	vārttālāp-pustika

Kassette (f)	कैसेट (f)	kaiset
Videokassette (f)	वीडियो कैसेट (m)	vīdiyo kaiset
CD (f)	सीडी (m)	sīdī
DVD (f)	डीवीडी (m)	dīvīdī

Alphabet (n)	वर्णमाला (f)	varnamāla
buchstabieren (vt)	हिज्जे करना	hijje karana
Aussprache (f)	उच्चारण (m)	uchchāran

Akzent (m)	लहज़ा (m)	lahaza
mit Akzent	लहज़े के साथ	lahaze ke sāth
ohne Akzent	बिना लहज़े	bina lahaze

| Wort (n) | शब्द (m) | shabd |
| Bedeutung (f) | मतलब (m) | matalab |

Kurse (pl)	पाठ्यक्रम (m)	pāthyakram
sich einschreiben	सदस्य बनना	sadasy banana
Lehrer (m)	शिक्षक (m)	shikshak

Übertragung (f)	तर्जुमा (m)	tarjuma
Übersetzung (f)	अनुवाद (m)	anuvād
Übersetzer (m)	अनुवादक (m)	anuvādak
Dolmetscher (m)	दुभाषिया (m)	dubhāshiya

| Polyglott (m, f) | बहुभाषी (m) | bahubhāshī |
| Gedächtnis (n) | स्मृति (f) | smrti |

147. Märchenfiguren

| Weihnachtsmann (m) | सांता क्लॉज़ (m) | sānta kloz |
| Nixe (f) | जलपरी (f) | jalaparī |

Zauberer (m)	जादूगर (m)	jādūgar
Zauberin (f)	परी (f)	parī
magisch, Zauber-	जादूई	jādūī
Zauberstab (m)	जादू की छड़ी (f)	jādū kī chharī

Märchen (n)	परियों की कहानी (f)	pariyon kī kahānī
Wunder (n)	करामात (f)	karāmāt
Zwerg (m)	बौना (m)	bauna
sich verwandeln in ...	... में बदल जाना	... men badal jāna
Geist (m)	भूत (m)	bhūt

Gespenst (n)	प्रेत (m)	pret
Ungeheuer (n)	राक्षस (m)	rākshas
Drache (m)	पंखवाला नाग (m)	pankhavāla nāg
Riese (m)	भीमकाय (m)	bhīmakāy

148. Sternzeichen

Widder (m)	मेष (m)	mesh
Stier (m)	वृषभ (m)	vrshabh
Zwillinge (pl)	मिथुन (m)	mithun
Krebs (m)	कर्क (m)	kark
Löwe (m)	सिंह (m)	sinh
Jungfrau (f)	कन्या (f)	kanya

Waage (f)	तुला (f pl)	tula
Skorpion (m)	वृश्चिक (m)	vrshchik
Schütze (m)	धनु (m)	dhanu
Steinbock (m)	मकर (m)	makar
Wassermann (m)	कुंभ (m)	kumbh
Fische (pl)	मीन (m pl)	mīn

Charakter (m)	स्वभाव (m)	svabhāv
Charakterzüge (pl)	गुण (m pl)	gun
Benehmen (n)	बरताव (m)	baratāv
wahrsagen (vt)	भविष्यवाणी करना	bhavishyavānī karana
Wahrsagerin (f)	ज्योतिषी (m)	jyotishī
Horoskop (n)	जन्म कुंडली (f)	janm kundalī

Kunst

149. Theater

Theater (n)	रंगमंच (m)	rangamanch
Oper (f)	ओपेरा (m)	opera
Operette (f)	ऑपेराटा (m)	operāta
Ballett (n)	बैले (m)	baile
Theaterplakat (n)	रंगमंच इश्तहार (m)	rangamanch ishtahār
Truppe (f)	थियेटर कंपनी (f)	thiyetar kampanī
Tournee (f)	दौरा (m)	daura
auf Tournee sein	दौरे पर जाना	daure par jāna
proben (vt)	अभ्यास करना	abhyās karana
Probe (f)	अभ्यास (m)	abhyās
Spielplan (m)	प्रदर्शनों की सूची (f)	pradarshanon kī sūchī
Aufführung (f)	प्रदर्शन (m)	pradarshan
Vorstellung (f)	प्रदर्शन (m)	pradarshan
Theaterstück (n)	नाटक (m)	nātak
Karte (f)	टिकट (m)	tikat
Theaterkasse (f)	टिकट घर (m)	tikat ghar
Halle (f)	हॉल (m)	hol
Garderobe (f)	कपड़द्वार (m)	kaparadvār
Garderobennummer (f)	कपड़द्वार टैग (m)	kaparadvār taig
Opernglas (n)	दूरबीन (f)	dūrabīn
Platzanweiser (m)	कंडक्टर (m)	kandaktar
Parkett (n)	सीटें (f)	sīten
Balkon (m)	अपर सर्कल (m)	apar sarkal
der erste Rang	दूसरी मंज़िल (f)	dūsarī manzil
Loge (f)	बॉक्स (m)	boks
Reihe (f)	कतार (m)	katār
Platz (m)	सीट (f)	sīt
Publikum (n)	दर्शक (m)	darshak
Zuschauer (m)	दर्शक (m)	darshak
klatschen (vi)	ताली बजाना	tālī bajāna
Applaus (m)	तालियाँ (f pl)	tāliyān
Ovation (f)	तालियों की गड़गड़ाहट (m)	tāliyon kī garagarāhat
Bühne (f)	मंच (m)	manch
Vorhang (m)	पर्दा (m)	parda
Dekoration (f)	मंच सज्जा (f)	manch sajja
Kulissen (pl)	नेपथ्य (m pl)	nepathy
Szene (f)	दृश्य (m)	drshy
Akt (m)	एक्ट (m)	ekt
Pause (f)	अंतराल (m)	antarāl

150. Kino

Schauspieler (m)	अभिनेता (m)	abhineta
Schauspielerin (f)	अभिनेत्री (f)	abhinetrī
Kino (n)	सिनेमा (m)	sinema
Film (m)	फ़िल्म (m)	film
Folge (f)	उपकथा (m)	upakatha
Krimi (m)	जासूसी फ़िल्म (f)	jāsūsī film
Actionfilm (m)	एक्शन फ़िल्म (f)	ekshan film
Abenteuerfilm (m)	जोखिम भरी फ़िल्म (f)	jokhim bharī film
Science-Fiction-Film (m)	कल्पित विज्ञान की फ़िल्म (f)	kalpit vigyān kī film
Horrorfilm (m)	डरावनी फ़िल्म (f)	darāvanī film
Komödie (f)	मज़ाकिया फ़िल्म (f)	mazākiya film
Melodrama (n)	भावुक नाटक (m)	bhāvuk nātak
Drama (n)	नाटक (m)	nātak
Spielfilm (m)	काल्पनिक फ़िल्म (f)	kālpanik film
Dokumentarfilm (m)	वृत्तचित्र (m)	vrttachitr
Zeichentrickfilm (m)	कार्टून (m)	kārtūn
Stummfilm (m)	मूक फ़िल्म (f)	mūk film
Rolle (f)	भूमिका (f)	bhūmika
Hauptrolle (f)	मुख्य भूमिका (f)	mūkhy bhūmika
spielen (Schauspieler)	भूमिका निभाना	bhūmika nibhāna
Filmstar (m)	फ़िल्म स्टार (m)	film stār
bekannt	मशहूर	mashahūr
berühmt	मशहूर	mashahūr
populär	लोकप्रिय	lokapriy
Drehbuch (n)	पटकथा (f)	patakatha
Drehbuchautor (m)	पटकथा लेखक (m)	patakatha lekhak
Regisseur (m)	निर्देशक (m)	nirdeshak
Produzent (m)	प्रड्यूसर (m)	pradyūsar
Assistent (m)	सहायक (m)	sahāyak
Kameramann (m)	कैमरामैन (m)	kaimarāmain
Stuntman (m)	स्टंटमैन (m)	stantamain
einen Film drehen	फ़िल्म शूट करना	film shūt karana
Probe (f)	स्क्रीन टेस्ट (m)	skrīn test
Dreharbeiten (pl)	शूटिंग (f pl)	shūting
Filmteam (n)	शूटिंग दल (m)	shūting dal
Filmset (m)	शूटिंग स्थल (m)	shuting sthal
Filmkamera (f)	कैमरा (m)	kaimara
Kino (n)	सिनेमाघर (m)	sinemāghar
Leinwand (f)	स्क्रीन (m)	skrīn
einen Film zeigen	फ़िल्म दिखाना	film dikhāna
Tonspur (f)	साउंडट्रैक (m)	saundatraik
Spezialeffekte (pl)	ख़ास प्रभाव (m pl)	khās prabhāv
Untertitel (pl)	सबटाइटिल (f)	sabataitil

| Abspann (m) | टाइटिल (m pl) | taitil |
| Übersetzung (f) | अनुवाद (m) | anuvād |

151. Gemälde

Kunst (f)	कला (f)	kala
schönen Künste (pl)	ललित कला (f)	lalit kala
Kunstgalerie (f)	चित्रशाला (f)	chitrashāla
Kunstausstellung (f)	चित्रों की प्रदर्शनी (f)	chitron kī pradarshanī

Malerei (f)	चित्रकला (f)	chitrakala
Graphik (f)	रेखाचित्र कला (f)	rekhāchitr kala
abstrakte Kunst (f)	अमूर्त चित्रण (m)	amūrtt chitran
Impressionismus (m)	प्रभाववाद (m)	prabhāvavād

Bild (n)	चित्र (m)	chitr
Zeichnung (Kohle- usw.)	रेखाचित्र (f)	rekhāchitr
Plakat (n)	पोस्टर (m)	postar

Illustration (f)	चित्रण (m)	chitran
Miniatur (f)	लघु चित्र (m)	laghu chitr
Kopie (f)	प्रति (f)	prati
Reproduktion (f)	प्रतिकृत (f)	pratikrt

Mosaik (n)	पच्चीकारी (f)	pachchīkārī
Glasmalerei (f)	रंगीन काँच	rangīn kānch
Fresko (n)	लेपचित्र (m)	lepachitr
Gravüre (f)	एनग्रेविंग (m)	enagreving

Büste (f)	बस्ट (m)	bast
Skulptur (f)	मूर्तिकला (f)	mūrtikala
Statue (f)	मूर्ति (f)	mūrti
Gips (m)	सिलखड़ी (f)	silakharī
aus Gips	सिलखड़ी से	silakharī se

Porträt (n)	रूपचित्र (m)	rūpachitr
Selbstporträt (n)	स्वचित्र (m)	svachitr
Landschaftsbild (n)	प्रकृति चित्र (m)	prakrti chitr
Stillleben (n)	अचल चित्र (m)	achal chitr
Karikatur (f)	कार्टून (m)	kārtūn
Entwurf (m)	रेखाचित्र (f)	rekhāchitr

Farbe (f)	पेंट (f)	pent
Aquarellfarbe (f)	जलरंग (m)	jalarang
Öl (n)	तेलरंग (m)	telarang
Bleistift (m)	पेंसिल (f)	pensil
Tusche (f)	स्याही (f)	syāhī
Kohle (f)	कोयला (m)	koyala

zeichnen (vt)	रेखाचित्र बनाना	rekhāchitr banāna
Modell stehen	पोज़ करना	poz karana
Modell (Mask.)	मॉडल (m)	modal
Modell (Fem.)	मॉडल (m)	modal
Maler (m)	चित्रकार (m)	chitrakār

Kunstwerk (n)	कलाकृति (f)	kalākrti
Meisterwerk (n)	अत्युत्तम कृति (f)	atyuttam krti
Atelier (n), Werkstatt (f)	स्टुडियो (m)	studiyo

Leinwand (f)	चित्रपटी (f)	chitrapatī
Staffelei (f)	चित्राधार (m)	chitrādhār
Palette (f)	रंग पट्टिका (f)	rang pattika

Rahmen (m)	ढांचा (m)	dhāncha
Restauration (f)	जीर्णोद्धार (m)	jīrnoddhār
restaurieren (vt)	मरम्मत करना	marammat karana

152. Literatur und Dichtkunst

Literatur (f)	साहित्य (m)	sāhity
Autor (m)	लेखक (m)	lekhak
Pseudonym (n)	छद्मनाम (m)	chhadmanām

Buch (n)	किताब (f)	kitāb
Band (m)	खंड (m)	khand
Inhaltsverzeichnis (n)	अनुक्रमणिका (f)	anukramanika
Seite (f)	पृष्ठ (m)	prshth
Hauptperson (f)	मुख्य किरदार (m)	mūkhy kiradār
Autogramm (n)	स्वाक्षर (m)	svākshar

Kurzgeschichte (f)	लघु कथा (f)	laghu katha
Erzählung (f)	उपन्यासिका (f)	upanyāsika
Roman (m)	उपन्यास (m)	upanyās
Werk (Buch usw.) (f)	रचना (f)	rachana
Fabel (f)	नीतिकथा (f)	nītikatha
Krimi (m)	जासूसी कहानी (f)	jāsūsī kahānī

Gedicht (n)	कविता (f)	kavita
Dichtung (f), Poesie (f)	काव्य (m)	kāvy
Gedicht (n)	कविता (f)	kavita
Dichter (m)	कवि (m)	kavi

schöne Literatur (f)	उपन्यास (m)	upanyās
Science-Fiction (f)	विज्ञान कथा (f)	vigyān katha
Abenteuer (n)	रोमांच (m)	romānch
Schülerliteratur (pl)	शैक्षिक साहित्य (m)	shaikshik sāhity
Kinderliteratur (f)	बाल साहित्य (m)	bāl sāhity

153. Zirkus

Zirkus (m)	सर्कस (m)	sarkas
Wanderzirkus (m)	सर्कस (m)	sarkas
Programm (n)	प्रोग्रम (m)	program
Vorstellung (f)	तमाशा (m)	tamāsha

| Nummer (f) | ऐक्ट (m) | aikt |
| Manege (f) | सर्कस रिंग (m) | sarkas ring |

Pantomime (f)	मूकाभिनय (m)	mūkābhinay
Clown (m)	जोकर (m)	jokar

Akrobat (m)	कलाबाज़ (m)	kalābāz
Akrobatik (f)	कलाबाज़ी (f)	kalābāzī
Turner (m)	जिमनैस्ट (m)	jimanaist
Turnen (n)	जिमनैस्टिक्स (m)	jimanaistiks
Salto (m)	कलैया (m)	kalaiya

Kraftmensch (m)	एथलीट (m)	ethalīt
Bändiger, Dompteur (m)	जानवरों का शिक्षक (m)	jānavaron ka shikshak
Reiter (m)	सवारी (m)	savārī
Assistent (m)	सहायक (m)	sahāyak

Trick (m)	कलाबाज़ी (f)	kalābāzī
Zaubertrick (m)	जादू (m)	jādū
Zauberkünstler (m)	जादूगर (m)	jādūgar

Jongleur (m)	बाज़ीगर (m)	bāzīgar
jonglieren (vi)	बाज़ीगिरी दिखाना	bāzīgirī dikhāna
Dresseur (m)	जानवरों का प्रशिक्षक (m)	jānavaron ka prashikshak
Dressur (f)	पशु प्रशिक्षण (m)	pashu prashikshan
dressieren (vt)	प्रशिक्षण देना	prashikshan dena

154. Musik. Popmusik

Musik (f)	संगीत (m)	sangit
Musiker (m)	साज़िन्दा (m)	sāzinda
Musikinstrument (n)	बाजा (m)	bāja
spielen (auf der Gitarre ~)	... बजाना	... bajāna

Gitarre (f)	गिटार (m)	gitār
Geige (f)	वॉयलिन (m)	voyalin
Cello (n)	चैलो (m)	chailo
Kontrabass (m)	डबल बास (m)	dabal bās
Harfe (f)	हार्प (m)	hārp

Klavier (n)	पियानो (m)	piyāno
Flügel (m)	ग्रैंड पियानो (m)	graind piyāno
Orgel (f)	ऑर्गन (m)	organ

Blasinstrumente (pl)	सुषिर वाध (m)	sushir vādy
Oboe (f)	ओबो (m)	obo
Saxophon (n)	सैक्सोफ़ोन (m)	saiksofon
Klarinette (f)	क्लेरिनेट (m)	klerinet
Flöte (f)	मुरली (f)	muralī
Trompete (f)	तुरही (m)	turahī

Akkordeon (n)	एकॉर्डियन (m)	ekordiyan
Trommel (f)	नगाड़ा (m)	nagāra

Duo (n)	द्विवाध (m)	dvivādy
Trio (n)	त्रयी (f)	trayī
Quartett (n)	क्वार्टेट (m)	kvārtat

Chor (m)	कोरस (m)	koras
Orchester (n)	ऑर्केस्ट्रा (m)	orkestra
Popmusik (f)	पॉप संगीत (m)	pop sangīt
Rockmusik (f)	रॉक संगीत (m)	rok sangīt
Rockgruppe (f)	रॉक ग्रूप (m)	rok grūp
Jazz (m)	जैज़ (m)	jaiz
Idol (n)	आइडल (m)	āidal
Verehrer (m)	प्रशंसक (m)	prashansak
Konzert (n)	कंसर्ट (m)	kansart
Sinfonie (f)	वाद्य-वृंद रचना (f)	vādy-vrnd rachana
Komposition (f)	रचना (f)	rachana
komponieren (vt)	रचना बनाना	rachana banāna
Gesang (m)	गाना (m)	gāna
Lied (n)	गीत (m)	gīt
Melodie (f)	संगीत (m)	sangit
Rhythmus (m)	ताल (m)	tāl
Blues (m)	ब्लूज़ (m)	blūz
Noten (pl)	शीट संगीत (m)	shīt sangīt
Taktstock (m)	छड़ी (f)	chharī
Bogen (m)	गज (m)	gaj
Saite (f)	तार (m)	tār
Koffer (Violinen-)	केस (m)	kes

Erholung. Unterhaltung. Reisen

155. Ausflug. Reisen

Tourismus (m)	पर्यटन (m)	paryatan
Tourist (m)	पर्यटक (m)	paryatak
Reise (f)	यात्रा (f)	yātra
Abenteuer (n)	जाँबाज़ी (f)	jānbāzī
Fahrt (f)	यात्रा (f)	yātra
Urlaub (m)	छुट्टी (f)	chhuttī
auf Urlaub sein	छुट्टी पर होना	chhuttī par hona
Erholung (f)	आराम (m)	ārām
Zug (m)	रेलगाड़ी, ट्रेन (f)	relagārī, tren
mit dem Zug	रैलगाड़ी से	railagārī se
Flugzeug (n)	विमान (m)	vimān
mit dem Flugzeug	विमान से	vimān se
mit dem Auto	कार से	kār se
mit dem Schiff	जहाज़ पर	jahāz par
Gepäck (n)	सामान (m)	sāmān
Koffer (m)	सूटकेस (m)	sūtakes
Gepäckwagen (m)	सामान के लिये गाड़ी (f)	sāmān ke liye gārī
Pass (m)	पासपोर्ट (m)	pāsaport
Visum (n)	वीज़ा (m)	vīza
Fahrkarte (f)	टिकट (m)	tikat
Flugticket (n)	हवाई टिकट (m)	havaī tikat
Reiseführer (m)	गाइडबुक (f)	gaidabuk
Landkarte (f)	नक्शा (m)	naksha
Gegend (f)	क्षेत्र (m)	kshetr
Ort (wunderbarer ~)	स्थान (m)	sthān
Exotika (pl)	विचित्र वस्तुएं	vichitr vastuen
exotisch	विचित्र	vichitr
erstaunlich (Adj)	अजीब	ajīb
Gruppe (f)	समूह (m)	samūh
Ausflug (m)	पर्यटन (f)	paryatan
Reiseleiter (m)	गाइड (m)	gaid

156. Hotel

Hotel (n)	होटल (f)	hotal
Motel (n)	मोटल (m)	motal
drei Sterne	तीन सितारा	tīn sitāra

fünf Sterne	पाँच सितारा	pānch sitāra
absteigen (vi)	ठहरना	thaharana
Hotelzimmer (n)	कमरा (m)	kamara
Einzelzimmer (n)	एक पलंग का कमरा (m)	ek palang ka kamara
Zweibettzimmer (n)	दो पलंगों का कमरा (m)	do palangon ka kamara
reservieren (vt)	कमरा बुक करना	kamara buk karana
Halbpension (f)	हाफ़-बोर्ड (m)	hāf-bord
Vollpension (f)	फ़ुल-बोर्ड (m)	ful-bord
mit Bad	स्नानघर के साथ	snānaghar ke sāth
mit Dusche	शॉवर के साथ	shovar ke sāth
Satellitenfernsehen (n)	सैटेलाइट टेलीविज़न (m)	saitelait telīvizan
Klimaanlage (f)	एयर-कंडिशनर (m)	eyar-kandishanar
Handtuch (n)	तौलिया (f)	tauliya
Schlüssel (m)	चाबी (f)	chābī
Verwalter (m)	मैनेजर (m)	mainejar
Zimmermädchen (n)	चैमबरमैड (f)	chaimabaramaid
Träger (m)	कुली (m)	kulī
Portier (m)	दरबान (m)	darabān
Restaurant (n)	रेस्टराँ (m)	restarān
Bar (f)	बार (m)	bār
Frühstück (n)	नाश्ता (m)	nāshta
Abendessen (n)	रात्रिभोज (m)	rātribhoj
Buffet (n)	बुफ़े (m)	bufe
Foyer (n)	लॉबी (f)	lobī
Aufzug (m), Fahrstuhl (m)	लिफ़्ट (m)	lift
BITTE NICHT STÖREN!	परेशान न करें	pareshān na karen
RAUCHEN VERBOTEN!	धुम्रपान निषेध!	dhumrapān nishedh!

157. Bücher. Lesen

Buch (n)	किताब (f)	kitāb
Autor (m)	लेखक (m)	lekhak
Schriftsteller (m)	लेखक (m)	lekhak
verfassen (vt)	लिखना	likhana
Leser (m)	पाठक (m)	pāthak
lesen (vi, vt)	पढ़ना	parhana
Lesen (n)	पढ़ना (f)	parhana
still (~ lesen)	मन ही मन	man hī man
laut (Adv)	बोलकर	bolakar
verlegen (vt)	प्रकाशित करना	prakāshit karana
Ausgabe (f)	प्रकाशन (m)	prakāshan
Herausgeber (m)	प्रकाशक (m)	prakāshak
Verlag (m)	प्रकाशन संस्था (m)	prakāshan sanstha
erscheinen (Buch)	बाज़ार में निकालना (m)	bāzār men nikālana

Erscheinen (n)	बाज़ार में निकालना (m)	bāzār men nikālana
Auflage (f)	मुद्रण संख्या (f)	mudran sankhya
Buchhandlung (f)	किताबों की दुकान (f)	kitābon kī dukān
Bibliothek (f)	पुस्तकालय (m)	pustakālay
Erzählung (f)	उपन्यासिका (f)	upanyāsika
Kurzgeschichte (f)	लघु कहानी (f)	laghu kahānī
Roman (m)	उपन्यास (m)	upanyās
Krimi (m)	जासूसी किताब (m)	jāsūsī kitāb
Memoiren (pl)	संस्मरण (m pl)	sansmaran
Legende (f)	उपाख्यान (m)	upākhyān
Mythos (m)	पुराणकथा (m)	purānakatha
Gedichte (pl)	कविताएँ (f pl)	kavitaen
Autobiographie (f)	आत्मकथा (m)	ātmakatha
ausgewählte Werke (pl)	चुनिंदा कृतियाँ (f)	chuninda krtiyān
Science-Fiction (f)	कल्पित विज्ञान (m)	kalpit vigyān
Titel (m)	किताब का नाम (m)	kitāb ka nām
Einleitung (f)	भूमिका (f)	bhūmika
Titelseite (f)	टाइटिल पृष्ठ (m)	taitil prshth
Kapitel (n)	अध्याय (m)	adhyāy
Auszug (m)	अंश (m)	ansh
Episode (f)	उपकथा (f)	upakatha
Sujet (n)	कथानक (m)	kathānak
Inhalt (m)	कथा-वस्तु (f)	katha-vastu
Inhaltsverzeichnis (n)	अनुक्रमणिका (f)	anukramanika
Hauptperson (f)	मुख्य किरदार (m)	mūkhy kiradār
Band (m)	खंड (m)	khand
Buchdecke (f)	जिल्द (f)	jild
Einband (m)	जिल्द (f)	jild
Lesezeichen (n)	बुकमार्क (m)	bukamārk
Seite (f)	पृष्ठ (m)	prshth
blättern (vi)	पन्ने पलटना	panne palatana
Ränder (pl)	हाशिया (m pl)	hāshiya
Notiz (f)	टिप्पणी (f)	tippanī
Anmerkung (f)	टिप्पणी (f)	tippanī
Text (m)	पाठ (m)	pāth
Schrift (f)	मुद्रलिपि (m)	mudrālipi
Druckfehler (m)	छपाई की भूल (f)	chhapaī kī bhūl
Übersetzung (f)	अनुवाद (m)	anuvād
übersetzen (vt)	अनुवाद करना	anuvād karana
Original (n)	मूल पाठ (m)	mūl pāth
berühmt	मशहूर	mashahūr
unbekannt	अपरिचित	aparichit
interessant	दिलचस्प	dilachasp
Bestseller (m)	बेस्ट सेलर (m)	best selar

Wörterbuch (n)	शब्दकोश (m)	shabdakosh
Lehrbuch (n)	पाठ्यपुस्तक (f)	pāthyapustak
Enzyklopädie (f)	विश्वकोश (m)	vishvakosh

158. Jagen. Fischen

Jagd (f)	शिकार (m)	shikār
jagen (vi)	शिकार करना	shikār karana
Jäger (m)	शिकारी (m)	shikārī
schießen (vi)	गोली चलाना	golī chalāna
Gewehr (n)	बंदूक (m)	bandūk
Patrone (f)	कारतूस (m)	kāratūs
Schrot (n)	कारतूस (m)	kāratūs
Falle (f)	जाल (m)	jāl
Schlinge (f)	जाल (m)	jāl
eine Falle stellen	जाल बिछाना	jāl bichhāna
Wilddieb (m)	चोर शिकारी (m)	chor shikārī
Wild (n)	शिकार के पशुपक्षी (f)	shikār ke pashupakshī
Jagdhund (m)	शिकार का कुत्ता (m)	shikār ka kutta
Safari (f)	सफ़ारी (m)	safārī
ausgestopftes Tier (n)	जानवरों का पुतला (m)	jānavaron ka putala
Fischer (m)	मछुआरा (m)	machhuāra
Fischen (n)	मछली पकड़ना (f)	machhalī pakarana
angeln, fischen (vt)	मछली पकड़ना	machhalī pakarana
Angel (f)	बंसी (f)	bansī
Angelschnur (f)	डोरी (f)	dorī
Haken (m)	हूक (m)	hūk
Schwimmer (m)	फ्लोट (m)	flot
Köder (m)	चारा (m)	chāra
die Angel auswerfen	बंसी डालना	bansī dālana
anbeißen (vi)	चुगना	chugana
Fang (m)	मछलियाँ (f)	machhaliyān
Eisloch (n)	आइस होल (m)	āis hol
Netz (n)	जाल (m)	jāl
Boot (n)	नाव (m)	nāv
mit dem Netz fangen	जाल से पकड़ना	jāl se pakarana
das Netz hineinwerfen	जाल डालना	jāl dālana
das Netz einholen	जाल निकालना	jāl nikālana
Walfänger (m)	ह्वेलर (m)	hvelar
Walfangschiff (n)	ह्वेलमार जहाज़ (m)	hvelamār jahāz
Harpune (f)	मत्स्यभाला (m)	matsyabhāla

159. Spiele. Billard

Billard (n)	बिलियइर्स (m)	biliyards
Billardzimmer (n)	बिलियइर्स का कमरा (m)	biliyards ka kamara

Billardkugel (f)	बिलियर्ड्स की गेंद (f)	biliyards kī gend
eine Kugel einlochen	गेंद पॉकेट में डालना	gend poket men dālana
Queue (n)	बिलियर्ड्स का क्यू (m)	biliyards ka kyū
Tasche (f), Loch (n)	बिलियर्ड्स की पॉकेट (f)	biliyards kī poket

160. Spiele. Kartenspiele

Karo (n)	ईंट (f pl)	īnt
Pik (n)	हुक्म (m pl)	hukm
Herz (n)	पान (m)	pān
Kreuz (n)	चिड़ी (m)	chirī
As (n)	इक्का (m)	ikka
König (m)	बादशाह (m)	bādashāh
Dame (f)	बेगम (f)	begam
Bube (m)	ग़ुलाम (m)	gulām
Spielkarte (f)	ताश का पत्ता (m)	tāsh ka patta
Karten (pl)	ताश के पत्ते (m pl)	tāsh ke patte
Trumpf (m)	ट्रम्प (m)	tramp
Kartenspiel (abgenutztes ~)	ताश की गड्डी (f)	tāsh kī gaddī
ausgeben (vt)	ताश बांटना	tāsh bāntana
mischen (vt)	पत्ते फेंटना	patte fentana
Zug (m)	चाल (f)	chāl
Falschspieler (m)	पत्तेबाज़ (m)	pattebāz

161. Kasino. Roulette

Kasino (n)	केसिनो (m)	kesino
Roulette (n)	रूले (m)	rūle
Einsatz (m)	दांव (m)	dānv
setzen (auf etwas ~)	दांव लगाना	dānv lagāna
Rot (n)	लाल (m)	lāl
Schwarz (n)	काला (m)	kāla
auf Rot setzen	लाल पर दांव लगाना	lāl par dānv lagāna
auf Schwarz setzen	काले पर दांव लगाना	kāle par dānv lagāna
Croupier (m)	क्रूप्ये (m)	krūpye
das Rad drehen	पहिया घुमाना	pahiya ghumāna
Spielregeln (pl)	खेल के नियम (m pl)	khel ke niyam
Spielmarke (f)	चिप (f)	chip
gewinnen (vt)	जीतना	jītana
Gewinn (m)	जीती हुई रकम (f)	jītī huī rakam
verlieren (vt)	हार जाना	hār jāna
Verlust (m)	हारी हुई रकम (f)	hārī huī rakam
Spieler (m)	खिलाड़ी (m)	khilārī
Blackjack (n)	ब्लैक जैक (m)	blaik jaik

| Würfelspiel (n) | पासे का खेल (m) | pāse ka khel |
| Spielautomat (m) | स्लॉट मशीन (f) | slot mashīn |

162. Erholung. Spiele. Verschiedenes

spazieren gehen (vi)	घूमना	ghūmana
Spaziergang (m)	सैर (f)	sair
Fahrt (im Wagen)	सफ़र (m)	safar
Abenteuer (n)	साहसिक कार्य (m)	sāhasik kāry
Picknick (n)	पिकनिक (f)	pikanik

Spiel (n)	खेल (m)	khel
Spieler (m)	खिलाड़ी (m)	khilārī
Partie (f)	बाज़ी (f)	bāzī

Sammler (m)	संग्राहक (m)	sangrāhak
sammeln (vt)	संग्राहण करना	sangrāhan karana
Sammlung (f)	संग्रह (m)	sangrah

Kreuzworträtsel (n)	पहेली (f)	pahelī
Rennbahn (f)	रेसकोर्स (m)	resakors
Diskothek (f)	डिस्को (m)	disko

| Sauna (f) | सौना (m) | sauna |
| Lotterie (f) | लॉटरी (f) | lotarī |

Wanderung (f)	कैम्पिंग ट्रिप (f)	kaimping trip
Lager (n)	डेरा (m)	dera
Zelt (n)	तंबू (m)	tambū
Kompass (m)	दिशा सूचक यंत्र (m)	disha sūchak yantr
Tourist (m)	शिविरार्थी (m)	shivirārthī

fernsehen (vi)	देखना	dekhana
Fernsehzuschauer (m)	दर्शक (m)	darshak
Fernsehsendung (f)	टीवी प्रसारण (m)	tīvī prasāran

163. Fotografie

| Kamera (f) | कैमरा (m) | kaimara |
| Foto (n) | फ़ोटो (m) | foto |

Fotograf (m)	फ़ोटोग्राफ़र (m)	fotogrāfar
Fotostudio (n)	फ़ोटो स्टूडियो (m)	foto stūdiyo
Fotoalbum (n)	फ़ोटो अल्बम (f)	foto albam

Objektiv (n)	कैमरे का लेंस (m)	kaimare ka lens
Teleobjektiv (n)	टेलिफ़ोटो लेन्स (m)	telifoto lens
Filter (n)	फ़िल्टर (m)	filtar
Linse (f)	लेंस (m)	lens

| Optik (f) | प्रकाशिकी (f) | prakāshikī |
| Blende (f) | डायफ़राम (m) | dāyafarām |

| Belichtungszeit (f) | शटर समय (m) | shatar samay |
| Sucher (m) | व्यू फाइंडर (m) | vyū faindar |

Digitalkamera (f)	डिजिटल कैमरा (m)	dijital kaimara
Stativ (n)	तिपाई (f)	tipaī
Blitzgerät (n)	फ्लैश (m)	flaish

fotografieren (vt)	फ़ोटो खींचना	foto khīnchana
aufnehmen (vt)	फ़ोटो लेना	foto lena
sich fotografieren lassen	अपनी फ़ोटो खींचवाना	apanī foto khīnchavāna

Fokus (m)	फ़ोकस (f)	fokas
den Fokus einstellen	फ़ोकस करना	fokas karana
scharf (~ abgebildet)	फ़ोकस में	fokas men
Schärfe (f)	स्पष्टता (f)	spashtata

| Kontrast (m) | विपर्यास व्यतिरेक | viparyās vyatirek |
| kontrastreich | विपर्यासी | viparyāsī |

Aufnahme (f)	फ़ोटो (m)	foto
Negativ (n)	नेगेटिव (m)	negetiv
Rollfilm (m)	कैमरा फ़िल्म (f)	kaimara film
Einzelbild (n)	फ्रेम (m)	frem
drucken (vt)	छापना	chhāpana

164. Strand. Schwimmen

Strand (m)	बालुतट (m)	bālutat
Sand (m)	रेत (f)	ret
menschenleer	वीरान	vīrān

Bräune (f)	धूप की कालिमा (f)	dhūp kī kālima
sich bräunen	धूप में स्नान करना	dhūp men snān karana
gebräunt	टैन	tain
Sonnencreme (f)	धूप की क्रीम (f)	dhūp kī krīm

Bikini (m)	बिकीनी (f)	bikīnī
Badeanzug (m)	स्विम सूट (m)	svim sūt
Badehose (f)	स्विम ट्रंक (m)	svim trank

Schwimmbad (n)	तरण-ताल (m)	taran-tāl
schwimmen (vi)	तैरना	tairana
Dusche (f)	शावर (m)	shāvar
sich umkleiden	बदलना	badalana
Handtuch (n)	तौलिया (m)	tauliya

| Boot (n) | नाव (f) | nāv |
| Motorboot (n) | मोटरबोट (m) | motarabot |

Wasserski (m)	वॉटर स्की (f)	votar skī
Tretboot (n)	चप्पू से चलने वाली नाव (f)	chappū se chalane vālī nāv
Surfen (n)	सर्फ़िंग (m)	sarfing
Surfer (m)	सर्फ़ करनेवाला (m)	sarf karanevāla
Tauchgerät (n)	स्कूबा सेट (m)	skūba set

Schwimmflossen (pl)	फ्लिपर्स (m)	flipars
Maske (f)	डाइविंग के लिए मास्क (m)	daiving ke lie māsk
Taucher (m)	गोताखोर (m)	gotākhor
tauchen (vi)	डुबकी मारना	dubakī mārana
unter Wasser	पानी के नीचे	pānī ke nīche

Sonnenschirm (m)	बालुतट की छतरी (f)	bālutat kī chhatarī
Liege (f)	बालूतट की कुर्सी (f)	bālūtat kī kursī
Sonnenbrille (f)	धूप का चश्मा (m)	dhūp ka chashma
Schwimmmatratze (f)	हवा वाला गद्दा (m)	hava vāla gadda

| spielen (vi, vt) | खेलना | khelana |
| schwimmen gehen | तैरने के लिए जाना | tairane ke lie jāna |

Ball (m)	बालूतट पर खेलने की गेंद (f)	bālūtat par khelane kī gend
aufblasen (vt)	हवा भराना	hava bharāna
aufblasbar	हवा से भरा	hava se bhara

Welle (f)	तरंग (m)	tarang
Boje (f)	बोया (m)	boya
ertrinken (vi)	डूब जाना	dūb jāna

retten (vt)	बचाना	bachāna
Schwimmweste (f)	बचाव पेटी (f)	bachāv petī
beobachten (vt)	देखना	dekhana
Bademeister (m)	जीवनरक्षक (m)	jīvanarakshak

TECHNISCHES ZUBEHÖR. TRANSPORT

Technisches Zubehör

165. Computer

Computer (m)	कंप्यूटर (m)	kampyūtar
Laptop (m), Notebook (n)	लैपटॉप (m)	laipatop
einschalten (vt)	चलाना	chalāna
abstellen (vt)	बंद करना	band karana
Tastatur (f)	कीबोर्ड (m)	kībord
Taste (f)	कुंजी (m)	kunjī
Maus (f)	माउस (m)	maus
Mousepad (n)	माउस पैड (m)	maus paid
Knopf (m)	बटन (m)	batan
Cursor (m)	कर्सर (m)	karsar
Monitor (m)	मॉनिटर (m)	monitar
Schirm (m)	स्क्रीन (m)	skrīn
Festplatte (f)	हार्ड डिस्क (m)	hārd disk
Festplattengröße (f)	हार्ड डिस्क क्षमता (f)	hārd disk kshamata
Speicher (m)	मेमोरी (f)	memorī
Arbeitsspeicher (m)	रैंडम ऐक्सेस मेमोरी (f)	raindam aikses memorī
Datei (f)	फ़ाइल (f)	fail
Ordner (m)	फ़ोल्डर (m)	foldar
öffnen (vt)	खोलना	kholana
schließen (vt)	बंद करना	band karana
speichern (vt)	सहेजना	sahejana
löschen (vt)	हटाना	hatāna
kopieren (vt)	कॉपी करना	kopī karana
sortieren (vt)	व्यवस्थित करना	vyavasthit karana
transferieren (vt)	स्थानांतरित करना	sthānāntarit karana
Programm (n)	प्रोग्राम (m)	progrām
Software (f)	सॉफ़्टवेयर (m)	softaveyar
Programmierer (m)	प्रोग्रामर (m)	progrāmar
programmieren (vt)	प्रोग्रम करना	program karana
Hacker (m)	हैकर (m)	haikar
Kennwort (n)	पासवर्ड (m)	pāsavard
Virus (m, n)	वाइरस (m)	vairas
entdecken (vt)	तलाश करना	talāsh karana
Byte (n)	बाइट (m)	bait

Megabyte (n)	मेगाबाइट (m)	megābait
Daten (pl)	डाटा (m pl)	dāta
Datenbank (f)	डाटाबेस (m)	dātābes

Kabel (n)	तार (m)	tār
trennen (vt)	अलग करना	alag karana
anschließen (vt)	जोड़ना	jorana

166. Internet. E-Mail

Internet (n)	इन्टरनेट (m)	intaranet
Browser (m)	ब्राउज़र (m)	brauzar
Suchmaschine (f)	सर्च इंजन (f)	sarch injan
Provider (m)	प्रोवाइडर (m)	provaidar

Webmaster (m)	वेब मास्टर (m)	veb māstar
Website (f)	वेब साइट (m)	veb sait
Webseite (f)	वेब पृष्ठ (m)	veb prshth

| Adresse (f) | पता (m) | pata |
| Adressbuch (n) | संपर्क पुस्तक (f) | sampark pustak |

| Mailbox (f) | मेलबॉक्स (m) | melaboks |
| Post (f) | डाक (m) | dāk |

Mitteilung (f)	संदेश (m)	sandesh
Absender (m)	प्रेषक (m)	preshak
senden (vt)	भेजना	bhejana
Absendung (f)	भेजना (m)	bhejana

| Empfänger (m) | प्रासकर्ता (m) | prāptakarta |
| empfangen (vt) | प्रास करना | prāpt karana |

| Briefwechsel (m) | पत्राचार (m) | patrāchār |
| im Briefwechsel stehen | पत्राचार करना | patrāchār karana |

Datei (f)	फ़ाइल (f)	fail
herunterladen (vt)	डाउनलोड करना	daunalod karana
schaffen (vt)	बनाना	banāna
löschen (vt)	हटाना	hatāna
gelöscht (Datei)	हटा दिया गया	hata diya gaya

Verbindung (f)	कनेक्शन (m)	kanekshan
Geschwindigkeit (f)	रफ़्तार (f)	rafatār
Modem (n)	मोडेम (m)	modem

| Zugang (m) | पहुंच (m) | pahunch |
| Port (m) | पोर्ट (m) | port |

| Anschluss (m) | कनेक्शन (m) | kanekshan |
| sich anschließen | जुड़ना | jurana |

| auswählen (vt) | चुनना | chunana |
| suchen (vt) | खोजना | khojana |

167. Elektrizität

Elektrizität (f)	बिजली (f)	bijalī
elektrisch	बिजली का	bijalī ka
Elektrizitätswerk (n)	बिजलीघर (m)	bijalīghar
Energie (f)	ऊर्जा (f)	ūrja
Strom (m)	विद्युत शक्ति (f)	vidyut shakti
Glühbirne (f)	बल्ब (m)	balb
Taschenlampe (f)	फ्लैशलाइट (f)	flaishalait
Straßenlaterne (f)	सड़क की बत्ती (f)	sarak kī battī
Licht (n)	बिजली (f)	bijalī
einschalten (vt)	चलाना	chalāna
ausschalten (vt)	बंद करना	band karana
das Licht ausschalten	बिजली बंद करना	bijalī band karana
durchbrennen (vi)	फ्यूज़ होना	fyūz hona
Kurzschluss (m)	शार्ट सर्किट (m)	shārt sarkit
Riß (m)	टूटा तार (m)	tūta tār
Kontakt (m)	सॉकेट (m)	soket
Schalter (m)	स्विच (m)	svich
Steckdose (f)	सॉकेट (m)	soket
Stecker (m)	प्लग (m)	plag
Verlängerung (f)	एक्सटेंशन कोर्ड (m)	ekstenshan kord
Sicherung (f)	फ्यूज़ (m)	fyūz
Leitungsdraht (m)	तार (m)	tār
Verdrahtung (f)	तार (m)	tār
Ampere (n)	ऐम्पेयर (m)	aimpeyar
Stromstärke (f)	विद्युत शक्ति (f)	vidyut shakti
Volt (n)	वोल्ट (m)	volt
Voltspannung (f)	वोल्टेज (f)	voltej
Elektrogerät (n)	विद्युत यंत्र (m)	vidyut yantr
Indikator (m)	सूचक (m)	sūchak
Elektriker (m)	विद्युत कारीगर (m)	vidyut kārīgar
löten (vt)	धातु जोड़ना	dhātu jorana
Lötkolben (m)	सोल्डरिंग आयरन (m)	soldaring āyaran
Strom (m)	विद्युत प्रवाह (f)	vidyut pravāh

168. Werkzeug

Werkzeug (n)	औज़ार (m)	auzār
Werkzeuge (pl)	औज़ार (m pl)	auzār
Ausrüstung (f)	मशीन (f)	mashīn
Hammer (m)	हथौड़ी (f)	hathaurī
Schraubenzieher (m)	पेंचकस (m)	penchakas
Axt (f)	कुल्हाड़ी (f)	kulhārī

Säge (f)	आरी (f)	ārī
sägen (vt)	आरी से काटना	ārī se kātana
Hobel (m)	रंदा (m)	randa
hobeln (vt)	छीलना	chhīlana
Lötkolben (m)	सोल्डरिंग आयरन (m)	soldaring āyaran
löten (vt)	धातु जोड़ना	dhātu jorana

Feile (f)	रेती (f)	retī
Kneifzange (f)	संडसी (f pl)	sandasī
Flachzange (f)	प्लायर (m)	plāyar
Stemmeisen (n)	छेनी (f)	chhenī

Bohrer (m)	ड्रिल बिट (m)	dril bit
Bohrmaschine (f)	विद्युतीय बरमा (m)	vidyutīy barama
bohren (vt)	ड्रिल करना	dril karana

| Messer (n) | छुरी (f) | chhurī |
| Klinge (f) | धार (f) | dhār |

scharf (-e Messer usw.)	कटीला	katīla
stumpf	कुंद	kund
stumpf werden (vi)	कुंद करना	kund karana
schärfen (vt)	धारदार बनाना	dhāradār banāna

Bolzen (m)	बोल्ट (m)	bolt
Mutter (f)	नट (m)	nat
Gewinde (n)	चूड़ी (f)	chūrī
Holzschraube (f)	पेंच (m)	pench

| Nagel (m) | कील (f) | kīl |
| Nagelkopf (m) | कील का सिरा (m) | kīl ka sira |

Lineal (n)	स्केल (m)	skel
Metermaß (n)	इंची टेप (m)	inchī tep
Wasserwaage (f)	स्पिरिट लेवल (m)	spirit leval
Lupe (f)	आवर्धक लेंस (m)	āvardhak lens

Messinstrument (n)	मापक यंत्र (m)	māpak yantr
messen (vt)	मापना	māpana
Skala (f)	स्केल (f)	skel
Ablesung (f)	पाठ्यांक (m pl)	pāthyānk

| Kompressor (m) | कंप्रेसर (m) | kampresar |
| Mikroskop (n) | माइक्रोस्कोप (m) | maikroskop |

Pumpe (f)	पंप (m)	pamp
Roboter (m)	रोबोट (m)	robot
Laser (m)	लेज़र (m)	lezar

Schraubenschlüssel (m)	रिंच (m)	rinch
Klebeband (n)	फ़ीता (m)	fīta
Klebstoff (m)	लेई (f)	leī

Sandpapier (n)	रेगमाल (m)	regamāl
Sprungfeder (f)	कमानी (f)	kamānī
Magnet (m)	मैग्नेट (m)	maignet

Handschuhe (pl)	दस्ताने (m pl)	dastāne
Leine (f)	रस्सी (f)	rassī
Schnur (f)	डोरी (f)	dorī
Draht (m)	तार (m)	tār
Kabel (n)	केबल (m)	kebal

schwerer Hammer (m)	हथौड़ा (m)	hathaura
Brecheisen (n)	रंभा (m)	rambha
Leiter (f)	सीढ़ी (f)	sīrhī
Trittleiter (f)	सीढ़ी (f)	sīrhī

zudrehen (vt)	कसना	kasana
abdrehen (vt)	घुमाकर खोलना	ghumākar kholana
zusammendrücken (vt)	कसना	kasana
ankleben (vt)	चिपकाना	chipakāna
schneiden (vt)	काटना	kātana

Störung (f)	ख़राबी (f)	kharābī
Reparatur (f)	मरम्मत (f)	marammat
reparieren (vt)	मरम्मत करना	marammat karana
einstellen (vt)	ठीक करना	thīk karana

prüfen (vt)	जांचना	jānchana
Prüfung (f)	जांच (f)	jānch
Ablesung (f)	पाठ्यांक (m)	pāthyānk

| sicher (zuverlässigen) | मज़बूत | mazabūt |
| kompliziert (Adj) | जटिल | jatil |

verrosten (vi)	ज़ंग लगना	zang lagana
rostig	ज़ंग लगा हुआ	zang laga hua
Rost (m)	ज़ंग (m)	zang

Transport

169. Flugzeug

Flugzeug (n)	विमान (m)	vimān
Flugticket (n)	हवाई टिकट (m)	havaī tikat
Fluggesellschaft (f)	हवाई कम्पनी (f)	havaī kampanī
Flughafen (m)	हवाई अड्डा (m)	havaī adda
Überschall-	पराध्वनिक	parādhvanik
Flugkapitän (m)	कसान (m)	kaptān
Besatzung (f)	वैमानिक दल (m)	vaimānik dal
Pilot (m)	विमान चालक (m)	vimān chālak
Flugbegleiterin (f)	एयर होस्टस (f)	eyar hostas
Steuermann (m)	नैवीगेटर (m)	naivīgetar
Flügel (pl)	पंख (m pl)	pankh
Schwanz (m)	पूँछ (f)	pūnchh
Kabine (f)	कॉकपिट (m)	kokapit
Motor (m)	इंजन (m)	injan
Fahrgestell (n)	हवाई जहाज़ पहिये (m)	havaī jahāz pahiye
Turbine (f)	टरबाइन (f)	tarabain
Propeller (m)	प्रोपेलर (m)	propelar
Flugschreiber (m)	ब्लैक बॉक्स (m)	blaik boks
Steuerrad (n)	कंट्रोल कॉलम (m)	kantrol kolam
Treibstoff (m)	ईंधन (m)	īndhan
Sicherheitskarte (f)	सुरक्षा-पत्र (m)	suraksha-patr
Sauerstoffmaske (f)	ऑक्सीजन मास्क (m)	oksījan māsk
Uniform (f)	वर्दी (f)	vardī
Rettungsweste (f)	बचाव पेटी (f)	bachāv petī
Fallschirm (m)	पैराशूट (m)	pairāshūt
Abflug, Start (m)	उड़ान (m)	urān
starten (vi)	उड़ना	urana
Startbahn (f)	उड़ान पट्टी (f)	urān pattī
Sicht (f)	दृश्यता (f)	drshyata
Flug (m)	उड़ान (m)	urān
Höhe (f)	ऊंचाई (f)	ūnchaī
Luftloch (n)	वायु-पॉकेट (m)	vāyu-poket
Platz (m)	सीट (f)	sīt
Kopfhörer (m)	हेडफ़ोन (m)	hedafon
Klapptisch (m)	ट्रे टेबल (f)	tre tebal
Bullauge (n)	हवाई जहाज़ की खिड़की (f)	havaī jahāz kī khirakī
Durchgang (m)	गलियारा (m)	galiyāra

170. Zug

Zug (m)	रेलगाड़ी, ट्रेन (f)	relagāṝ, tren
elektrischer Zug (m)	लोकल ट्रेन (f)	lokal tren
Schnellzug (m)	तेज़ रेलगाड़ी (f)	tez relagāṝ
Diesellok (f)	डीज़ल रेलगाड़ी (f)	dīzal relagāṝ
Dampflok (f)	स्टीम इंजन (f)	stīm injan
Personenwagen (m)	कोच (f)	koch
Speisewagen (m)	डाइनर (f)	dainar
Schienen (pl)	पटरियाँ (f)	patariyān
Eisenbahn (f)	रेलवे (f)	relave
Bahnschwelle (f)	पटरियाँ (f)	patariyān
Bahnsteig (m)	प्लेटफॉर्म (m)	pletaform
Gleis (n)	प्लेटफॉर्म (m)	pletaform
Eisenbahnsignal (n)	सिग्नल (m)	signal
Station (f)	स्टेशन (m)	steshan
Lokomotivführer (m)	इंजन ड्राइवर (m)	injan draivar
Träger (m)	कुली (m)	kulī
Schaffner (m)	कोच एटेंडेंट (m)	koch etendent
Fahrgast (m)	मुसाफ़िर (m)	musāfir
Fahrkartenkontrolleur (m)	टीटी (m)	tītī
Flur (m)	गलियारा (m)	galiyāra
Notbremse (f)	आपात ब्रेक (m)	āpāt brek
Abteil (n)	डिब्बा (m)	dibba
Liegeplatz (m), Schlafkoje (f)	बर्थ (f)	barth
oberer Liegeplatz (m)	ऊपरी बर्थ (f)	ūparī barth
unterer Liegeplatz (m)	नीचली बर्थ (f)	nīchalī barth
Bettwäsche (f)	बिस्तर (m)	bistar
Fahrkarte (f)	टिकट (m)	tikat
Fahrplan (m)	टाइम टैबुल (m)	taim taibul
Anzeigetafel (f)	सूचना बोर्ड (m)	sūchana bord
abfahren (der Zug)	चले जाना	chale jāna
Abfahrt (f)	रवानगी (f)	ravānagī
ankommen (der Zug)	पहुंचना	pahunchana
Ankunft (f)	आगमन (m)	āgaman
mit dem Zug kommen	गाड़ी से पहुंचना	gāṝ se pahunchana
in den Zug einsteigen	गाड़ी पकड़ना	gāḍī pakarana
aus dem Zug aussteigen	गाड़ी से उतरना	gāṝ se utarana
Zugunglück (n)	दुर्घटनाग्रस्त (f)	durghatanāgrast
Dampflok (f)	स्टीम इंजन (m)	stīm injan
Heizer (m)	अग्निशामक (m)	agnishāmak
Feuerbüchse (f)	भट्ठी (f)	bhatthī
Kohle (f)	कोयला (m)	koyala

171. Schiff

Schiff (n)	जहाज़ (m)	jahāz
Fahrzeug (n)	जहाज़ (m)	jahāz
Dampfer (m)	जहाज़ (m)	jahāz
Motorschiff (n)	मोटर बोट (m)	motar bot
Kreuzfahrtschiff (n)	लाइनर (m)	lainar
Kreuzer (m)	क्रूज़र (m)	krūzar
Jacht (f)	याख्ट (m)	yākht
Schlepper (m)	कर्षक पोत (m)	karshak pot
Lastkahn (m)	बार्ज (f)	bārj
Fähre (f)	फेरी बोट (f)	ferī bot
Segelschiff (n)	पाल नाव (f)	pāl nāv
Brigantine (f)	बादबानी (f)	bādabānī
Eisbrecher (m)	हिमभंजक पोत (m)	himabhanjak pot
U-Boot (n)	पनडुब्बी (f)	panadubbī
Boot (n)	नाव (m)	nāv
Dingi (n), Beiboot (n)	किश्ती (f)	kishtī
Rettungsboot (n)	जीवन रक्षा किश्ती (f)	jīvan raksha kishtī
Motorboot (n)	मोटर बोट (m)	motar bot
Kapitän (m)	कसान (m)	kaptān
Matrose (m)	मल्लाह (m)	mallāh
Seemann (m)	मल्लाह (m)	mallāh
Besatzung (f)	वैमानिक दल (m)	vaimānik dal
Bootsmann (m)	बोसुन (m)	bosun
Schiffsjunge (m)	बोसुन (m)	bosun
Schiffskoch (m)	रसोइया (m)	rasoiya
Schiffsarzt (m)	पोत डाक्टर (m)	pot dāktar
Deck (n)	डेक (m)	dek
Mast (m)	मस्तूल (m)	mastūl
Segel (n)	पाल (m)	pāl
Schiffsraum (m)	कार्गी (m)	kārgo
Bug (m)	जहाज़ का अगड़ा हिस्सा (m)	jahāz ka agara hissa
Heck (n)	जहाज़ का पिछला हिस्सा (m)	jahāz ka pichhala hissa
Ruder (n)	चप्पू (m)	chappū
Schraube (f)	जहाज़ की पंखी चलाने का पेंच (m)	jahāz kī pankhī chalāne ka pench
Kajüte (f)	कैबिन (m)	kaibin
Messe (f)	मेस (f)	mes
Maschinenraum (m)	मशीन-कमरा (m)	mashīn-kamara
Kommandobrücke (f)	ब्रिज (f)	brij
Funkraum (m)	रेडियो केबिन (m)	rediyo kebin
Radiowelle (f)	रेडियो तरंग (f)	rediyo tarang
Schiffstagebuch (n)	जहाज़ी रजिस्टर (m)	jahāzī rajistar
Fernrohr (n)	टेलिस्कोप (m)	teliskop

| Glocke (f) | घंटा (m) | ghanta |
| Fahne (f) | झंडा (m) | jhanda |

| Seil (n) | रस्सा (m) | rassa |
| Knoten (m) | जहाज़ी गांठ (f) | jahāzī gānth |

| Geländer (n) | रेलिंग (f) | reling |
| Treppe (f) | सीढ़ी (f) | sīrhī |

Anker (m)	लंगर (m)	langar
den Anker lichten	लंगर उठाना	langar uthāna
Anker werfen	लंगर डालना	langar dālana
Ankerkette (f)	लंगर की ज़जीर (f)	langar kī zajīr

Hafen (m)	बंदरगाह (m)	bandaragāh
Anlegestelle (f)	घाट (m)	ghāt
anlegen (vi)	किनारे लगना	kināre lagana
abstoßen (vt)	रवाना होना	ravāna hona

Reise (f)	यात्रा (f)	yātra
Kreuzfahrt (f)	जलयात्रा (f)	jalayātra
Kurs (m), Richtung (f)	दिशा (f)	disha
Reiseroute (f)	मार्ग (m)	mārg

Fahrwasser (n)	नाव्य जलपथ (m)	nāvy jalapath
Untiefe (f)	छिछला पानी (m)	chhichhala pānī
stranden (vi)	छिछले पानी में धसना	chhichhale pānī men dhansana

Sturm (m)	तूफ़ान (m)	tufān
Signal (n)	सिग्नल (m)	signal
untergehen (vi)	डूबना	dūbana
SOS	एसओएस	esoes
Rettungsring (m)	लाइफ़ ब्वाय (m)	laif bvāy

172. Flughafen

Flughafen (m)	हवाई अड्डा (m)	havaī adda
Flugzeug (n)	विमान (m)	vimān
Fluggesellschaft (f)	हवाई कम्पनी (f)	havaī kampanī
Fluglotse (m)	हवाई यातायात नियंत्रक (m)	havaī yātāyāt niyantrak

Abflug (m)	प्रस्थान (m)	prasthān
Ankunft (f)	आगमन (m)	āgaman
anfliegen (vi)	पहुंचना	pahunchana

| Abflugzeit (f) | उड़ान का समय (m) | urān ka samay |
| Ankunftszeit (f) | आगमन का समय (m) | āgaman ka samay |

| sich verspäten | देर से आना | der se āna |
| Abflugverspätung (f) | उड़ान देरी (f) | urān derī |

| Anzeigetafel (f) | सूचना बोर्ड (m) | sūchana bord |
| Information (f) | सूचना (f) | sūchana |

ankündigen (vt)	घोषणा करना	ghoshana karana
Flug (m)	फ़्लाइट (f)	flait
Zollamt (n)	सीमाशुल्क कार्यालय (m)	sīmāshulk kāryālay
Zollbeamter (m)	सीमाशुल्क अधिकारी (m)	sīmāshulk adhikārī
Zolldeklaration (f)	सीमाशुल्क घोषणा (f)	sīmāshulk ghoshana
die Zollerklärung ausfüllen	सीमाशुल्क घोषणा भरना	sīmāshulk ghoshana bharana
Passkontrolle (f)	पासपोर्ट जांच (f)	pāsport jānch
Gepäck (n)	सामान (m)	sāmān
Handgepäck (n)	दस्ती सामान (m)	dastī sāmān
Kofferkuli (m)	सामान के लिये गाड़ी (f)	sāmān ke liye gārī
Landung (f)	विमानारोहण (m)	vimānārohan
Landebahn (f)	विमानारोहण मार्ग (m)	vimānārohan mārg
landen (vi)	उतरना	utarana
Fluggasttreppe (f)	सीढ़ी (f)	sīrhī
Check-in (n)	चेक-इन (m)	chek-in
Check-in-Schalter (m)	चेक-इन डेस्क (m)	chek-in desk
sich registrieren lassen	चेक-इन करना	chek-in karana
Bordkarte (f)	बोर्डिंग पास (m)	bording pās
Abfluggate (n)	प्रस्थान गेट (m)	prasthān get
Transit (m)	पारवहन (m)	pāravahan
warten (vi)	इंतज़ार करना	intazār karana
Wartesaal (m)	प्रतीक्षालय (m)	pratīkshālay
begleiten (vt)	विदा करना	vida karana
sich verabschieden	विदा कहना	vida kahana

173. Fahrrad. Motorrad

Fahrrad (n)	साइकिल (f)	saikil
Motorroller (m)	स्कूटर (m)	skūtar
Motorrad (n)	मोटरसाइकिल (f)	motarasaikil
Rad fahren	साइकिल से जाना	saikil se jāna
Lenkstange (f)	हैंडल बार (m)	haindal bār
Pedal (n)	पेडल (m)	pedal
Bremsen (pl)	ब्रेक (m pl)	brek
Sattel (m)	सीट (f)	sīt
Pumpe (f)	पंप (m)	pamp
Gepäckträger (m)	साइकिल का रैक (m)	sāiikal ka raik
Scheinwerfer (m)	बत्ती (f)	battī
Helm (m)	हेलमेट (f)	helamet
Rad (n)	पहिया (m)	pahiya
Schutzblech (n)	कीचड़ रोकने की पंखी (f)	kīchar rokane kī pankhī
Felge (f)	साइकिल रिम (f)	saikil rim
Speiche (f)	पहिये का आरा (m)	pahiye ka āra

Autos

174. Autotypen

Auto (n)	कार (f)	kār
Sportwagen (m)	स्पोर्ट्स कार (f)	sports kār
Limousine (f)	लीमोज़ीन (m)	līmozīn
Geländewagen (m)	जीप (m)	jīp
Kabriolett (n)	कन्वर्टिबल (m)	kanvartibal
Kleinbus (m)	मिनिबस (f)	minibas
Krankenwagen (m)	एम्बुलेंस (f)	embulens
Schneepflug (m)	बर्फ़ हटाने की कार (f)	barf hatāne kī kār
Lastkraftwagen (m)	ट्रक (m)	trak
Tankwagen (m)	टैंकर-लॉरी (f)	tainkar-lorī
Kastenwagen (m)	वैन (m)	vain
Sattelzug (m)	ट्रक-ट्रेक्टर (m)	trak-trektar
Anhänger (m)	ट्रेलर (m)	trelar
komfortabel	सुविधाजनक	suvidhājanak
gebraucht	पुरानी	purānī

175. Autos. Karosserie

Motorhaube (f)	बोनेट (f)	bonet
Kotflügel (m)	कीचड़ रोकने की पंखी (f)	kīchar rokane kī pankhī
Dach (n)	छत (f)	chhat
Windschutzscheibe (f)	विंडस्क्रीन (m)	vindaskrīn
Rückspiegel (m)	रियरव्यू मिरर (m)	riyaravyū mirar
Scheibenwaschanlage (f)	विंडशील्ड वॉशर (m)	vindashīld voshar
Scheibenwischer (m)	वाइपर (m)	vaipar
Seitenscheibe (f)	साइड की खिड़की (f)	said kī khirakī
Fensterheber (m)	विंडो-लिफ्ट (f)	vindo-lift
Antenne (f)	एरियल (m)	eriyal
Schiebedach (n)	सनरूफ़ (m)	sanarūf
Stoßstange (f)	बम्पर (m)	bampar
Kofferraum (m)	ट्रंक (m)	trank
Wagenschlag (m)	दरवाज़ा (m)	daravāza
Türgriff (m)	दरवाज़े का हैंडल (m)	daravāze ka haindal
Türschloss (n)	ताला (m)	tāla
Nummernschild (n)	कार का नम्बर (m)	kār ka nambar
Auspufftopf (m)	साइलेंसर (m)	sailensar

Benzintank (m)	पेट्रोल टैंक (m)	petrol taink
Auspuffrohr (n)	रेचक नलिका (f)	rechak nalika
Gas (n)	गैस (m)	gais
Pedal (n)	पेडल (m)	pedal
Gaspedal (n)	गैस पेडल (m)	gais pedal
Bremse (f)	ब्रेक (m)	braik
Bremspedal (n)	ब्रेक पेडल (m)	brek pedal
bremsen (vi)	ब्रेक लगाना	brek lagāna
Handbremse (f)	पार्किंग पेडल (m)	pārking pedal
Kupplung (f)	क्लच (m)	klach
Kupplungspedal (n)	क्लच पेडल (m)	klach pedal
Kupplungsscheibe (f)	क्लच प्लेट (m)	klach plet
Stoßdämpfer (m)	धक्का सह (m)	dhakka sah
Rad (n)	पहिया (m)	pahiya
Reserverad (n)	स्पेयर टायर (m)	speyar tāyar
Reifen (m)	टायर (m)	tāyar
Radkappe (f)	हबकैप (m)	habakaip
Triebräder (pl)	प्रधान पहिया (m)	pradhān pahiya
mit Vorderantrieb	आगे के पहियों से चलने वाली	āge ke pahiyon se chalane vālī
mit Hinterradantrieb	पीछे के पहियों से चलने वाली	pīchhe ke pahiyon se chalane vālī
mit Allradantrieb	चार पहियों की कार	chār pahiyon kī kār
Getriebe (n)	गीयर बॉक्स (m)	gīyar boks
Automatik-	स्वचालित	svachālit
Schalt-	मशीनी	mashīnī
Schalthebel (m)	गीयर बॉक्स का साधन (m)	gīyar boks ka sādhan
Scheinwerfer (m)	हेडलाइट (f)	hedalait
Scheinwerfer (pl)	हेडलाइटें (f pl)	hedalaiten
Abblendlicht (n)	लो बीम (m)	lo bīm
Fernlicht (n)	हाई बीम (m)	haī bīm
Stopplicht (n)	ब्रेक लाइट (m)	brek lait
Standlicht (n)	पार्किंग लाइटें (f pl)	pārking laiten
Warnblinker (m)	खतरे की बत्तियां (f pl)	khatare kī battiyān
Nebelscheinwerfer (pl)	कोहरे की बत्तियाँ (f pl)	kohare kī battiyān
Blinker (m)	मुड़ने का सिग्नल (m)	murane ka signal
Rückfahrscheinwerfer (m)	पीछे जाने की लाइट (m)	pīchhe jāne kī lait

176. Autos. Fahrgastraum

Wageninnere (n)	गाड़ी का भीतरी हिस्सा (m)	gārī ka bhītarī hissa
Leder-	चमड़े का बना	chamare ka bana
aus Velours	मख़मल का बना	makhamal ka bana
Polster (n)	अपहोल्स्टरी (f)	apaholstarī
Instrument (n)	यंत्र (m)	yantr

Armaturenbrett (n)	यंत्र का पैनल (m)	yantr ka painal
Tachometer (m)	चालमापी (m)	chālamāpī
Nadel (f)	सूई (f)	sūī

Kilometerzähler (m)	ओडोमीटर (m)	odomītar
Anzeige (Temperatur-)	इंडिकेटर (m)	indiketar
Pegel (m)	स्तर (m)	star
Kontrollleuchte (f)	चेतावनी लाइट (m)	chetāvanī lait

Steuerrad (n)	स्टीयरिंग व्हील (m)	stīyaring vhīl
Hupe (f)	हॉर्न (m)	horn
Knopf (m)	बटन (m)	batan
Umschalter (m)	स्विच (m)	svich

Sitz (m)	सीट (m)	sīt
Rückenlehne (f)	पीठ (f)	pīth
Kopfstütze (f)	हेडरेस्ट (m)	hedarest
Sicherheitsgurt (m)	सीट बेल्ट (m)	sīt belt
sich anschnallen	बेल्ट लगाना	belt lagāna
Einstellung (f)	समायोजन (m)	samāyojan

| Airbag (m) | एयरबैग (m) | eyarabaig |
| Klimaanlage (f) | एयर कंडीशनर (m) | eyar kandīshanar |

Radio (n)	रेडियो (m)	rediyo
CD-Spieler (m)	सीडी प्लेयर (m)	sīdī pleyar
einschalten (vt)	चलाना	chalāna
Antenne (f)	एरियल (m)	eriyal
Handschuhfach (n)	दराज़ (m)	darāz
Aschenbecher (m)	राखदानी (f)	rākhadānī

177. Autos. Motor

Triebwerk (n)	इंजन (m)	injan
Motor (m)	मोटर (m)	motar
Diesel-	डीज़ल का	dīzal ka
Benzin-	तेल का	tel ka

Hubraum (m)	इंजन का परिमाण (m)	injan ka parimān
Leistung (f)	शक्ति (f)	shakti
Pferdestärke (f)	अश्व शक्ति (f)	ashv shakti
Kolben (m)	पिस्टन (m)	pistan
Zylinder (m)	सिलिंडर (m)	silindar
Ventil (n)	वाल्व (m)	vālv

Injektor (m)	इंजेक्टर (m)	injektar
Generator (m)	जनरेटर (m)	janaretar
Vergaser (m)	कार्बरेटर (m)	kārbaretar
Motoröl (n)	मोटर तेल (m)	motar tel

Kühler (m)	रेडिएटर (m)	redietar
Kühlflüssigkeit (f)	शीतलक (m)	shītalak
Ventilator (m)	पंखा (m)	pankha
Autobatterie (f)	बैटरी (f)	baitarī

Anlasser (m)	स्टार्टर (m)	stārtar
Zündung (f)	इग्निशन (m)	ignishan
Zündkerze (f)	स्पार्क प्लग (m)	spārk plag

Klemme (f)	बैटरी टर्मिनल (m)	baitarī tarminal
Pluspol (m)	प्लस टर्मिनल (m)	plas tarminal
Minuspol (m)	माइनस टर्मिनल (m)	mainas tarminal
Sicherung (f)	सेफ्टी फ्यूज़ (m)	seftī fyūz

Luftfilter (m)	वायु फ़िल्टर (m)	vāyu filtar
Ölfilter (m)	तेल फ़िल्टर (m)	tel filtar
Treibstoffffilter (m)	ईंधन फ़िल्टर (m)	īndhan filtar

178. Autos. Unfall. Reparatur

Unfall (m)	दुर्घटना (f)	durghatana
Verkehrsunfall (m)	दुर्घटना (f)	durghatana
fahren gegen ...	टकराना	takarāna
verunglücken (vi)	नष्ट हो जाना	nashth ho jāna
Schaden (m)	नुकसान (m)	nukasān
heil (Adj)	सुरक्षित	surakshit

| kaputtgehen (vi) | ख़राब हो जाना | kharāb ho jāna |
| Abschleppseil (n) | रस्सा (m) | rassa |

Reifenpanne (f)	पंक्चर (m)	pankchar
platt sein	पंक्चर होना	pankchar hona
pumpen (vt)	हवा भरना	hava bharana
Reifendruck (m)	दबाव (m)	dabāv
prüfen (vt)	जांचना	jānchana

Reparatur (f)	मरम्मत (f)	marammat
Reparaturwerkstatt (f)	वाहन मरम्मत की दुकान (f)	vāhan marammat kī dukān
Ersatzteil (n)	स्पेयर पार्ट (m)	speyar pārt
Einzelteil (n)	पुरज़ा (m)	puraza

Bolzen (m)	बोल्ट (m)	bolt
Schraube (f)	पेंच (m)	pench
Schraubenmutter (f)	नट (m)	nat
Scheibe (f)	वॉशर (m)	voshar
Lager (n)	बियरिंग (m)	biyaring

Rohr (Abgas-)	ट्यूब (f)	tyūb
Dichtung (f)	गास्केट (m)	gāsket
Draht (m)	तार (m)	tār

Wagenheber (m)	जैक (m)	jaik
Schraubenschlüssel (m)	स्पैनर (m)	spainar
Hammer (m)	हथौड़ी (f)	hathaurī
Pumpe (f)	पंप (m)	pamp
Schraubenzieher (m)	पेंचकस (m)	penchakas

| Feuerlöscher (m) | अग्निशामक (m) | agnishāmak |
| Warndreieck (n) | चेतावनी त्रिकोण (m) | chetāvanī trikon |

abwürgen (Motor)	बंद होना	band hona
Anhalten (~ des Motors)	बंद (m)	band
kaputt sein	टूटना	tūtana
überhitzt werden (Motor)	गरम होना	garam hona
verstopft sein	मैल जमना	mail jamana
einfrieren (Schloss, Rohr)	ठंडा हो जाना	thanda ho jāna
zerplatzen (vi)	फटना	fatana
Druck (m)	दबाव (m)	dabāv
Pegel (m)	स्तर (m)	star
schlaff (z.B. -e Riemen)	कमज़ोर	kamazor
Delle (f)	गड्ढा (m)	gadrha
Klopfen (n)	खटखट की आवाज़ (f)	khatakhat kī āvāz
Riß (m)	दरार (f)	darār
Kratzer (m)	खरोंच (f)	kharonch

179. Autos. Straßen

Fahrbahn (f)	रास्ता (m)	rāsta
Schnellstraße (f)	राजमार्ग (m)	rājamārg
Autobahn (f)	राजमार्ग (m)	rājamārg
Richtung (f)	दिशा (f)	disha
Entfernung (f)	दूरी (f)	dūrī
Brücke (f)	पुल (m)	pul
Parkplatz (m)	पार्किन्ग (m)	pārking
Platz (m)	मैदान (m)	maidān
Autobahnkreuz (n)	फ्लाई ओवर (m)	flaī ovar
Tunnel (m)	सुरंग (m)	surang
Tankstelle (f)	पेट्रोल पम्प (f)	petrol pamp
Parkplatz (m)	पार्किंग (m)	pārking
Zapfsäule (f)	गैस पम्प (f)	gais pamp
Reparaturwerkstatt (f)	गराज (m)	garāj
tanken (vt)	पेट्रोल भरवाना	petrol bharavāna
Treibstoff (m)	ईंधन (m)	īndhan
Kanister (m)	जेरिकेन (m)	jeriken
Asphalt (m)	तारकोल (m)	tārakol
Markierung (f)	मार्ग चिह्न (m)	mārg chihn
Bordstein (m)	फूटपाथ (m)	futapāth
Leitplanke (f)	रेलिंग (f)	reling
Graben (m)	नाली (f)	nālī
Straßenrand (m)	छोर (m)	chhor
Straßenlaterne (f)	बिजली का खम्भा (m)	bijalī ka khambha
fahren (vt)	चलाना	chalāna
abbiegen (nach links ~)	मोड़ना	morana
umkehren (vi)	मुड़ना	murana
Rückwärtsgang (m)	रिवर्स (m)	rivars
hupen (vi)	हॉर्न बजाना	horn bajāna
Hupe (f)	हॉर्न (m)	horn

stecken (im Schlamm ~)	फंसना	fansana
durchdrehen (Räder)	पहिये को घुमाना	pahiye ko ghumāna
abstellen (Motor ~)	इंजन बंद करना	injan band karana
Geschwindigkeit (f)	रफ़्तार (f)	rafatār
Geschwindigkeit überschreiten	गति सीमा पार करना	gati sīma pār karana
bestrafen (vt)	जुर्माना लगाना	jurmāna lagāna
Ampel (f)	ट्रैफ़िक-लाइट (m)	traifik-lait
Führerschein (m)	ड्राइवर-लाइसेंस (m)	draivar-laisens
Bahnübergang (m)	रेल क्रॉसिंग (m)	rel krosing
Straßenkreuzung (f)	चौराहा (m)	chaurāha
Fußgängerüberweg (m)	पार-पथ (m)	pār-path
Kehre (f)	मोड़ (m)	mor
Fußgängerzone (f)	पैदल सड़क (f)	paidal sarak

180. Verkehrszeichen

Verkehrsregeln (pl)	यातायात के नियम (m pl)	yātāyāt ke niyam
Verkehrszeichen (n)	ट्रैफ़िक साइन (m)	traifik sain
Überholen (n)	ओवरटेकिंग (f)	ovarateking
Kurve (f)	मोड़ (m)	mor
Wende (f)	यू-टर्न (m)	yū-tarn
Kreisverkehr (m)	गोलचक्कर (m)	golachakkar
Einfahrt verboten	अंदर जाना मना है	andar jāna mana hai
Verkehr verboten	वाहन जाना मना है	vāhan jāna mana hai
Überholverbot	ओवरटैकिंग मना है	ovarataiking mana hai
Parken verboten	पार्किंग मना है	pārking mana hai
Halteverbot	रुकना मना है	rukana mana hai
gefährliche Kurve (f)	खतरनाक मोड़ (m)	khataranāk mor
Gefälle (n)	ढलवां उतार (m)	dhalavān utār
Einbahnstraße (f)	इकतरफ़ा यातायात (f)	ikatarafa yātāyāt
Fußgängerüberweg (m)	पार-पथ (m)	pār-path
Schleudergefahr	फिसलाऊ रास्ता (m)	fisalaū rāsta
Vorfahrt gewähren!	निकलने देना	nikalane dena

MENSCHEN. LEBENSEREIGNISSE

Lebensereignisse

181. Feiertage. Ereignis

Fest (n)	त्योहार (m)	tyohār
Nationalfeiertag (m)	राष्ट्रीय त्योहार (m)	rāshtrīy tyohār
Feiertag (m)	त्योहार का दिन (m)	tyohār ka din
feiern (vt)	पुण्यस्मरण करना	punyasmaran karana
Ereignis (n)	घटना (f)	ghatana
Veranstaltung (f)	आयोजन (m)	āyojan
Bankett (n)	राजभोज (m)	rājabhoj
Empfang (m)	दावत (f)	dāvat
Festmahl (n)	दावत (f)	dāvat
Jahrestag (m)	वर्षगांठ (m)	varshagānth
Jubiläumsfeier (f)	वर्षगांठ (m)	varshagānth
begehen (vt)	मनाना	manāna
Neujahr (n)	नव वर्ष (m)	nav varsh
Frohes Neues Jahr!	नव वर्ष की शुभकामना!	nav varsh kī shubhakāmana!
Weihnachtsmann (m)	सांता क्लॉज़ (m)	sānta kloz
Weihnachten (n)	बड़ा दिन (m)	bara din
Frohe Weihnachten!	क्रिसमस की शुभकामनाएँ!	krisamas kī shubhakāmanaen!
Tannenbaum (m)	क्रिस्मस ट्री (m)	krismas trī
Feuerwerk (n)	अग्नि क्रीड़ा (f)	agni krīra
Hochzeit (f)	शादी (f)	shādī
Bräutigam (m)	दुल्हा (m)	dulha
Braut (f)	दुल्हन (f)	dulhan
einladen (vt)	आमंत्रित करना	āmantrit karana
Einladung (f)	निमंत्रण पत्र (m)	nimantran patr
Gast (m)	मेहमान (m)	mehamān
besuchen (vt)	मिलने जाना	milane jāna
Gäste empfangen	मेहमानों से मिलना	mehamānon se milana
Geschenk (n)	उपहार (m)	upahār
schenken (vt)	उपहार देना	upahār dena
Geschenke bekommen	उपहार मिलना	upahār milana
Blumenstrauß (m)	गुलदस्ता (m)	guladasta
Glückwunsch (m)	बधाई (f)	badhaī
gratulieren (vi)	बधाई देना	badhaī dena

Glückwunschkarte (f)	बधाई पोस्टकार्ड (m)	badhaī postakārd
eine Karte abschicken	पोस्टकार्ड भेजना	postakārd bhejana
eine Karte erhalten	पोस्टकार्ड पाना	postakārd pāna

Trinkspruch (m)	टोस्ट (m)	tost
anbieten (vt)	ऑफ़र करना	ofar karana
Champagner (m)	शैम्पेन (f)	shaimpen

sich amüsieren	मज़े करना	maze karana
Fröhlichkeit (f)	आमोद (m)	āmod
Freude (f)	खुशी (f)	khushī

| Tanz (m) | नाच (m) | nāch |
| tanzen (vi, vt) | नाचना | nāchana |

| Walzer (m) | वॉल्ट्ज़ (m) | voltz |
| Tango (m) | टैंगो (m) | taingo |

182. Bestattungen. Begräbnis

Friedhof (m)	कब्रिस्तान (m)	kabristān
Grab (n)	कब्र (m)	kabr
Kreuz (n)	क्रॉस (m)	kros
Grabstein (m)	सामाधि शिला (f)	sāmādhi shila
Zaun (m)	बाड़ (f)	bār
Kapelle (f)	चैपल (m)	chaipal

Tod (m)	मृत्यु (f)	mrtyu
sterben (vi)	मरना	marana
Verstorbene (m)	मृतक (m)	mrtak
Trauer (f)	शोक (m)	shok

begraben (vt)	दफनाना	dafanāna
Bestattungsinstitut (n)	दफ़नालय (m)	dafanālay
Begräbnis (n)	अंतिम संस्कार (m)	antim sanskār

Kranz (m)	फूलमाला (f)	fūlamāla
Sarg (m)	ताबूत (m)	tābūt
Katafalk (m)	शव मंच (m)	shav manch
Totenhemd (n)	कफन (m)	kafan

| Urne (f) | भस्मी कलश (m) | bhasmī kalash |
| Krematorium (n) | दाहगृह (m) | dāhagrh |

Nachruf (m)	निधन सूचना (f)	nidhan sūchana
weinen (vi)	रोना	rona
schluchzen (vi)	रोना	rona

183. Krieg. Soldaten

| Zug (m) | दस्ता (m) | dasta |
| Kompanie (f) | कंपनी (f) | kampanī |

Regiment (n)	रेजीमेंट (f)	rejīment
Armee (f)	सेना (f)	sena
Division (f)	डिवीज़न (m)	divīzan
Abteilung (f)	दल (m)	dal
Heer (n)	फौज (m)	fauj
Soldat (m)	सिपाही (m)	sipāhī
Offizier (m)	अफ्सर (m)	afsar
Soldat (m)	सैनिक (m)	sainik
Feldwebel (m)	सार्जेंट (m)	sārjent
Leutnant (m)	लेफ्टिनेंट (m)	leftinent
Hauptmann (m)	कसान (m)	kaptān
Major (m)	मेजर (m)	mejar
Oberst (m)	कर्नल (m)	karnal
General (m)	जनरल (m)	janaral
Matrose (m)	मल्लाह (m)	mallāh
Kapitän (m)	कसान (m)	kaptān
Bootsmann (m)	बोसुन (m)	bosun
Artillerist (m)	तोपची (m)	topachī
Fallschirmjäger (m)	पैराट्रूपर (m)	pairātrūpar
Pilot (m)	पाइलट (m)	pailat
Steuermann (m)	नैवीगेटर (m)	naivīgetar
Mechaniker (m)	मैकेनिक (m)	maikenik
Pionier (m)	सैपर (m)	saipar
Fallschirmspringer (m)	छतरीबाज़ (m)	chhatarībāz
Aufklärer (m)	जासूस (m)	jāsūs
Scharfschütze (m)	निशानची (m)	nishānachī
Patrouille (f)	गश्त (m)	gasht
patrouillieren (vi)	गश्त लगाना	gasht lagāna
Wache (f)	प्रहरी (m)	praharī
Krieger (m)	सैनिक (m)	sainik
Patriot (m)	देशभक्त (m)	deshabhakt
Held (m)	हिरो (m)	hiro
Heldin (f)	हिरोइन (f)	hiroin
Verräter (m)	गद्दार (m)	gaddār
Deserteur (m)	भगोड़ा (m)	bhagora
desertieren (vi)	भाग जाना	bhāg jāna
Söldner (m)	भाड़े का सैनिक (m)	bhāre ka sainik
Rekrut (m)	रंगरूट (m)	rangarūt
Freiwillige (m)	स्वयंसेवी (m)	svayansevī
Getoetete (m)	मृतक (m)	mrtak
Verwundete (m)	घायल (m)	ghāyal
Kriegsgefangene (m)	युद्ध क़ैदी (m)	yuddh qaidī

184. Krieg. Militärische Aktionen. Teil 1

Krieg (m)	युद्ध (m)	yuddh
Krieg führen	युद्ध करना	yuddh karana
Bürgerkrieg (m)	गृहयुद्ध (m)	grhayuddh
heimtückisch (Adv)	विश्वासघाती ढंग से	vishvāsaghātī dhang se
Kriegserklärung (f)	युद्ध का एलान (m)	yuddh ka elān
erklären (den Krieg ~)	एलान करना	elān karana
Aggression (f)	हमला (m)	hamala
einfallen (Staat usw.)	हमला करना	hamala karana
einfallen (in ein Land ~)	हमला करना	hamala karana
Invasoren (pl)	आक्रमणकारी (m)	ākramanakārī
Eroberer (m), Sieger (m)	विजेता (m)	vijeta
Verteidigung (f)	हिफ़ाज़त (f)	hifāzat
verteidigen (vt)	हिफ़ाज़त करना	hifāzat karana
sich verteidigen	के विरुद्ध हिफ़ाज़त करना	ke virūddh hifāzat karana
Feind (m)	दुश्मन (m)	dushman
Gegner (m)	विपक्ष (m)	vipaksh
Feind-	दुश्मनों का	dushmanon ka
Strategie (f)	रणनीति (f)	rananīti
Taktik (f)	युक्ति (f)	yukti
Befehl (m)	हुक्म (m)	hukm
Anordnung (f)	आज्ञा (f)	āgya
befehlen (vt)	हुक्म देना	hukm dena
Auftrag (m)	मिशन (m)	mishan
geheim (Adj)	गुप्त	gupt
Schlacht (f)	लड़ाई (f)	laraī
Kampf (m)	युद्ध (m)	yuddh
Angriff (m)	आक्रमण (m)	ākraman
Sturm (m)	धावा (m)	dhāva
stürmen (vt)	धावा करना	dhāva karana
Belagerung (f)	घेरा (m)	ghera
Angriff (m)	आक्रमण (m)	ākraman
angreifen (vt)	आक्रमण करना	ākraman karana
Rückzug (m)	अपयान (m)	apayān
sich zurückziehen	अपयान करना	apayān karana
Einkesselung (f)	घेराई (f)	gheraī
einkesseln (vt)	घेरना	gherana
Bombenangriff (m)	बमबारी (f)	bamabārī
eine Bombe abwerfen	बम गिराना	bam girāna
bombardieren (vt)	बमबारी करना	bamabārī karana
Explosion (f)	विस्फोट (m)	visfot
Schuss (m)	गोली (m)	golī

schießen (vt)	गोली चलाना	golī chalāna
Schießerei (f)	गोलीबारी (f)	golībārī
zielen auf …	निशाना लगाना	nishāna lagāna
richten (die Waffe)	निशाना बांधना	nishāna bāndhana
treffen (ins Schwarze ~)	गोली मारना	golī mārana
versenken (vt)	डुबाना	dubāna
Loch (im Schiffsrumpf)	छेद (m)	chhed
versinken (Schiff)	डूबना	dūbana
Front (f)	मोरचा (m)	moracha
Evakuierung (f)	निकास (m)	nikās
evakuieren (vt)	निकास करना	nikās karana
Stacheldraht (m)	कांटेदार तार (m)	kāntedār tār
Sperre (z.B. Panzersperre)	बाड़ (m)	bār
Wachtturm (m)	बुर्ज (m)	burj
Lazarett (n)	सैनिक अस्पताल (m)	sainik aspatāl
verwunden (vt)	घायल करना	ghāyal karana
Wunde (f)	घाव (m)	ghāv
Verwundete (m)	घायल (m)	ghāyal
verletzt sein	घायल होना	ghāyal hona
schwer (-e Verletzung)	गम्भीर	gambhīr

185. Krieg. Militärische Aktionen. Teil 2

Gefangenschaft (f)	क़ैद (f)	qaid
gefangen nehmen (vt)	क़ैद करना	qaid karana
in Gefangenschaft sein	क़ैद में रखना	qaid men rakhana
in Gefangenschaft geraten	क़ैद में लेना	qaid men lena
Konzentrationslager (n)	कन्सेंट्रेशन कैंप (m)	kansentreshan kaimp
Kriegsgefangene (m)	युद्ध-क़ैदी (m)	yuddh-qaidī
fliehen (vi)	क़ैद से भाग जाना	qaid se bhāg jāna
verraten (vt)	गद्दारी करना	gaddārī karana
Verräter (m)	गद्दार (m)	gaddār
Verrat (m)	गद्दारी (f)	gaddārī
erschießen (vt)	फाँसी देना	fānsī dena
Erschießung (f)	प्राणदण्ड (f)	prānadand
Ausrüstung (persönliche ~)	फौजी पोशक (m)	faujī poshak
Schulterstück (n)	कंधे का फीता (m)	kandhe ka fīta
Gasmaske (f)	गैस मास्क (m)	gais māsk
Funkgerät (n)	ट्रांस-रिसिवर (m)	trāns-risivar
Chiffre (f)	गुप्तलेख (m)	guptalekh
Geheimhaltung (f)	गुप्तता (f)	guptata
Kennwort (n)	पासवर्ड (m)	pāsavard
Mine (f)	बारूदी सुरंग (f)	bārūdī surang
Minen legen	सुरंग खोदना	surang khodana

Minenfeld (n)	सुरंग-क्षेत्र (m)	surang-kshetr
Luftalarm (m)	हवाई हमले की चेतावनी (f)	havaī hamale kī chetāvanī
Alarm (m)	चेतावनी (f)	chetāvanī
Signal (n)	सिग्नल (m)	signal
Signalrakete (f)	सिग्नल रॉकेट (m)	signal roket

Hauptquartier (n)	सैनिक मुख्यालय (m)	sainik mukhyālay
Aufklärung (f)	जासूसी देख-भाल (m)	jāsūsī dekh-bhāl
Lage (f)	हालत (f)	hālat
Bericht (m)	रिपोर्ट (m)	riport
Hinterhalt (m)	घात (f)	ghāt
Verstärkung (f)	बलवृद्धि (m)	balavrddhi

Zielscheibe (f)	निशाना (m)	nishāna
Schießplatz (m)	प्रशिक्षण क्षेत्र (m)	prashikshan kshetr
Manöver (n)	युद्धाभ्यास (m pl)	yuddhābhyās

Panik (f)	भगदड़ (f)	bhagadar
Verwüstung (f)	तबाही (f)	tabāhī
Trümmer (pl)	विनाश (m pl)	vināsh
zerstören (vt)	नष्ट करना	nasht karana

überleben (vi)	जीवित रहना	jīvit rahana
entwaffnen (vt)	निरस्त्र करना	nirastr karana
handhaben (vt)	हथियार चलाना	hathiyār chalāna

Stillgestanden!	सावधान!	sāvadhān!
Rühren!	आराम!	ārām!

Heldentat (f)	साहस का कार्य (m)	sāhas ka kāry
Eid (m), Schwur (m)	शपथ (f)	shapath
schwören (vi, vt)	शपथ लेना	shapath lena

Lohn (Orden, Medaille)	पदक (m)	padak
auszeichnen (mit Orden)	इनाम देना	inām dena
Medaille (f)	मेडल (m)	medal
Orden (m)	आर्डर (m)	ārdar

Sieg (m)	विजय (m)	vijay
Niederlage (f)	हार (f)	hār
Waffenstillstand (m)	युद्धविराम (m)	yuddhavirām

Fahne (f)	झंडा (m)	jhanda
Ruhm (m)	प्रताप (m)	pratāp
Parade (f)	परेड (m)	pared
marschieren (vi)	मार्च करना	mārch karana

186. Waffen

Waffe (f)	हथियार (m)	hathiyār
Schusswaffe (f)	हथियार (m)	hathiyār
blanke Waffe (f)	पैने हथियार (m)	paine hathiyār
chemischen Waffen (pl)	रसायनिक शस्त्र (m)	rasāyanik shastr
Kern-, Atom-	आण्विक	ānvik

Kernwaffe (f)	आण्विक-शस्त्र (m)	ānvik-shastr
Bombe (f)	बम (m)	bam
Atombombe (f)	परमाणु बम (m)	paramānu bam

Pistole (f)	पिस्तौल (m)	pistaul
Gewehr (n)	बंदूक (m)	bandūk
Maschinenpistole (f)	टामी गन (f)	tāmī gan
Maschinengewehr (n)	मशीन गन (f)	mashīn gan

Mündung (f)	नालमुख (m)	nālamukh
Lauf (Gewehr-)	नाल (m)	nāl
Kaliber (n)	नली का व्यास (m)	nalī ka vyās

Abzug (m)	घोड़ा (m)	ghora
Visier (n)	लक्षक (m)	lakshak
Magazin (n)	मैगज़ीन (m)	maigazīn
Kolben (m)	कुंदा (m)	kunda

| Handgranate (f) | ग्रेनेड (m) | grened |
| Sprengstoff (m) | विस्फोटक (m) | visfotak |

Kugel (f)	गोली (f)	golī
Patrone (f)	कारतूस (m)	kāratūs
Ladung (f)	गति (f)	gati
Munition (f)	गोला बारूद (m pl)	gola bārūd

Bomber (m)	बमबार (m)	bamabār
Kampfflugzeug (n)	लड़ाकू विमान (m)	larākū vimān
Hubschrauber (m)	हेलिकॉप्टर (m)	helikoptar

Flugabwehrkanone (f)	विमान-विध्वंस तोप (f)	vimān-vidhvans top
Panzer (m)	टैंक (m)	taink
Panzerkanone (f)	तोप (m)	top

| Artillerie (f) | तोपें (m) | topen |
| richten (die Waffe) | निशाना बांधना | nishāna bāndhana |

Geschoß (n)	गोला (m)	gola
Wurfgranate (f)	मोटार बम (m)	mortār bam
Granatwerfer (m)	मोटार (m)	mortār
Splitter (m)	किरच (m)	kirach

U-Boot (n)	पनडुब्बी (f)	panadubbī
Torpedo (m)	टोरपीडो (m)	torapīdo
Rakete (f)	रॉकेट (m)	roket

laden (Gewehr)	बंदूक भरना	bandūk bharana
schießen (vi)	गोली चलाना	golī chalāna
zielen auf …	निशाना लगाना	nishāna lagāna
Bajonett (n)	किरिच (m)	kirich

Degen (m)	खंजर (m)	khanjar
Säbel (m)	कृपाण (m)	krpān
Speer (m)	भाला (m)	bhāla
Bogen (m)	धनुष (m)	dhanush
Pfeil (m)	बाण (m)	bān

| Muskete (f) | मसकट (m) | masakat |
| Armbrust (f) | क्रॉसबो (m) | krosabo |

187. Menschen der Antike

vorzeitlich	आदिकालीन	ādikālīn
prähistorisch	प्रागैतिहासिक	prāgaitihāsik
alt (antik)	प्राचीन	prāchīn

Steinzeit (f)	पाषाण युग (m)	pāshān yug
Bronzezeit (f)	कांस्य युग (m)	kānsy yug
Eiszeit (f)	हिम युग (m)	him yug

Stamm (m)	जनजाति (f)	janajāti
Kannibale (m)	नरभक्षी (m)	narabhakshī
Jäger (m)	शिकारी (m)	shikārī
jagen (vi)	शिकार करना	shikār karana
Mammut (n)	प्राचीन युग हाथी (m)	prāchīn yug hāthī

Höhle (f)	गुफ़ा (f)	gufa
Feuer (n)	अग्नि (m)	agni
Lagerfeuer (n)	अलाव (m)	alāv
Höhlenmalerei (f)	शिला चित्र (m)	shila chitr

Werkzeug (n)	औज़ार (m)	auzār
Speer (m)	भाला (m)	bhāla
Steinbeil (n), Steinaxt (f)	पत्थर की कुल्हाड़ी (f)	patthar kī kulhārī
Krieg führen	युद्ध पर होना	yuddh par hona
domestizieren (vt)	जानवरों को पालतू बनाना	jānavaron ko pālatū banāna
Idol (n)	मूर्ति (f)	mūrti
anbeten (vt)	पूजना	pūjana
Aberglaube (m)	अंधविश्वास (m)	andhavishvās
Brauch (m), Ritus (m)	अनुष्ठान (m)	anushthān

Evolution (f)	उद्भव (m)	udbhav
Entwicklung (f)	विकास (m)	vikās
Verschwinden (n)	गायब (m)	gāyab
sich anpassen	अनुकूल बनाना	anukūl banāna

Archäologie (f)	पुरातत्व (m)	purātatv
Archäologe (m)	पुरातत्वविद (m)	purātatvavid
archäologisch	पुरातात्विक	purātātvik

Ausgrabungsstätte (f)	खुदाई क्षेत्र (m pl)	khudaī kshetr
Ausgrabungen (pl)	उत्खनन (f)	utkhanan
Fund (m)	खोज (f)	khoj
Fragment (n)	टुकड़ा (m)	tukara

188. Mittelalter

| Volk (n) | लोग (m) | log |
| Völker (pl) | लोग (m pl) | log |

| Stamm (m) | जनजाति (f) | janajāti |
| Stämme (pl) | जनजातियाँ (f pl) | janajātiyān |

Barbaren (pl)	बर्बर (m pl)	barbar
Gallier (pl)	गॉल्स (m pl)	gols
Goten (pl)	गोथ्स (m pl)	goths
Slawen (pl)	स्लैव्स (m pl)	slaivs
Wikinger (pl)	वाइकिंग्स (m pl)	vaikings

| Römer (pl) | रोमन (m pl) | roman |
| römisch | रोमन | roman |

Byzantiner (pl)	बाइज़ेंटीनी (m pl)	baizentīnī
Byzanz (n)	बाइज़ेंटीयम (m)	baizentīyam
byzantinisch	बाइज़ेंटीन	baizentīn

Kaiser (m)	सम्राट् (m)	samrāt
Häuptling (m)	सरदार (m)	saradār
mächtig (Kaiser usw.)	प्रबल	prabal
König (m)	बादशाह (m)	bādashāh
Herrscher (Monarch)	शासक (m)	shāsak

Ritter (m)	योद्धा (m)	yoddha
Feudalherr (m)	सामंत (m)	sāmant
feudal, Feudal-	सामंतिक	sāmantik
Vasall (m)	जागीरदार (m)	jāgīradār

Herzog (m)	ड्यूक (m)	dyūk
Graf (m)	अर्ल (m)	arl
Baron (m)	बैरन (m)	bairan
Bischof (m)	बिशप (m)	bishap

Rüstung (f)	कवच (m)	kavach
Schild (m)	ढाल (m)	dhāl
Schwert (n)	तलवार (f)	talavār
Visier (n)	मुखावरण (m)	mukhāvaran
Panzerhemd (n)	कवच (m)	kavach

| Kreuzzug (m) | धर्मयुद्ध (m) | dharmayuddh |
| Kreuzritter (m) | धर्मयोद्धा (m) | dharmayoddha |

Territorium (n)	प्रदेश (m)	pradesh
einfallen (vt)	हमला करना	hamala karana
erobern (vt)	जीतना	jītana
besetzen (Land usw.)	कब्ज़ा करना	kabza karana

Belagerung (f)	घेरा (m)	ghera
belagert	घेरा हुआ	ghera hua
belagern (vt)	घेरना	gherana

Inquisition (f)	न्यायिक जांच (m)	nyāyik jānch
Inquisitor (m)	न्यायिक जांचकर्ता (m)	nyāyik jānchakarta
Folter (f)	घोर शारीरिक यंत्रणा (f)	ghor sharīrik yantrana
grausam (-e Folter)	निर्दयी	nirdayī
Häretiker (m)	विधर्मी (m)	vidharmī
Häresie (f)	विधर्म (m)	vidharm

Seefahrt (f)	जहाज़रानी (f)	jahāzarānī
Seeräuber (m)	समुद्री लुटेरा (m)	samudrī lūtera
Seeräuberei (f)	समुद्री डकैती (f)	samudrī dakaitī
Enterung (f)	बोर्डिंग (m)	bording
Beute (f)	लूट का माल (m)	lūt ka māl
Schätze (pl)	खज़ाना (m)	khazāna

Entdeckung (f)	खोज (f)	khoj
entdecken (vt)	नई ज़मीन खोजना	naī zamīn khojana
Expedition (f)	अभियान (m)	abhiyān

Musketier (m)	बंदूक धारी सिपाही (m)	bandūk dhārī sipāhī
Kardinal (m)	कार्डिनल (m)	kārdinal
Heraldik (f)	शौर्यशास्त्र (f)	shauryashāstr
heraldisch	हेरल्डिक	heraldik

189. Führungspersonen. Chef. Behörden

König (m)	बादशाह (m)	bādashāh
Königin (f)	महारानी (f)	mahārānī
königlich	राजसी	rājasī
Königreich (n)	राज्य (m)	rājy

| Prinz (m) | राजकुमार (m) | rājakumār |
| Prinzessin (f) | राजकुमारी (f) | rājakumārī |

Präsident (m)	राष्ट्रपति (m)	rāshtrapati
Vizepräsident (m)	उपराष्ट्रपति (m)	uparāshtrapati
Senator (m)	सांसद (m)	sānsad

Monarch (m)	सम्राट (m)	samrāt
Herrscher (m)	शासक (m)	shāsak
Diktator (m)	तानाशाह (m)	tānāshāh
Tyrann (m)	तानाशाह (m)	tānāshāh
Magnat (m)	रईस (m)	raīs

Direktor (m)	निदेशक (m)	nideshak
Chef (m)	मुखिया (m)	mukhiya
Leiter (einer Abteilung)	मैनेजर (m)	mainejar
Boss (m)	साहब (m)	sāhab
Eigentümer (m)	मालिक (m)	mālik

Leiter (Delegations-)	मुखिया (m)	mukhiya
Behörden (pl)	अधिकारी वर्ग (m pl)	adhikārī varg
Vorgesetzten (pl)	अधिकारी (m)	adhikārī

Gouverneur (m)	राज्यपाल (m)	rājyapāl
Konsul (m)	वाणिज्य-दूत (m)	vānijy-dūt
Diplomat (m)	राजनयिक (m)	rājanayik
Bürgermeister (m)	महापालिकाध्यक्ष (m)	mahāpālikādhyaksh
Sheriff (m)	प्रधान हाकिम (m)	pradhān hākim

| Kaiser (m) | सम्राट (m) | samrāt |
| Zar (m) | राजा (m) | rāja |

| Pharao (m) | फिरौन (m) | firaun |
| Khan (m) | ख़ान (m) | khān |

190. Straße. Weg. Richtungen

| Fahrbahn (f) | रास्ता (m) | rāsta |
| Weg (m) | मार्ग (m) | mārg |

Autobahn (f)	राजमार्ग (m)	rājamārg
Schnellstraße (f)	राजमार्ग (m)	rājamārg
Bundesstraße (f)	अंतरराज्यीय (m)	antararājyīy

| Hauptstraße (f) | मुख्य मार्ग (m) | mukhy mārg |
| Feldweg (m) | कच्ची सड़क (f) | kachchī sarak |

| Pfad (m) | पगडंडी (f) | pagadandī |
| Fußweg (m) | कच्चा रास्ता (m) | kachcha rāsta |

Wo?	कहाँ?	kahān?
Wohin?	किधर?	kidhar?
Woher?	कहाँ से?	kahān se?

| Richtung (f) | तरफ़ (f) | taraf |
| zeigen (vt) | दिखाना | dikhāna |

nach links	बाईं ओर	baīn or
nach rechts	दाईं ओर	daīn or
geradeaus	सीधा	sīdha
zurück	पीछे	pīchhe

Kurve (f)	मोड़ (m)	mor
abbiegen (nach links ~)	मोड़ना	morana
umkehren (vi)	यू-टर्न लेना	yū-tarn lena

| sichtbar sein | दिखाई देना | dikhaī dena |
| erscheinen (vi) | नज़र आना | nazar āna |

Aufenthalt (m)	ठहराव (m)	thaharāv
sich erholen	आराम करना	ārām karana
Erholung (f)	विराम (m)	virām

sich verirren	रास्ता भूलना	rāsta bhūlana
führen nach ... (Straße usw.)	ले जाना	le jāna
ankommen in ...	निकलना	nikalana
Strecke (f)	रास्ते का हिस्सा (m)	rāste ka hissa

Asphalt (m)	तारकोल (m)	tārakol
Bordstein (m)	फुटपाथ (m)	futapāth
Graben (m)	खाई (f)	khaī
Gully (m)	मैनहोल (m)	mainahol
Straßenrand (m)	सड़क का किनारा (m)	sarak ka kināra
Schlagloch (n)	खड्ढा (m)	khaddha
gehen (zu Fuß gehen)	जाना	jāna
überholen (vt)	आगे निकलना	āge nikalana

Schritt (m)	कदम (m)	kadam
zu Fuß	पैदल	paidal

blockieren (Straße usw.)	रास्ता रोक देना	rāsta rok dena
Schlagbaum (m)	बैरियर (m)	bairiyar
Sackgasse (f)	बंद गली (f)	band galī

191. Gesetzesverstoß Verbrecher. Teil 1

Bandit (m)	डाकू (m)	dākū
Verbrechen (n)	जुर्म (m)	jurm
Verbrecher (m)	अपराधी (m)	aparādhī

Dieb (m)	चोर (m)	chor
Diebstahl (m), Stehlen (n)	चोरी (f)	chorī

kidnappen (vt)	अपहरण करना	apaharan karana
Kidnapping (n)	अपहरण (m)	apaharan
Kidnapper (m)	अपहरणकर्ता (m)	apaharanakartta

Lösegeld (n)	फ़िरौती (f)	firautī
Lösegeld verlangen	फ़िरौती मांगना	firautī māngana

rauben (vt)	लूटना	lūtana
Räuber (m)	लुटेरा (m)	lutera

erpressen (vt)	ऐंठना	ainthana
Erpresser (m)	वसूलिकर्ता (m)	vasūlikarta
Erpressung (f)	जबरन वसूली (m)	jabaran vasūlī

morden (vt)	मारना	mārana
Mord (m)	हत्या (f)	hatya
Mörder (m)	हत्यारा (m)	hatyāra

Schuss (m)	गोली (m)	golī
schießen (vt)	गोली चलाना	golī chalāna
erschießen (vt)	गोली मारकर हत्या करना	golī mārakar hatya karana
feuern (vi)	गोली चलाना	golī chalāna
Schießerei (f)	गोलीबारी (f)	golībārī

Vorfall (m)	घटना (f)	ghatana
Schlägerei (f)	झगड़ा (m)	jhagara
Hilfe!	बचाओ!	bachao!
Opfer (n)	शिकार (m)	shikār

beschädigen (vt)	हानि पहुँचाना	hāni pahunchāna
Schaden (m)	नुक्सान (m)	nuksān
Leiche (f)	शव (m)	shav
schwer (-es Verbrechen)	गंभीर	gambhīr

angreifen (vt)	आक्रमण करना	ākraman karana
schlagen (vt)	पीटना	pītana
verprügeln (vt)	पीट जाना	pīt jāna
wegnehmen (vt)	लूटना	lūtana

erstechen (vt)	चाकू से मार डालना	chākū se mār dālana
verstümmeln (vt)	अपाहिज करना	apāhij karana
verwunden (vt)	घाव करना	ghāv karana

Erpressung (f)	ब्लैकमेल (m)	blaikamel
erpressen (vt)	धमकी से रुपया ऐंठना	dhamakī se rupaya ainthana
Erpresser (m)	ब्लैकमेलर (m)	blaikamelar

Schutzgelderpressung (f)	ठग व्यापार (m)	thag vyāpār
Erpresser (Racketeer)	ठग व्यापारी (m)	thag vyāpārī
Gangster (m)	गैंगस्टर (m)	gaingastar
Mafia (f)	माफ़िया (f)	māfiya

Taschendieb (m)	जेबकतरा (m)	jebakatara
Einbrecher (m)	सेंधमार (m)	sendhamār
Schmuggel (m)	तस्करी (m)	taskarī
Schmuggler (m)	तस्कर (m)	taskar

Fälschung (f)	जालसाज़ी (f)	jālasāzī
fälschen (vt)	जलसाज़ी करना	jalasāzī karana
gefälscht	नक़ली	naqalī

192. Gesetzesbruch. Verbrecher. Teil 2

Vergewaltigung (f)	बलात्कार (m)	balātkār
vergewaltigen (vt)	बलात्कार करना	balātkār karana
Gewalttäter (m)	बलात्कारी (m)	balātkārī
Besessene (m)	कामोन्मादी (m)	kāmonmādī

Prostituierte (f)	वैश्या (f)	vaishya
Prostitution (f)	वेश्यावृत्ति (m)	veshyāvrtti
Zuhälter (m)	भड़ुआ (m)	bharua

| Drogenabhängiger (m) | नशेबाज़ (m) | nashebāz |
| Drogenhändler (m) | नशीली दवा के विक्रेता (m) | nashīlī dava ke vikreta |

sprengen (vt)	विस्फोट करना	visfot karana
Explosion (f)	विस्फोट (m)	visfot
in Brand stecken	आग जलाना	āg jalāna
Brandstifter (m)	आग जलानेवाला (m)	āg jalānevāla

Terrorismus (m)	आतंकवाद (m)	ātankavād
Terrorist (m)	आतंकवादी (m)	ātankavādī
Geisel (m, f)	बंधक (m)	bandhak

betrügen (vt)	धोखा देना	dhokha dena
Betrug (m)	धोखा (m)	dhokha
Betrüger (m)	धोखेबाज़ (m)	dhokhebāz

bestechen (vt)	रिश्वत देना	rishvat dena
Bestechlichkeit (f)	रिश्वतखोरी (m)	rishvatakhorī
Bestechungsgeld (n)	रिश्वत (m)	rishvat
Gift (n)	ज़हर (m)	zahar
vergiften (vt)	ज़हर खिलाना	zahar khilāna

sich vergiften	ज़हर खाना	zahar khāna
Selbstmord (m)	आत्महत्या (f)	ātmahatya
Selbstmörder (m)	आत्महत्यारा (m)	ātmahatyāra

drohen (vi)	धमकाना	dhamakāna
Drohung (f)	धमकी (f)	dhamakī
versuchen (vt)	प्रयत्न करना	prayatn karana
Attentat (n)	हत्या का प्रयत्न (m)	hatya ka prayatn

| stehlen (Auto ~) | चुराना | churāna |
| entführen (Flugzeug ~) | विमान का अपहरण करना | vimān ka apaharan karana |

| Rache (f) | बदला (m) | badala |
| sich rächen | बदला लेना | badala lena |

foltern (vt)	घोर शरीरिक यंत्रणा पहुंचाना	ghor sharīrik yantrana pahunchāna
Folter (f)	घोर शरीरिक यंत्रणा (f)	ghor sharīrik yantrana
quälen (vt)	सताना	satāna

Seeräuber (m)	समुद्री लूटेरा (m)	samudrī lūtera
Rowdy (m)	बदमाश (m)	badamāsh
bewaffnet	सशस्त्र	sashastr
Gewalt (f)	अत्यचार (m)	atyachār

| Spionage (f) | जासूसी (f) | jāsūsī |
| spionieren (vi) | जासूसी करना | jāsūsī karana |

193. Polizei Recht. Teil 1

| Justiz (f) | मुक़दमा (m) | muqadama |
| Gericht (n) | न्यायालय (m) | nyāyālay |

Richter (m)	न्यायाधीश (m)	nyāyādhīsh
Geschworenen (pl)	जूरी सदस्य (m pl)	jūrī sadasy
Geschworenengericht (n)	जूरी (f)	jūrī
richten (vt)	मुक़दमा सुनना	muqadama sunana

Rechtsanwalt (m)	वकील (m)	vakīl
Angeklagte (m)	मुलज़िम (m)	mulazim
Anklagebank (f)	अदालत का कठघरा (m)	adālat ka kathaghara

| Anklage (f) | आरोप (m) | ārop |
| Beschuldigte (m) | मुलज़िम (m) | mulazim |

| Urteil (n) | निर्णय (m) | nirnay |
| verurteilen (vt) | निर्णय करना | nirnay karana |

Schuldige (m)	दोषी (m)	doshī
bestrafen (vt)	सज़ा देना	saza dena
Strafe (f)	सज़ा (f)	saza

| Geldstrafe (f) | जुर्माना (m) | jurmāna |
| lebenslange Haft (f) | आजीवन कारावास (m) | ājīvan karāvās |

Todesstrafe (f)	मृत्युदंड (m)	mrtyudand
elektrischer Stuhl (m)	बिजली की कुर्सी (f)	bijalī kī kursī
Galgen (m)	फांसी का तख़्ता (m)	fānsī ka takhta

hinrichten (vt)	फांसी देना	fānsī dena
Hinrichtung (f)	मौत की सज़ा (f)	maut kī saza

Gefängnis (n)	जेल (f)	jel
Zelle (f)	जेल का कमरा (m)	jel ka kamara

Eskorte (f)	अनुरक्षक दल (m)	anurakshak dal
Gefängniswärter (m)	जेल का पहरेदार (m)	jel ka paharedār
Gefangene (m)	क़ैदी (m)	qaidī

Handschellen (pl)	हथकड़ी (f)	hathakarī
Handschellen anlegen	हथकड़ी लगाना	hathakarī lagāna

Ausbruch (Flucht)	काराभंग (m)	kārābhang
ausbrechen (vi)	जेल से फरार हो जाना	jel se farār ho jāna
verschwinden (vi)	ग़ायब हो जाना	gāyab ho jāna
aus ... entlassen	जेल से आज़ाद होना	jel se āzād hona
Amnestie (f)	राजक्षमा (f)	rājakshama

Polizei (f)	पुलिस (m)	pulis
Polizist (m)	पुलिसवाला (m)	pulisavāla
Polizeiwache (f)	थाना (m)	thāna
Gummiknüppel (m)	रबड़ की लाठी (f)	rabar kī lāthī
Sprachrohr (n)	मेगाफ़ोन (m)	megāfon

Streifenwagen (m)	गश्त कार (f)	gasht kār
Sirene (f)	साइरन (f)	sairan
die Sirene einschalten	साइरन बजाना	sairan bajāna
Sirengeheul (n)	साइरन की चिल्लाहट (m)	sairan kī chillāhat

Tatort (m)	घटना स्थल (m)	ghatana sthal
Zeuge (m)	गवाह (m)	gavāh
Freiheit (f)	आज़ादी (f)	āzādī
Komplize (m)	सह अपराधी (m)	sah aparādhī
verschwinden (vi)	भाग जाना	bhāg jāna
Spur (f)	निशान (m)	nishān

194. Polizei. Recht. Teil 2

Fahndung (f)	तफ़तीश (f)	tafatīsh
suchen (vt)	तफ़तीश करना	tafatīsh karana
Verdacht (m)	शक (m)	shak
verdächtig (Adj)	शक करना	shak karana
anhalten (Polizei)	रोकना	rokana
verhaften (vt)	रोक के रखना	rok ke rakhana

Fall (m), Klage (f)	मुकदमा (m)	mukadama
Untersuchung (f)	जांच (f)	jānch
Detektiv (m)	जासूस (m)	jāsūs
Ermittlungsrichter (m)	जांचकर्ता (m)	jānchakartta

Version (f)	अंदाज़ा (m)	andāza
Motiv (n)	वजह (f)	vajah
Verhör (n)	पूछताछ (f)	pūchhatāchh
verhören (vt)	पूछताछ करना	pūchhatāchh karana
vernehmen (vt)	पुछताछ करना	puchhatāchh karana
Kontrolle (Personen-)	जांच (f)	jānch

Razzia (f)	घेराव (m)	gherāv
Durchsuchung (f)	तलाशी (f)	talāshī
Verfolgung (f)	पीछा (m)	pīchha
nachjagen (vi)	पीछा करना	pīchha karana
verfolgen (vt)	खोज निकालना	khoj nikālana

Verhaftung (f)	गिरफ़्तारी (f)	giraftārī
verhaften (vt)	गिरफ़्तार करना	giraftār karana
fangen (vt)	पकड़ना	pakarana
Festnahme (f)	पकड़ (m)	pakar

Dokument (n)	दस्तावेज़ (m)	dastāvez
Beweis (m)	सबूत (m)	sabūt
beweisen (vt)	साबित करना	sābit karana
Fußspur (f)	पैरों के निशान (m)	pairon ke nishān
Fingerabdrücke (pl)	उंगलियों के निशान (m)	ungaliyon ke nishān
Beweisstück (n)	सबूत (m)	sabūt

Alibi (n)	अन्यत्रता (m)	anyatrata
unschuldig	बेगुनाह	begunāh
Ungerechtigkeit (f)	अन्याय (m)	anyāy
ungerecht	अन्यायपूर्ण	anyāyapūrn

Kriminal-	आपराधिक	āparādhik
beschlagnahmen (vt)	कुर्क करना	kurk karana
Droge (f)	अवैध पदार्थ (m)	avaidh padārth
Waffe (f)	हथियार (m)	hathiyār
entwaffnen (vt)	निरस्त्र करना	nirastr karana
befehlen (vt)	हुक्म देना	hukm dena
verschwinden (vi)	गायब होना	gāyab hona

Gesetz (n)	कानून (m)	kānūn
gesetzlich	कानूनी	kānūnī
ungesetzlich	अवैध	avaidh

| Verantwortlichkeit (f) | ज़िम्मेदारी (f) | zimmedārī |
| verantwortlich | ज़िम्मेदार | zimmedār |

NATUR

Die Erde. Teil 1

195. Weltall

Kosmos (m)	अंतरिक्ष (m)	antariksh
kosmisch, Raum-	अंतरिक्षीय	antarikshīy
Weltraum (m)	अंतरिक्ष (m)	antariksh
All (n), Universum (n)	ब्रह्माण्ड (m)	brahmānd
Galaxie (f)	आकाशगंगा (f)	ākāshaganga
Stern (m)	सितारा (m)	sitāra
Gestirn (n)	नक्षत्र (m)	nakshatr
Planet (m)	ग्रह (m)	grah
Satellit (m)	उपग्रह (m)	upagrah
Meteorit (m)	उल्का पिंड (m)	ulka pind
Komet (m)	पुच्छल तारा (m)	puchchhal tāra
Asteroid (m)	ग्रहिका (f)	grahika
Umlaufbahn (f)	ग्रहपथ (m)	grahapath
sich drehen	चक्कर लगना	chakkar lagana
Atmosphäre (f)	वातावरण (m)	vātāvaran
Sonne (f)	सूरज (m)	sūraj
Sonnensystem (n)	सौर प्रणाली (f)	saur pranālī
Sonnenfinsternis (f)	सूर्य ग्रहण (m)	sūry grahan
Erde (f)	पृथ्वी (f)	prthvī
Mond (m)	चांद (m)	chānd
Mars (m)	मंगल (m)	mangal
Venus (f)	शुक्र (m)	shukr
Jupiter (m)	बृहस्पति (m)	brhaspati
Saturn (m)	शनि (m)	shani
Merkur (m)	बुध (m)	budh
Uran (m)	अरुण (m)	arun
Neptun (m)	वरुण (m)	varūn
Pluto (m)	प्लूटो (m)	plūto
Milchstraße (f)	आकाश गंगा (f)	ākāsh ganga
Der Große Bär	सप्तर्षिमंडल (m)	saptarshimandal
Polarstern (m)	ध्रुव तारा (m)	dhruv tāra
Marsbewohner (m)	मंगल ग्रह का निवासी (m)	mangal grah ka nivāsī
Außerirdischer (m)	अन्य नक्षत्र का निवासी (m)	any nakshatr ka nivāsī
außerirdisches Wesen (n)	अन्य नक्षत्र का निवासी (m)	any nakshatr ka nivāsī

fliegende Untertasse (f)	उड़न तश्तरी (f)	uran tashtarī
Raumschiff (n)	अंतरिक्ष विमान (m)	antariksh vimān
Raumstation (f)	अंतरिक्ष अड्डा (m)	antariksh adda
Raketenstart (m)	चालू करना (m)	chālū karana
Triebwerk (n)	इंजन (m)	injan
Düse (f)	नोज़ल (m)	nozal
Treibstoff (m)	ईंधन (m)	īndhan
Kabine (f)	केबिन (m)	kebin
Antenne (f)	एरियल (m)	eriyal
Bullauge (n)	विमान गवाक्ष (m)	vimān gavāksh
Sonnenbatterie (f)	सौर पेनल (m)	saur penal
Raumanzug (m)	अंतरिक्ष पोशाक (m)	antariksh poshāk
Schwerelosigkeit (f)	भारहीनता (m)	bhārahīnata
Sauerstoff (m)	आक्सीजन (m)	āksījan
Ankopplung (f)	डॉकिंग (f)	doking
koppeln (vi)	डॉकिंग करना	doking karana
Observatorium (n)	वेधशाला (m)	vedhashāla
Teleskop (n)	दूरबीन (f)	dūrabīn
beobachten (vt)	देखना	dekhana
erforschen (vt)	जाँचना	jānchana

196. Die Erde

Erde (f)	पृथ्वी (f)	prthvī
Erdkugel (f)	गोला (m)	gola
Planet (m)	ग्रह (m)	grah
Atmosphäre (f)	वातावरण (m)	vātāvaran
Geographie (f)	भूगोल (m)	bhūgol
Natur (f)	प्रकृति (f)	prakrti
Globus (m)	गोलक (m)	golak
Landkarte (f)	नक्शा (m)	naksha
Atlas (m)	मानचित्रावली (f)	mānachitrāvalī
Europa (n)	यूरोप (m)	yūrop
Asien (n)	एशिया (f)	eshiya
Afrika (n)	अफ्रीका (m)	afrīka
Australien (n)	ऑस्ट्रेलिया (m)	ostreliya
Amerika (n)	अमेरिका (f)	amerika
Nordamerika (n)	उत्तरी अमेरिका (f)	uttarī amerika
Südamerika (n)	दक्षिणी अमेरिका (f)	dakshinī amerika
Antarktis (f)	अंटार्कटिक (m)	antārkatik
Arktis (f)	आर्कटिक (m)	ārkatik

197. Himmelsrichtungen

Norden (m)	उत्तर (m)	uttar
nach Norden	उत्तर की ओर	uttar kī or
im Norden	उत्तर में	uttar men
nördlich	उत्तरी	uttarī
Süden (m)	दक्षिण (m)	dakshin
nach Süden	दक्षिण की ओर	dakshin kī or
im Süden	दक्षिण में	dakshin men
südlich	दक्षिणी	dakshinī
Westen (m)	पश्चिम (m)	pashchim
nach Westen	पश्चिम की ओर	pashchim kī or
im Westen	पश्चिम में	pashchim men
westlich, West-	पश्चिमी	pashchimī
Osten (m)	पूर्व (m)	pūrv
nach Osten	पूर्व की ओर	pūrv kī or
im Osten	पूर्व में	pūrv men
östlich	पूर्वी	pūrvī

198. Meer. Ozean

Meer (n), See (f)	सागर (m)	sāgar
Ozean (m)	महासागर (m)	mahāsāgar
Golf (m)	खाड़ी (f)	khārī
Meerenge (f)	जलग्रीवा (m)	jalagrīva
Kontinent (m)	महाद्वीप (m)	mahādvīp
Insel (f)	द्वीप (m)	dvīp
Halbinsel (f)	प्रायद्वीप (m)	prāyadvīp
Archipel (m)	द्वीप समूह (m)	dvīp samūh
Bucht (f)	तट-खाड़ी (f)	tat-khārī
Hafen (m)	बंदरगाह (m)	bandaragāh
Lagune (f)	लैगून (m)	laigūn
Kap (n)	अंतरीप (m)	antarīp
Atoll (n)	एटोल (m)	etol
Riff (n)	रीफ़ (m)	rīf
Koralle (f)	प्रवाल (m)	pravāl
Korallenriff (n)	प्रवाल रीफ़ (m)	pravāl rīf
tief (Adj)	गहरा	gahara
Tiefe (f)	गहराई (f)	gaharaī
Abgrund (m)	रसातल (m)	rasātal
Graben (m)	गढ़ा (m)	garha
Strom (m)	धारा (f)	dhāra
umspülen (vt)	घिरा होना	ghira hona
Ufer (n)	किनारा (m)	kināra
Küste (f)	तटबंध (m)	tatabandh

Flut (f)	ज्वार (m)	jvār
Ebbe (f)	भाटा (m)	bhāta
Sandbank (f)	रेती (m)	retī
Boden (m)	तला (m)	tala

Welle (f)	तरंग (f)	tarang
Wellenkamm (m)	तरंग शिखर (f)	tarang shikhar
Schaum (m)	झाग (m)	jhāg

Orkan (m)	तुफ़ान (m)	tufân
Tsunami (m)	सुनामी (f)	sunāmī
Windstille (f)	शांत (m)	shānt
ruhig	शांत	shānt

| Pol (m) | ध्रुव (m) | dhruv |
| Polar- | ध्रुवीय | dhruvīy |

Breite (f)	अक्षांश (m)	akshānsh
Länge (f)	देशान्तर (m)	deshāntar
Breitenkreis (m)	समांतर-रेखा (f)	samāntar-rekha
Äquator (m)	भूमध्य रेखा (f)	bhūmadhy rekha

Himmel (m)	आकाश (f)	ākāsh
Horizont (m)	क्षितिज (m)	kshitij
Luft (f)	हवा (f)	hava

Leuchtturm (m)	प्रकाशस्तंभ (m)	prakāshastambh
tauchen (vi)	गोता मारना	gota mārana
versinken (vi)	डूब जाना	dūb jāna
Schätze (pl)	ख़ज़ाना (m)	khazāna

199. Namen der Meere und Ozeane

Atlantischer Ozean (m)	अटलांटिक महासागर (m)	atalāntik mahāsāgar
Indischer Ozean (m)	हिन्द महासागर (m)	hind mahāsāgar
Pazifischer Ozean (m)	प्रशांत महासागर (m)	prashānt mahāsāgar
Arktischer Ozean (m)	उत्तरी ध्रुव महासागर (m)	uttarī dhuv mahāsāgar

Schwarzes Meer (n)	काला सागर (m)	kāla sāgar
Rotes Meer (n)	लाल सागर (m)	lāl sāgar
Gelbes Meer (n)	पीला सागर (m)	pīla sāgar
Weißes Meer (n)	सफ़ेद सागर (m)	safed sāgar

Kaspisches Meer (n)	कैस्पियन सागर (m)	kaispiyan sāgar
Totes Meer (n)	मृत सागर (m)	mrt sāgar
Mittelmeer (n)	भूमध्य सागर (m)	bhūmadhy sāgar

| Ägäisches Meer (n) | ईजियन सागर (m) | ījiyan sāgar |
| Adriatisches Meer (n) | एड्रिएटिक सागर (m) | edrietik sāgar |

Arabisches Meer (n)	अरब सागर (m)	arab sāgar
Japanisches Meer (n)	जापान सागर (m)	jāpān sāgar
Beringmeer (n)	बेरिंग सागर (m)	bering sāgar
Südchinesisches Meer (n)	दक्षिण चीन सागर (m)	dakshin chīn sāgar

Korallenmeer (n)	कोरल सागर (m)	koral sāgar
Tasmansee (f)	तस्मान सागर (m)	tasmān sāgar
Karibisches Meer (n)	करिबियन सागर (m)	karibiyan sāgar
Barentssee (f)	बैरेंट्स सागर (m)	bairents sāgar
Karasee (f)	काड़ा सागर (m)	kāra sāgar
Nordsee (f)	उत्तर सागर (m)	uttar sāgar
Ostsee (f)	बाल्टिक सागर (m)	bāltik sāgar
Nordmeer (n)	नार्वे सागर (m)	nārve sāgar

200. Berge

Berg (m)	पहाड़ (m)	pahār
Gebirgskette (f)	पर्वत माला (f)	parvat māla
Bergrücken (m)	पहाड़ों का सिलसिला (m)	pahāron ka silasila
Gipfel (m)	चोटी (f)	chotī
Spitze (f)	शिखर (m)	shikhar
Bergfuß (m)	तलहटी (f)	talahatī
Abhang (m)	ढलान (f)	dhalān
Vulkan (m)	ज्वालामुखी (m)	jvālāmukhī
tätiger Vulkan (m)	सक्रिय ज्वालामुखी (m)	sakriy jvālāmukhī
schlafender Vulkan (m)	निष्क्रिय ज्वालामुखी (m)	nishkriy jvālāmukhī
Ausbruch (m)	विस्फोटन (m)	visfotan
Krater (m)	ज्वालामुखी का मुख (m)	jvālāmukhī ka mukh
Magma (n)	मैग्मा (n)	maigma
Lava (f)	लावा (m)	lāva
glühend heiß (-e Lava)	पिघला हुआ	pighala hua
Cañon (m)	घाटी (m)	ghātī
Schlucht (f)	तंग घाटी (f)	tang ghātī
Spalte (f)	दरार (m)	darār
Gebirgspass (m)	मार्ग (m)	mārg
Plateau (n)	पठार (m)	pathār
Fels (m)	शिला (f)	shila
Hügel (m)	टीला (m)	tīla
Gletscher (m)	हिमनद (m)	himanad
Wasserfall (m)	झरना (m)	jharana
Geiser (m)	उष्ण जल स्रोत (m)	ushn jal srot
See (m)	तालाब (m)	tālāb
Ebene (f)	समतल प्रदेश (m)	samatal pradesh
Landschaft (f)	परिदृश्य (m)	paridrshy
Echo (n)	गूँज (f)	gūnj
Bergsteiger (m)	पर्वतारोही (m)	parvatārohī
Kletterer (m)	पर्वतारोही (m)	parvatārohī
bezwingen (vt)	चोटी पर पहुँचना	chotī par pahunchana
Aufstieg (m)	चढ़ाव (m)	charhāv

201. Namen der Berge

Alpen (pl)	आल्पस (m)	ālpas
Montblanc (m)	मोन्ट ब्लैंक (m)	mont blaink
Pyrenäen (pl)	पाइरीनीज़ (f pl)	pairīnīz
Karpaten (pl)	कार्पाथियेन्स (m)	kārpāthiyens
Uralgebirge (n)	यूरल (m)	yūral
Kaukasus (m)	कोकेशिया के पहाड़ (m)	kokeshiya ke pahār
Elbrus (m)	एल्ब्रस पर्वत (m)	elbras parvat
Altai (m)	अल्टाई पर्वत (m)	altaī parvat
Tian Shan (m)	तियान शान (m)	tiyān shān
Pamir (m)	पामीर पर्वत (m)	pāmīr parvat
Himalaja (m)	हिमालय (m)	himālay
Everest (m)	माउंट एवरेस्ट (m)	maunt evarest
Anden (pl)	एंडीज़ (f pl)	endīz
Kilimandscharo (m)	किलीमन्जारो (m)	kilīmanjāro

202. Flüsse

Fluss (m)	नदी (f)	nadī
Quelle (f)	झरना (m)	jharana
Flussbett (n)	नदी तल (m)	nadī tal
Stromgebiet (n)	बेसिन (m)	besin
einmünden in ...	गिरना	girana
Nebenfluss (m)	उपनदी (f)	upanadī
Ufer (n)	तट (m)	tat
Strom (m)	धारा (f)	dhāra
stromabwärts	बहाव के साथ	bahāv ke sāth
stromaufwärts	बहाव के विरुद्ध	bahāv ke virūddh
Überschwemmung (f)	बाढ़ (f)	bārh
Hochwasser (n)	बाढ़ (f)	bārh
aus den Ufern treten	उमड़ना	umarana
überfluten (vt)	पानी से भरना	pānī se bharana
Sandbank (f)	छिछला पानी (m)	chhichhala pānī
Stromschnelle (f)	तेज़ उतार (m)	tez utār
Damm (m)	बांध (m)	bāndh
Kanal (m)	नहर (f)	nahar
Stausee (m)	जलाशय (m)	jalāshay
Schleuse (f)	स्लूस (m)	slūs
Gewässer (n)	जल स्रोत (m)	jal srot
Sumpf (m), Moor (n)	दलदल (f)	daladal
Marsch (f)	दलदल (f)	daladal
Strudel (m)	भंवर (m)	bhanvar
Bach (m)	झरना (m)	jharana

Trink- (z.B. Trinkwasser)	पीने का	pīne ka
Süß- (Wasser)	ताज़ा	tāza
Eis (n)	बर्फ़ (m)	barf
zufrieren (vi)	जम जाना	jam jāna

203. Namen der Flüsse

Seine (f)	सीन (f)	sīn
Loire (f)	लॉयर (f)	loyar
Themse (f)	थेम्स (f)	thems
Rhein (m)	राइन (f)	rain
Donau (f)	डेन्यूब (f)	denyūb
Wolga (f)	वोल्गा (f)	volga
Don (m)	डॉन (f)	don
Lena (f)	लेना (f)	lena
Gelber Fluss (m)	ह्वांग हे (f)	hvāng he
Jangtse (m)	यांग्त्सी (f)	yāngtzī
Mekong (m)	मेकांग (f)	mekāng
Ganges (m)	गंगा (f)	ganga
Nil (m)	नील (f)	nīl
Kongo (m)	कांगो (f)	kāngo
Okavango (m)	ओकावान्गो (f)	okāvāngo
Sambesi (m)	ज़म्बेज़ी (f)	zambezī
Limpopo (m)	लिम्पोपो (f)	limpopo
Mississippi (m)	मिसिसिपी (f)	misisipī

204. Wald

Wald (m)	जंगल (m)	jangal
Wald-	जंगली	jangalī
Dickicht (n)	घना जंगल (m)	ghana jangal
Gehölz (n)	उपवान (m)	upavān
Lichtung (f)	खुला छोटा मैदान (m)	khula chhota maidān
Dickicht (n)	झाड़ियाँ (f pl)	jhāriyān
Gebüsch (n)	झाड़ियों भरा मैदान (m)	jhāriyon bhara maidān
Fußweg (m)	फुटपाथ (m)	futapāth
Erosionsrinne (f)	नाली (f)	nālī
Baum (m)	पेड़ (m)	per
Blatt (n)	पत्ता (m)	patta
Laub (n)	पत्तियां (f)	pattiyān
Laubfall (m)	पतझड़ (m)	patajhar
fallen (Blätter)	गिरना	girana

Wipfel (m)	शिखर (m)	shikhar
Zweig (m)	टहनी (f)	tahanī
Ast (m)	शाखा (f)	shākha
Knospe (f)	कलिका (f)	kalika
Nadel (f)	सुई (f)	suī
Zapfen (m)	शंकुफल (m)	shankufal
Höhlung (f)	खोखला (m)	khokhala
Nest (n)	घोंसला (m)	ghonsala
Höhle (f)	बिल (m)	bil
Stamm (m)	तना (m)	tana
Wurzel (f)	जड़ (f)	jar
Rinde (f)	छाल (f)	chhāl
Moos (n)	काई (f)	kaī
entwurzeln (vt)	उखाड़ना	ukhārana
fällen (vt)	काटना	kātana
abholzen (vt)	जंगल काटना	jangal kātana
Baumstumpf (m)	ठूंठ (m)	thūnth
Lagerfeuer (n)	अलाव (m)	alāv
Waldbrand (m)	जंगल की आग (f)	jangal kī āg
löschen (vt)	आग बुझाना	āg bujhāna
Förster (m)	वनरक्षक (m)	vanarakshak
Schutz (m)	रक्षा (f)	raksha
beschützen (vt)	रक्षा करना	raksha karana
Wilddieb (m)	चोर शिकारी (m)	chor shikārī
Falle (f)	फंदा (m)	fanda
sammeln, pflücken (vt)	बटोरना	batorana
sich verirren	रास्ता भूलना	rāsta bhūlana

205. natürliche Lebensgrundlagen

Naturressourcen (pl)	प्राकृतिक संसाधन (m pl)	prākrtik sansādhan
Bodenschätze (pl)	खनिज पदार्थ (m pl)	khanij padārth
Vorkommen (n)	तह (f pl)	tah
Feld (Ölfeld usw.)	क्षेत्र (m)	kshetr
gewinnen (vt)	खोदना	khodana
Gewinnung (f)	खनिकर्म (m)	khanikarm
Erz (n)	अयस्क (m)	ayask
Bergwerk (n)	खान (f)	khān
Schacht (m)	शैफ़ट (m)	shaifat
Bergarbeiter (m)	खनिक (m)	khanik
Erdgas (n)	गैस (m)	gais
Gasleitung (f)	गैस पाइप लाइन (m)	gais paip lain
Erdöl (n)	पेट्रोल (m)	petrol
Erdölleitung (f)	तेल पाइप लाइन (m)	tel paip lain
Ölquelle (f)	तेल का कुँआ (m)	tel ka kuna

| Bohrturm (m) | डेरिक (m) | derik |
| Tanker (m) | टैंकर (m) | tainkar |

Sand (m)	रेत (m)	ret
Kalkstein (m)	चूना पत्थर (m)	chūna patthar
Kies (m)	बजरी (f)	bajarī
Torf (m)	पीट (m)	pīt
Ton (m)	मिट्टी (f)	mittī
Kohle (f)	कोयला (m)	koyala

Eisen (n)	लोहा (m)	loha
Gold (n)	सोना (m)	sona
Silber (n)	चाँदी (f)	chāndī
Nickel (n)	गिलट (m)	gilat
Kupfer (n)	ताँबा (m)	tānba

Zink (n)	जस्ता (m)	jasta
Mangan (n)	अयस (m)	ayas
Quecksilber (n)	पारा (f)	pāra
Blei (n)	सीसा (f)	sīsa

Mineral (n)	खनिज (m)	khanij
Kristall (m)	क्रिस्टल (m)	kristal
Marmor (m)	संगमरमर (m)	sangamaramar
Uran (n)	यूरेनियम (m)	yūreniyam

Die Erde. Teil 2

206. Wetter

Wetter (n)	मौसम (m)	mausam
Wetterbericht (m)	मौसम का पूर्वानुमान (m)	mausam ka pūrvānumān
Temperatur (f)	तापमान (m)	tāpamān
Thermometer (n)	थर्मामीटर (m)	tharmāmītar
Barometer (n)	बैरोमीटर (m)	bairomītar
Feuchtigkeit (f)	नमी (f)	namī
Hitze (f)	गरमी (f)	garamī
glutheiß	गरम	garam
ist heiß	गरमी है	garamī hai
ist warm	गरम है	garam hai
warm (Adj)	गरम	garam
ist kalt	ठंडक है	thandak hai
kalt (Adj)	ठंडा	thanda
Sonne (f)	सूरज (m)	sūraj
scheinen (vi)	चमकना	chamakana
sonnig (Adj)	धूपदार	dhūpadār
aufgehen (vi)	उगना	ugana
untergehen (vi)	डूबना	dūbana
Wolke (f)	बादल (m)	bādal
bewölkt, wolkig	मेघाच्छादित	meghāchchhādit
Regenwolke (f)	घना बादल (m)	ghana bādal
trüb (-er Tag)	बदली	badalī
Regen (m)	बारिश (f)	bārish
Es regnet	बारिश हो रही है	bārish ho rahī hai
regnerisch (-er Tag)	बरसाती	barasātī
nieseln (vi)	बूंदाबांदी होना	būndābāndī hona
strömender Regen (m)	मूसलधार बारिश (f)	mūsaladhār bārish
Regenschauer (m)	मूसलधार बारिश (f)	mūsaladhār bārish
stark (-er Regen)	भारी	bhārī
Pfütze (f)	पोखर (m)	pokhar
nass werden (vi)	भीगना	bhīgana
Nebel (m)	कुहरा (m)	kuhara
neblig (-er Tag)	कुहरेदार	kuharedār
Schnee (m)	बर्फ़ (f)	barf
Es schneit	बर्फ़ पड़ रही है	barf par rahī hai

207. Unwetter Naturkatastrophen

Gewitter (n)	गरजवाला तुफ़ान (m)	garajavāla tufān
Blitz (m)	बिजली (m)	bijalī
blitzen (vi)	चमकना	chamakana
Donner (m)	गरज (m)	garaj
donnern (vi)	बादल गरजना	bādal garajana
Es donnert	बादल गरज रहा है	bādal garaj raha hai
Hagel (m)	ओला (m)	ola
Es hagelt	ओले पड़ रहे हैं	ole par rahe hain
überfluten (vt)	बाढ़ आ जाना	bārh ā jāna
Überschwemmung (f)	बाढ़ (f)	bārh
Erdbeben (n)	भूकंप (m)	bhūkamp
Erschütterung (f)	झटका (m)	jhataka
Epizentrum (n)	अधिकेंद्र (m)	adhikendr
Ausbruch (m)	उद्गार (m)	udgār
Lava (f)	लावा (m)	lāva
Wirbelsturm (m)	बवंडर (m)	bavandar
Tornado (m)	टोर्नेडो (m)	tornedo
Taifun (m)	रतूफ़ान (m)	ratūfān
Orkan (m)	समुद्री तूफ़ान (m)	samudrī tūfān
Sturm (m)	तूफ़ान (m)	tufān
Tsunami (m)	सुनामी (f)	sunāmī
Zyklon (m)	चक्रवात (m)	chakravāt
Unwetter (n)	ख़राब मौसम (m)	kharāb mausam
Brand (m)	आग (f)	āg
Katastrophe (f)	प्रलय (m)	pralay
Meteorit (m)	उल्का पिंड (m)	ulka pind
Lawine (f)	हिमस्खलन (m)	himaskhalan
Schneelawine (f)	हिमस्खलन (m)	himaskhalan
Schneegestöber (n)	बर्फ़ का तुफ़ान (m)	barf ka tufān
Schneesturm (m)	बर्फ़िला तुफ़ान (m)	barfila tufān

208. Geräusche. Klänge

Stille (f)	सन्नाटा (m)	sannāta
Laut (m)	ध्वनि (m)	dhvani
Lärm (m)	शोर (m)	shor
lärmen (vi)	शोर मचाना	shor machāna
lärmend (Adj)	कोलाहलमय	kolāhalamay
laut (in lautemTon)	ऊँचा	ūncha
laut (eine laute Stimme)	ऊंचा	ūncha
ständig (Adj)	लगातार	lagātār

Schrei (m)	चिल्लाहट (f)	chillāhat
schreien (vi)	चिल्लाना	chillāna
Flüstern (n)	फुसफुस (m)	fusafus
flüstern (vt)	फुसफुसाना	fusafusāna

Gebell (n)	भौं-भौं (f)	bhaun-bhaun
bellen (vi)	भौंकना	bhaunkana

Stöhnen (n)	कराह (m)	karāh
stöhnen (vi)	कराहना	karāhana
Husten (m)	खाँस (f)	khāns
husten (vi)	खाँसना	khānsana

Pfiff (m)	सीटी (f)	sītī
pfeifen (vi)	सीटी बजाना	sītī bajāna
Klopfen (n)	खटखट (f)	khatakhat
klopfen (vi)	खटखटाना	khatakhatāna

krachen (Laut)	चीर पड़ना	chīr parana
Krachen (n)	कड़क (m)	karak

Sirene (f)	साइरन (f)	sairan
Pfeife (Zug usw.)	साइरन (m)	sairan
pfeifen (vi)	सीटी बजना	sītī bajana
Hupe (f)	होर्न (m)	horn
hupen (vi)	होर्न बजाना	horn bajāna

209. Winter

Winter (m)	सर्दी (f)	sardī
Winter-	सर्दी का	sardī ka
im Winter	सर्दियों में	sardiyon men

Schnee (m)	बर्फ़ (f)	barf
Es schneit	बर्फ़ पड़ रही है	barf par rahī hai
Schneefall (m)	बर्फ़बारी (f)	barfabārī
Schneewehe (f)	बर्फ़ का ढेर (m)	barf ka rher

Schneeflocke (f)	हिमकण (m)	himakan
Schneeball (m)	बर्फ़ का गोला (m)	barf ka gola
Schneemann (m)	हिम मानव (m)	him mānav
Eiszapfen (m)	हिमलंब (m)	himalamb

Dezember (m)	दिसम्बर (m)	disambar
Januar (m)	जनवरी (f)	janavarī
Februar (m)	फ़रवरी (m)	faravarī

Frost (m)	पाला (m)	pāla
frostig, Frost-	शीत	shīt

unter Null	शून्य से नीचे	shūny se nīche
leichter Frost (m)	पहली ठंड (f)	pahalī thand
Reif (m)	पाला (m)	pāla
Kälte (f)	ठंडक (m)	thandak

Es ist kalt	ठंडक है	thandak hai
Pelzmantel (m)	फरकोट (m)	farakot
Fausthandschuhe (pl)	दस्ताने (m pl)	dastāne

erkranken (vi)	बीमार पड़ जाना	bīmār par jāna
Erkältung (f)	जुकाम (m)	zukām
sich erkälten	जुकाम होना	zukām hona

Eis (n)	बर्फ़ (m)	barf
Glatteis (n)	बर्फ़ की परत (f)	barf kī parat
zufrieren (vi)	जम जाना	jam jāna
Eisscholle (f)	हिमखंड (m)	himakhand

Ski (pl)	स्की (m pl)	skī
Skiläufer (m)	स्कीयर (m)	skīyar
Ski laufen	स्कीइंग करना	skīing karana
Schlittschuh laufen	स्केटिंग करना	sketing karana

Fauna

210. Säugetiere. Raubtiere

Raubtier (n)	परभक्षी (m)	parabhakshī
Tiger (m)	बाघ (m)	bāgh
Löwe (m)	शेर (m)	sher
Wolf (m)	भेड़िया (m)	bheriya
Fuchs (m)	लोमड़ी (f)	lomri

Jaguar (m)	जागुआर (m)	jāguār
Leopard (m)	तेंदुआ (m)	tendua
Gepard (m)	चीता (m)	chīta

Panther (m)	काला तेंदुआ (m)	kāla tendua
Puma (m)	पहाड़ी बिलाव (m)	pahādī bilāv
Schneeleopard (m)	हिम तेंदुआ (m)	him tendua
Luchs (m)	वन बिलाव (m)	van bilāv

Kojote (m)	कोयोट (m)	koyot
Schakal (m)	गीदड़ (m)	gīdar
Hyäne (f)	लकड़बग्घा (m)	lakarabaggha

211. Tiere in freier Wildbahn

Tier (n)	जानवर (m)	jānavar
Bestie (f)	जानवर (m)	jānavar

Eichhörnchen (n)	गिलहरी (f)	gilaharī
Igel (m)	कांटा-चूहा (m)	kānta-chūha
Hase (m)	खरगोश (m)	kharagosh
Kaninchen (n)	खरगोश (m)	kharagosh

Dachs (m)	बिज्जू (m)	bijjū
Waschbär (m)	रैकून (m)	raikūn
Hamster (m)	हैम्स्टर (m)	haimstar
Murmeltier (n)	मारमोट (m)	māramot

Maulwurf (m)	छछूंदर (m)	chhachhūndar
Maus (f)	चूहा (m)	chūha
Ratte (f)	घूस (m)	ghūs
Fledermaus (f)	चमगादड़ (m)	chamagādar

Hermelin (n)	नेवला (m)	nevala
Zobel (m)	सेबल (m)	sebal
Marder (m)	मारटेन (m)	māraten
Wiesel (n)	नेवला (m)	nevala
Nerz (m)	मिंक (m)	mink

Biber (m)	ऊदबिलाव (m)	ūdabilāv
Fischotter (m)	ऊदबिलाव (m)	ūdabilāv
Pferd (n)	घोड़ा (m)	ghora
Elch (m)	मूस (m)	mūs
Hirsch (m)	हिरण (m)	hiran
Kamel (n)	ऊंट (m)	ūnt
Bison (m)	बाइसन (m)	baisan
Wisent (m)	जंगली बैल (m)	jangalī bail
Büffel (m)	भैंस (m)	bhains
Zebra (n)	ज़ेबरा (m)	zebara
Antilope (f)	मृग (f)	mrg
Reh (n)	मृगनी (f)	mrgnī
Damhirsch (m)	चीतल (m)	chītal
Gämse (f)	शैमी (f)	shaimī
Wildschwein (n)	जंगली सुआर (m)	jangalī suār
Wal (m)	ह्वेल (f)	hvel
Seehund (m)	सील (m)	sīl
Walroß (n)	वॉलरस (m)	volaras
Seebär (m)	फर सील (f)	far sīl
Delfin (m)	डॉल्फ़िन (f)	dolafin
Bär (m)	रीछ (m)	rīchh
Eisbär (m)	सफ़ेद रीछ (m)	safed rīchh
Panda (m)	पांडा (m)	pānda
Affe (m)	बंदर (m)	bandar
Schimpanse (m)	वनमानुष (m)	vanamānush
Orang-Utan (m)	वनमानुष (m)	vanamānush
Gorilla (m)	गोरिला (m)	gorila
Makak (m)	अफ़ूकिन लंगूर (m)	afrikan langūr
Gibbon (m)	गिब्बन (m)	gibban
Elefant (m)	हाथी (m)	hāthī
Nashorn (n)	गैंडा (m)	gainda
Giraffe (f)	ज़िराफ़ (m)	jirāf
Flusspferd (n)	दरियाई घोड़ा (m)	dariyaī ghora
Känguru (n)	कंगारू (m)	kangārū
Koala (m)	कोआला (m)	koāla
Manguste (f)	नेवला (m)	nevala
Chinchilla (n)	चिनचीला (f)	chinachīla
Stinktier (n)	स्कंक (m)	skank
Stachelschwein (n)	शल्यक (f)	shalyak

212. Haustiere

Katze (f)	बिल्ली (f)	billī
Kater (m)	बिल्ला (m)	billa
Hund (m)	कुत्ता (m)	kutta

Pferd (n)	घोड़ा (m)	ghora
Hengst (m)	घोड़ा (m)	ghora
Stute (f)	घोड़ी (f)	ghorī
Kuh (f)	गाय (f)	gāy
Stier (m)	बैल (m)	bail
Ochse (m)	बैल (m)	bail
Schaf (n)	भेड़ (f)	bher
Widder (m)	भेड़ा (m)	bhera
Ziege (f)	बकरी (f)	bakarī
Ziegenbock (m)	बकरा (m)	bakara
Esel (m)	गधा (m)	gadha
Maultier (n)	खच्चर (m)	khachchar
Schwein (n)	सुअर (m)	suar
Ferkel (n)	घेंटा (m)	ghenta
Kaninchen (n)	खरगोश (m)	kharagosh
Huhn (n)	मुर्गी (f)	murgī
Hahn (m)	मुर्गा (m)	murga
Ente (f)	बत़ख (f)	battakh
Enterich (m)	नर बत़ख (m)	nar battakh
Gans (f)	हंस (m)	hans
Puter (m)	नर टर्की (m)	nar tarkī
Pute (f)	टर्की (f)	tarkī
Haustiere (pl)	घरेलू पशु (m pl)	gharelū pashu
zahm	पालतू	pālatū
zähmen (vt)	पालतू बनाना	pālatū banāna
züchten (vt)	पालना	pālana
Farm (f)	खेत (m)	khet
Geflügel (n)	मुर्गी पालन (f)	murgī pālan
Vieh (n)	मवेशी (m)	maveshī
Herde (f)	पशु समूह (m)	pashu samūh
Pferdestall (m)	अस्तबल (m)	astabal
Schweinestall (m)	सूअरखाना (m)	sūarakhāna
Kuhstall (m)	गोशाला (f)	goshāla
Kaninchenstall (m)	खरगोश का दरबा (m)	kharagosh ka daraba
Hühnerstall (m)	मुर्गीखाना (m)	murgīkhāna

213. Hunde. Hunderassen

Hund (m)	कुत्ता (m)	kutta
Schäferhund (m)	गड़रिये का कुत्ता (m)	garariye ka kutta
Pudel (m)	पूडल (m)	pūdal
Dachshund (m)	डाक्सहूण्ड (m)	dāksahūnd
Bulldogge (f)	बुलडॉग (m)	buladog
Boxer (m)	बॉक्सर (m)	boksar

Mastiff (m)	मास्टिफ़ (m)	māstif
Rottweiler (m)	रॉटवायलर (m)	rotavāyalar
Dobermann (m)	डोबरमैन (m)	dobaramain

Basset (m)	बास्सेट (m)	bāsset
Bobtail (m)	बोब्टेल (m)	bobtel
Dalmatiner (m)	डालमेशियन (m)	dālameshiyan
Cocker-Spaniel (m)	कॉकर स्पैनियल (m)	kokar spainiyal

| Neufundländer (m) | न्यूफ़ाउंडलंड (m) | nyūfaundaland |
| Bernhardiner (m) | सेंट बनार्ड (m) | sent barnārd |

Eskimohund (m)	हस्की (m)	haskī
Chow-Chow (m)	चाउ-चाउ (m)	chau-chau
Spitz (m)	स्पीट्ज़ (m)	spītz
Mops (m)	पग (m)	pag

214. Tierlaute

Gebell (n)	भौं-भौं (f)	bhaun-bhaun
bellen (vi)	भौंकना	bhaunkana
miauen (vi)	म्याऊं-म्याऊं करना	myaūn-myaun karana
schnurren (Katze)	घुरघुराना	ghuraghurāna

muhen (vi)	रँभाना	ranbhāna
brüllen (Stier)	गर्जना	garjana
knurren (Hund usw.)	गुर्राना	gurrāna

Heulen (n)	गुर्राहट (f)	gurrāhat
heulen (vi)	चिल्लाना (m)	chillāna
winseln (vi)	रिरियाना	ririyāna

meckern (Ziege)	मिमियाना	mimiyāna
grunzen (vi)	घुरघुराना	ghuraghurāna
kreischen (vi)	किकियाना	kikiyāna

quaken (vi)	टर्र-टर्र करना	tarr-tarr karana
summen (Insekt)	भनभनाना	bhanabhanāna
zirpen (vi)	चरचराना	characharāna

215. Jungtiere

Tierkind (n)	पशुशावक (m)	pashushāvak
Kätzchen (n)	बिल्लौटा (m)	billauta
Mausjunge (n)	चुहिया (f)	chuhiya
Hündchen (n), Welpe (m)	पिल्ला (m)	pilla

Häschen (n)	खरगोश का बच्चा (m)	kharagosh ka bachcha
Kaninchenjunge (n)	खरगोश का बच्चा (m)	kharagosh ka bachcha
Wolfsjunge (n)	भेड़िये का शावक (m)	bheriye ka shāvak
Fuchsjunge (n)	लोमड़ी का शावक (m)	lomri ka shāvak
Bärenjunge (n)	भालू का बच्चा (m)	bhālū ka bachcha

Löwenjunge (n)	शेर का बच्चा (m)	sher ka bachcha
junger Tiger (m)	बाघ का बच्चा (m)	bāgh ka bachcha
Elefantenjunge (n)	हाथी का बच्चा (m)	hāthī ka bachcha

Ferkel (n)	घेंटा (m)	ghenta
Kalb (junge Kuh)	बछड़ा (m)	bachhara
Ziegenkitz (n)	बकरी का बच्चा (m)	bakarī ka bachcha
Lamm (n)	भेड़ का बच्चा (m)	bher ka bachcha
Hirschkalb (n)	मृग का बच्चा (m)	mrg ka bachcha
Kamelfohlen (n)	ऊंट का बच्चा (m)	ūnt ka bachcha

| junge Schlange (f) | सर्प का बच्चा (m) | sarp ka bachcha |
| Fröschlein (n) | मेंढक का बच्चा (m) | mendhak ka bachcha |

junger Vogel (m)	चिड़िया का बच्चा (m)	chiriya ka bachcha
Küken (n)	मुर्गी का बच्चा (m)	murgī ka bachcha
Entlein (n)	बत्तख का बच्चा (m)	battakh ka bachcha

216. Vögel

Vogel (m)	चिड़िया (f)	chiriya
Taube (f)	कबूतर (m)	kabūtar
Spatz (m)	गौरैया (f)	gauraiya
Meise (f)	टिटरी (f)	titarī
Elster (f)	नीलकण्ठ पक्षी (f)	nīlakanth pakshī

Rabe (m)	काला कौआ (m)	kāla kaua
Krähe (f)	कौआ (m)	kaua
Dohle (f)	कौआ (m)	kaua
Saatkrähe (f)	कौआ (m)	kaua

Ente (f)	बत्तख (f)	battakh
Gans (f)	हंस (m)	hans
Fasan (m)	तीतर (m)	tītar

Adler (m)	चील (f)	chīl
Habicht (m)	बाज़ (m)	bāz
Falke (m)	बाज़ (m)	bāz
Greif (m)	गिद्ध (m)	giddh
Kondor (m)	कॉन्डोर (m)	kondor

Schwan (m)	राजहंस (m)	rājahans
Kranich (m)	सारस (m)	sāras
Storch (m)	लकलक (m)	lakalak

Papagei (m)	तोता (m)	tota
Kolibri (m)	हमिंग बर्ड (f)	haming bard
Pfau (m)	मोर (m)	mor

Strauß (m)	शुतुरमुर्ग (m)	shuturamurg
Reiher (m)	बगुला (m)	bagula
Flamingo (m)	फ्लेमिन्गो (m)	flemingo
Pelikan (m)	हवासिल (m)	havāsil
Nachtigall (f)	बुलबुल (m)	bulabul

Schwalbe (f)	अबाबील (f)	abābīl
Drossel (f)	मुखव्रण (f)	mukhavran
Singdrossel (f)	मुखव्रण (f)	mukhavran
Amsel (f)	ब्लैकबर्ड (m)	blaikabard

Segler (m)	बतासी (f)	batāsī
Lerche (f)	भरत (m)	bharat
Wachtel (f)	वर्तक (m)	varttak

Specht (m)	कठफोड़ा (m)	kathafora
Kuckuck (m)	कोयल (f)	koyal
Eule (f)	उल्लू (m)	ullū
Uhu (m)	गरूड़ उल्लू (m)	garūr ullū
Auerhahn (m)	तीतर (m)	tītar
Birkhahn (m)	काला तीतर (m)	kāla tītar
Rebhuhn (n)	चकोर (m)	chakor

Star (m)	तिलिया (f)	tiliya
Kanarienvogel (m)	कनारी (f)	kanārī
Haselhuhn (n)	पिंगल तीतर (m)	pingal tītar
Buchfink (m)	फ़िंच (m)	finch
Gimpel (m)	बुलफ़िंच (m)	bulafinch

Möwe (f)	गंगा-चिल्ली (f)	ganga-chillī
Albatros (m)	अल्बात्रोस (m)	albātros
Pinguin (m)	पेंगुइन (m)	penguin

217. Vögel. Gesang und Laute

singen (vt)	गाना	gāna
schreien (vi)	बुलाना	bulāna
kikeriki schreien	बाँग देना	bāng dena
kikeriki	कुकड़ूकू	kukarūnkū

gackern (vi)	कुड़कुड़ाना	kurakurāna
krächzen (vi)	कांय कांय करना	kāny kāny karana
schnattern (Ente)	कुवैक कुवैक करना	kuvaik kuvaik karana
piepsen (vi)	चीं चीं करना	chīn chīn karana
zwitschern (vi)	चहकना	chahakana

218. Fische. Meerestiere

Brachse (f)	ब्रीम (f)	brīm
Karpfen (m)	कार्प (f)	kārp
Barsch (m)	पर्च (f)	parch
Wels (m)	कैटफ़िश (f)	kaitafish
Hecht (m)	पाइक (f)	paik

Lachs (m)	सैल्मन (f)	sailman
Stör (m)	स्टर्जन (f)	starjan
Hering (m)	हेरिंग (f)	hering
atlantische Lachs (m)	अटलांटिक सैल्मन (f)	atalāntik sailman

| Makrele (f) | माक्रैल (f) | mākrail |
| Scholle (f) | फ़्लैटफ़िश (f) | flaitafish |

Zander (m)	पाइक पर्च (f)	paik parch
Dorsch (m)	कॉड (f)	kod
Tunfisch (m)	टूना (f)	tūna
Forelle (f)	ट्रॉउट (f)	traut

Aal (m)	सर्पमीन (f)	sarpamīn
Zitterrochen (m)	विद्युत शंकुश (f)	vidyut shankush
Muräne (f)	मोरे सर्पमीन (f)	more sarpamīn
Piranha (m)	पिरान्हा (f)	pirānha

Hai (m)	शार्क (f)	shārk
Delfin (m)	डॉल्फ़िन (f)	dolafin
Wal (m)	ह्वेल (f)	hvel

Krabbe (f)	केकड़ा (m)	kekara
Meduse (f)	जेली फ़िश (f)	jelī fish
Krake (m)	आक्टोपस (m)	āktopas

Seestern (m)	स्टार फ़िश (f)	stār fish
Seeigel (m)	जलसाही (f)	jalasāhī
Seepferdchen (n)	समुद्री घोड़ा (m)	samudrī ghora

Auster (f)	कस्तूरा (m)	kastūra
Garnele (f)	झींगा (f)	jhīnga
Hummer (m)	लॉब्सटर (m)	lobsatar
Languste (f)	स्पाइनी लॉब्सटर (m)	spainī lobsatar

219. Amphibien Reptilien

| Schlange (f) | सर्प (m) | sarp |
| Gift-, giftig | विषैला | vishaila |

Viper (f)	वाइपर (m)	vaipar
Kobra (f)	नाग (m)	nāg
Python (m)	अजगर (m)	ajagar
Boa (f)	अजगर (m)	ajagar
Ringelnatter (f)	सांप (f)	sānp
Klapperschlange (f)	रैटल सर्प (m)	raital sarp
Anakonda (f)	एनाकोन्डा (f)	enākonda

Eidechse (f)	छिपकली (f)	chhipakalī
Leguan (m)	इग्युएना (m)	igyūena
Waran (m)	मॉनिटर छिपकली (f)	monitar chhipakalī
Salamander (m)	सैलामैंडर (m)	sailāmaindar
Chamäleon (n)	गिरगिट (m)	giragit
Skorpion (m)	वृश्चिक (m)	vrshchik

Schildkröte (f)	कछुआ (m)	kachhua
Frosch (m)	मेंढक (m)	mendhak
Kröte (f)	भेक (m)	bhek
Krokodil (n)	मगर (m)	magar

220. Insekten

Insekt (n)	कीट (m)	kīt
Schmetterling (m)	तितली (f)	titalī
Ameise (f)	चींटी (f)	chīntī
Fliege (f)	मक्खी (f)	makkhī
Mücke (f)	मच्छर (m)	machchhar
Käfer (m)	भृंग (m)	bhrng
Wespe (f)	हड्डा (m)	hadda
Biene (f)	मधुमक्खी (f)	madhumakkhī
Hummel (f)	भंवरा (m)	bhanvara
Bremse (f)	गोमक्खी (f)	gomakkhī
Spinne (f)	मकड़ी (f)	makarī
Spinnennetz (n)	मकड़ी का जाल (m)	makarī ka jāl
Libelle (f)	व्याध-पतंग (m)	vyādh-patang
Grashüpfer (m)	टिड्डा (m)	tidda
Schmetterling (m)	पतंगा (m)	patanga
Schabe (f)	तिलचट्टा (m)	tilachatta
Zecke (f)	जूँआ (m)	juna
Floh (m)	पिस्सू (m)	pissū
Kriebelmücke (f)	भुनगा (m)	bhunaga
Heuschrecke (f)	टिड्डी (f)	tiddī
Schnecke (f)	घोंघा (m)	ghongha
Heimchen (n)	झींगुर (m)	jhīngur
Leuchtkäfer (m)	जुगनू (m)	juganū
Marienkäfer (m)	सोनपंखी (f)	sonapankhī
Maikäfer (m)	कोकचाफ़ (m)	kokachāf
Blutegel (m)	जोंक (m)	jok
Raupe (f)	इल्ली (f)	illī
Wurm (m)	केंचुआ (m)	kenchua
Larve (f)	कीटडिंभ (m)	kītadimbh

221. Tiere. Körperteile

Schnabel (m)	चोंच (f)	chonch
Flügel (pl)	पंख (m pl)	pankh
Fuß (m)	पंजा (m)	panja
Gefieder (n)	पक्षी के पर (m)	pakshī ke par
Feder (f)	पर (m)	par
Haube (f)	कलगी (f)	kalagī
Kiemen (pl)	गलफड़ा (m)	galafara
Laich (m)	अंडा (m)	anda
Larve (f)	लार्वा (f)	lārva
Flosse (f)	मछली का पंख (m)	machhalī ka pankh
Schuppe (f)	स्केल (f)	skel
Stoßzahn (m)	खांग (m)	khāng

Pfote (f)	पंजा (m)	panja
Schnauze (f)	थूथन (m)	thūthan
Rachen (m)	मुंह (m)	munh
Schwanz (m)	पूँछ (f)	pūnchh
Barthaar (n)	मूँछें (f pl)	mūnchhen
Huf (m)	खुर (m)	khur
Horn (n)	शृंग (m)	shrng
Panzer (m)	कवच (m)	kavach
Muschel (f)	कौड़ी (f)	kaurī
Schale (f)	अंडे का छिलका (m)	ande ka chhilaka
Fell (n)	जानवर के बाल (m)	jānavar ke bāl
Haut (f)	पशुचर्म (m)	pashucharm

222. Tierverhalten

fliegen (vi)	उड़ना	urana
herumfliegen (vi)	चक्कर लगाना	chakkar lagāna
wegfliegen (vi)	उड़ जाना	ur jāna
schlagen (mit den Flügeln ~)	पंख फड़फड़ाना	pankh farafarāna
picken (vt)	चुगना	chugana
bebrüten (vt)	अंडे सेना	ande sena
ausschlüpfen (vi)	अंडे से बाहर निकलना	ande se bāhar nikalana
ein Nest bauen	घोंसला बनाना	ghonsala banāna
kriechen (vi)	रेंगना	rengana
stechen (Insekt)	डसना	dasana
beißen (vt)	काटना	kātana
schnüffeln (vt)	सूंघना	sūnghana
bellen (vi)	भौंकना	bhaunkana
zischen (vi)	फुफकारना	fufakārana
erschrecken (vt)	डराना	darāna
angreifen (vt)	हमला करना	hamala karana
nagen (vi)	कुतरना	kutarana
kratzen (vt)	कुरेदना	kuredana
sich verstecken	छिपाना	chhipāna
spielen (vi)	खेलना	khelana
jagen (vi)	शिकार करना	shikār karana
Winterschlaf halten	सीतनिद्रा में होना	sītanidra men hona
aussterben (vi)	समाप्त हो जाना	samāpt ho jāna

223. Tiere. Lebensräume

Lebensraum (f)	निवास-स्थान (m)	nivās-sthān
Wanderung (f)	देशांतरण (m)	deshāntaran
Berg (m)	पहाड़ (m)	pahār

| Riff (n) | रीफ़ (m) | rīf |
| Fels (m) | शिला (f) | shila |

Wald (m)	वन (m)	van
Dschungel (m, n)	जंगल (m)	jangal
Savanne (f)	सवान्ना (m)	savānna
Tundra (f)	तुंड्रा (m)	tundra

Steppe (f)	घास का मैदान (m)	ghās ka maidān
Wüste (f)	रेगिस्तान (m)	registān
Oase (f)	नख़लिस्तान (m)	nakhalistān

Meer (n), See (f)	सागर (m)	sāgar
See (m)	तालाब (m)	tālāb
Ozean (m)	महासागर (m)	mahāsāgar

Sumpf (m)	दलदल (m)	daladal
Süßwasser-	मीठे पानी का	mīthe pānī ka
Teich (m)	ताल (m)	tāl
Fluss (m)	नदी (f)	nadī

Höhle (f), Bau (m)	गुफ़ा (f)	gufa
Nest (n)	घोंसला (m)	ghonsala
Höhlung (f)	खोखला (m)	khokhala
Loch (z.B. Wurmloch)	बिल (m)	bil
Ameisenhaufen (m)	बांबी (f)	bāmbī

224. Tierpflege

| Zoo (m) | चिड़ियाघर (m) | chiriyāghar |
| Schutzgebiet (n) | पशुविहार (m) | pashuvihār |

Zucht (z.B. Hunde~)	पशुफ़ार्म (m)	pashufārm
Freigehege (n)	अहाता (m)	ahāta
Käfig (m)	पिंजरा (m)	pinjara
Hundehütte (f)	कुत्ताघर (m)	kuttāghar

Taubenschlag (m)	कबूतरखाना (m)	kabūtarakhāna
Aquarium (n)	मछलीघर (m)	machhalīghar
Delphinarium (n)	डॉल्फ़िनघर (m)	dolafinaghar

züchten (vt)	पालन करना	pālan karana
Wurf (m)	बच्चे (m)	bachche
zähmen (vt)	पालतू बनाना	pālatū banāna
dressieren (vt)	सधाना	sadhāna

| Futter (n) | चारा (m) | chāra |
| füttern (vt) | खिलाना | khilāna |

Zoohandlung (f)	पालतू जानवरों की दुकान (f)	pālatū jānavaron kī dukān
Maulkorb (m)	थूथन (f)	thūthan
Halsband (n)	पट्टा (m)	patta
Rufname (m)	नाम (m)	nām
Stammbaum (m)	वंशावली (f)	vanshāvalī

225. Tiere. Verschiedenes

Rudel (Wölfen)	झुंड (m)	jhund
Vogelschwarm (m)	झुंड (m)	jhund
Schwarm (~ Heringe usw.)	झुंड (m)	jhund
Pferdeherde (f)	झुंड (m)	jhund
Männchen (n)	नर (m)	nar
Weibchen (n)	मादा (f)	māda
hungrig	भूखा	bhūkha
wild	जंगली	jangalī
gefährlich	खतरनाक	khataranāk

226. Pferde

Pferd (n)	घोड़ा (m)	ghora
Rasse (f)	नस्ल (f)	nasl
Fohlen (n)	बछड़ा (m)	bachhara
Stute (f)	घोड़ी (f)	ghorī
Mustang (m)	मुस्तांग (m)	mustāng
Pony (n)	टट्टू (m)	tattū
schweres Zugpferd (n)	भारवाही घोड़ा (m)	bhāravāhī ghora
Mähne (f)	अयाल (m)	ayāl
Schwanz (m)	पूँछ (f)	pūnchh
Huf (m)	खुर (m)	khur
Hufeisen (n)	अश्वनाल (f)	ashvanāl
beschlagen (vt)	नाल जड़ना	nāl jarana
Schmied (m)	लोहार (m)	lohār
Sattel (m)	काठी (f)	kāthī
Steigbügel (m)	रक़ाब (m)	raqāb
Zaum (m)	लगाम (f)	lagām
Zügel (pl)	लगाम (f)	lagām
Peitsche (f)	चाबूक (m)	chābūk
Reiter (m)	सवार (m)	savār
satteln (vt)	काठी कसना	kāthī kasana
besteigen (vt)	काठी पर बैठना	kāthī par baithana
Galopp (m)	सरपट (f)	sarapat
galoppieren (vi)	सरपट दौड़ना	sarapat daurana
Trab (m)	दुलकी चाल (m)	dulakī chāl
im Trab	दुलकी चाल चलना	dulakī chāl chalana
Rennpferd (n)	दौड़ का घोड़ा (m)	daur ka ghora
Rennen (n)	घुड़दौड़ (m pl)	ghuradaur
Pferdestall (m)	अस्तबल (m)	astabal
füttern (vt)	खिलाना	khilāna

Heu (n)	सूखी घास (f)	sūkhī ghās
tränken (vt)	पिलाना	pilāna
striegeln (vt)	नहलाना	nahalāna
weiden (vi)	चरना	charana
wiehern (vi)	हिनहिनाना	hinahināna
ausschlagen (Pferd)	लात मारना	lāt mārana

Flora

227. Bäume

Baum (m)	पेड़ (m)	per
Laub-	पर्णपाती	parnapātī
Nadel-	शंकुधर	shankudhar
immergrün	सदाबहार	sadābahār

Apfelbaum (m)	सेब वृक्ष (m)	seb vrksh
Birnbaum (m)	नाश्पाती का पेड़ (m)	nāshpātī ka per
Kirschbaum (m)	चेरी का पेड़ (f)	cherī ka per
Pflaumenbaum (m)	आलूबुख़ारे का पेड़ (m)	ālūbukhāre ka per

Birke (f)	सनोबर का पेड़ (m)	sanobar ka per
Eiche (f)	बलूत (m)	balūt
Linde (f)	लिनडेन वृक्ष (m)	linaden vrksh
Espe (f)	आस्पेन वृक्ष (m)	āspen vrksh
Ahorn (m)	मेपल (m)	mepal

Fichte (f)	फर का पेड़ (m)	far ka per
Kiefer (f)	देवदार (m)	devadār
Lärche (f)	लार्च (m)	lārch
Tanne (f)	फर (m)	far
Zeder (f)	देवदर (m)	devadar
Pappel (f)	पोप्लर वृक्ष (m)	poplar vrksh
Vogelbeerbaum (m)	रोवाण (m)	rovān
Weide (f)	विलो (f)	vilo
Erle (f)	आल्डर वृक्ष (m)	āldar vrksh

Buche (f)	बीच (m)	bīch
Ulme (f)	एल्म वृक्ष (m)	elm vrksh
Esche (f)	एश-वृक्ष (m)	esh-vrksh
Kastanie (f)	चेस्टनट (m)	chestanat

Magnolie (f)	मैगनोलिया (f)	maiganoliya
Palme (f)	ताड़ का पेड़ (m)	tār ka per
Zypresse (f)	सरो (m)	saro

Mangrovenbaum (m)	मैनग्रोव (m)	mainagrov
Baobab (m)	गोरक्षी (m)	gorakshī
Eukalyptus (m)	यूकेलिप्टस (m)	yūkeliptas
Mammutbaum (m)	सेकोइया (f)	sekoiya

228. Büsche

| Strauch (m) | झाड़ी (f) | jhārī |
| Gebüsch (n) | झाड़ी (f) | jhārī |

| Weinstock (m) | अंगूर की बेल (f) | angūr kī bel |
| Weinberg (m) | अंगूर का बाग़ (m) | angūr ka bāg |

Himbeerstrauch (m)	रास्पबेरी की झाड़ी (f)	rāspaberī kī jhārī
rote Johannisbeere (f)	लाल करेंट की झाड़ी (f)	lāl karent kī jhārī
Stachelbeerstrauch (m)	गूज़बेरी की झाड़ी (f)	gūzaberī kī jhārī

Akazie (f)	ऐकेशिय (m)	aikeshiy
Berberitze (f)	बारबेरी झाड़ी (f)	bāraberī jhārī
Jasmin (m)	चमेली (f)	chamelī

Wacholder (m)	जूनिपर (m)	jūnipar
Rosenstrauch (m)	गुलाब की झाड़ी (f)	gulāb kī jhārī
Heckenrose (f)	जंगली गुलाब (m)	jangalī gulāb

229. Pilze

Pilz (m)	गगन-धूलि (f)	gagan-dhūli
essbarer Pilz (m)	खाने योग्य गगन-धूलि (f)	khāne yogy gagan-dhūli
Giftpilz (m)	ज़हरीली गगन-धूलि (f)	zaharīlī gagan-dhūli
Hut (m)	छतरी (f)	chhatarī
Stiel (m)	डंठल (f)	danthal

Steinpilz (m)	सफ़ेद गगन-धूलि (f)	safed gagan-dhūli
Rotkappe (f)	नारंगी छतरी वाली गगन-धूलि (f)	nārangī chhatarī vālī gagan-dhūli
Birkenpilz (m)	बर्च बोलेट (f)	barch bolet
Pfifferling (m)	शेंटरेल (f)	shentarel
Täubling (m)	रसुला (f)	rasula

Morchel (f)	मोरेल (f)	morel
Fliegenpilz (m)	फ्लाई ऐगेरिक (f)	flaī aigerik
Grüner Knollenblätterpilz	डेथ कैप (f)	deth kaip

230. Obst. Beeren

Frucht (f)	फल (m)	fal
Früchte (pl)	फल (m pl)	fal
Apfel (m)	सेब (m)	seb
Birne (f)	नाश्पाती (f)	nāshpātī
Pflaume (f)	आलूबुखारा (m)	ālūbukhāra

Erdbeere (f)	स्ट्रॉबेरी (f)	stroberī
Kirsche (f)	चेरी (f)	cherī
Weintrauben (pl)	अंगूर (m)	angūr

Himbeere (f)	रास्पबेरी (f)	rāspaberī
schwarze Johannisbeere (f)	काली करेंट (f)	kālī karent
rote Johannisbeere (f)	लाल करेंट (f)	lāl karent
Stachelbeere (f)	गूज़बेरी (f)	gūzaberī
Moosbeere (f)	क्रेनबेरी (f)	krenaberī
Apfelsine (f)	संतरा (m)	santara

Mandarine (f)	नारंगी (f)	nārangī
Ananas (f)	अनानास (m)	anānās
Banane (f)	केला (m)	kela
Dattel (f)	खजूर (m)	khajūr

Zitrone (f)	नींबू (m)	nīmbū
Aprikose (f)	खुबानी (f)	khūbānī
Pfirsich (m)	आड़ू (m)	ārū
Kiwi (f)	चीकू (m)	chīkū
Grapefruit (f)	ग्रेपफ्रूट (m)	grepafrūt

Beere (f)	बेरी (f)	berī
Beeren (pl)	बेरियां (f pl)	beriyān
Preiselbeere (f)	काओबेरी (f)	kaoberī
Walderdbeere (f)	जंगली स्ट्रांबेरी (f)	jangalī stroberī
Heidelbeere (f)	बिलबेरी (f)	bilaberī

231. Blumen. Pflanzen

| Blume (f) | फूल (m) | fūl |
| Blumenstrauß (m) | गुलदस्ता (m) | guladasta |

Rose (f)	गुलाब (f)	gulāb
Tulpe (f)	ट्यूलिप (m)	tyūlip
Nelke (f)	गुलनार (m)	gulanār
Gladiole (f)	ग्लेडियोलस (m)	glediyolas

Kornblume (f)	नीलकूपी (m)	nīlakūpī
Glockenblume (f)	ब्लूबेल (m)	blūbel
Löwenzahn (m)	कुकरौंधा (m)	kukaraundha
Kamille (f)	कैमोमाइल (m)	kaimomail

Aloe (f)	मुसब्बर (m)	musabbar
Kaktus (m)	कैक्टस (m)	kaiktas
Gummibaum (m)	रबड़ का पौधा (m)	rabar ka paudha

Lilie (f)	कुमुदिनी (f)	kumudinī
Geranie (f)	जेरेनियम (m)	jeraniyam
Hyazinthe (f)	हायसिंथ (m)	hāyasinth

Mimose (f)	मिमोसा (m)	mimosa
Narzisse (f)	नरगिस (f)	naragis
Kapuzinerkresse (f)	नस्टाशयम (m)	nastāshayam

Orchidee (f)	आर्किड (m)	ārkid
Pfingstrose (f)	पियोनी (m)	piyonī
Veilchen (n)	वॉयलेट (m)	voyalet

Stiefmütterchen (n)	पैंज़ी (m pl)	painzī
Vergissmeinnicht (n)	फर्गेट मी नाट (m)	fargent mī nāt
Gänseblümchen (n)	गुलबहार (f)	gulabahār

| Mohn (m) | खशखाश (m) | khashakhāsh |
| Hanf (m) | भांग (f) | bhāng |

Minze (f)	पुदीना (m)	pudīna
Maiglöckchen (n)	कामुदिनी (f)	kāmudinī
Schneeglöckchen (n)	सफ़ेद फूल (m)	safed fūl
Brennnessel (f)	बिच्छू बूटी (f)	bichchhū būtī
Sauerampfer (m)	सोरेल (m)	sorel
Seerose (f)	कुमुदिनी (f)	kumudinī
Farn (m)	फ़र्न (m)	farn
Flechte (f)	शैवाक (m)	shaivāk
Gewächshaus (n)	शीशाघर (m)	shīshāghar
Rasen (m)	घास का मैदान (m)	ghās ka maidān
Blumenbeet (n)	फुलवारी (f)	fulavārī
Pflanze (f)	पौधा (m)	paudha
Gras (n)	घास (f)	ghās
Grashalm (m)	तिनका (m)	tinaka
Blatt (n)	पत्ती (f)	pattī
Blütenblatt (n)	पंखड़ी (f)	pankharī
Stiel (m)	डंडी (f)	dandī
Knolle (f)	कंद (m)	kand
Jungpflanze (f)	अंकुर (m)	ankur
Dorn (m)	काँटा (m)	kānta
blühen (vi)	खिलना	khilana
welken (vi)	मुरझाना	murajhāna
Geruch (m)	बू (m)	bū
abschneiden (vt)	काटना	kātana
pflücken (vt)	तोड़ना	torana

232. Getreide, Körner

Getreide (n)	दाना (m)	dāna
Getreidepflanzen (pl)	अनाज की फ़सलें (m pl)	anāj kī fasalen
Ähre (f)	बाल (f)	bāl
Weizen (m)	गेहूं (m)	gehūn
Roggen (m)	रई (f)	raī
Hafer (m)	जई (f)	jaī
Hirse (f)	बाजरा (m)	bājara
Gerste (f)	जौ (m)	jau
Mais (m)	मक्का (m)	makka
Reis (m)	चावल (m)	chāval
Buchweizen (m)	मोथी (m)	mothī
Erbse (f)	मटर (m)	matar
weiße Bohne (f)	राजमा (f)	rājama
Sojabohne (f)	सोया (m)	soya
Linse (f)	दाल (m)	dāl
Bohnen (pl)	फली (f pl)	falī

233. Gemüse. Grünzeug

Gemüse (n)	सब्जियाँ (f pl)	sabziyān
grünes Gemüse (pl)	हरी सब्जियाँ (f)	harī sabjiyān
Tomate (f)	टमाटर (m)	tamātar
Gurke (f)	खीरा (m)	khīra
Karotte (f)	गाजर (f)	gājar
Kartoffel (f)	आलू (m)	ālū
Zwiebel (f)	प्याज़ (f)	pyāz
Knoblauch (m)	लहसुन (m)	lahasun
Kohl (m)	बंदगोभी (f)	bandagobhī
Blumenkohl (m)	फूल गोभी (f)	fūl gobhī
Rosenkohl (m)	ब्रसेल्स स्प्राउट्स (m)	brasels sprauts
Rote Bete (f)	चुकन्दर (m)	chukandar
Aubergine (f)	बैंगन (m)	baingan
Zucchini (f)	लौकी (f)	laukī
Kürbis (m)	कद्दू (m)	kaddū
Rübe (f)	शलजम (f)	shalajam
Petersilie (f)	अजमोद (f)	ajamod
Dill (m)	सोआ (m)	soa
Kopf Salat (m)	सलाद पत्ता (m)	salād patta
Sellerie (m)	सेलरी (m)	selarī
Spargel (m)	एस्परैगस (m)	esparaigas
Spinat (m)	पालक (m)	pālak
Erbse (f)	मटर (m)	matar
Bohnen (pl)	फली (f pl)	falī
Mais (m)	मकई (f)	makī
weiße Bohne (f)	राजमा (f)	rājama
Pfeffer (m)	मिर्च (f)	mirch
Radieschen (n)	मूली (f)	mūlī
Artischocke (f)	आर्तिशोक (m)	artishok

REGIONALE GEOGRAPHIE

Länder. Nationalitäten

234. Westeuropa

Europa (n)	यूरोप (m)	yūrop
Europäische Union (f)	यूरोपीय संघ (m)	yūropīy sangh
Europäer (m)	यरोपीय (m)	yaropīy
europäisch	यरोपीय	yaropīy
Österreich	ऑस्ट्रिया (m)	ostriya
Österreicher (m)	ऑस्ट्रियाई (m)	ostriyaī
Österreicherin (f)	ऑस्ट्रीयाई (f)	ostrīyaī
österreichisch	ऑस्ट्रीयाई	ostrīyaī
Großbritannien	ग्रेट ब्रिटेन (m)	gret briten
England	इंग्लैंड (m)	inglaind
Brite (m)	ब्रिटिश (m)	british
Britin (f)	ब्रिटिश (f)	british
englisch	अंग्रेज़	angrez
Belgien	बेल्जियम (m)	beljiyam
Belgier (m)	बेल्जियाई (m)	beljiyaī
Belgierin (f)	बेल्जियाई (f)	beljiyaī
belgisch	बेल्जियाई	beljiyaī
Deutschland	जर्मन (m)	jarman
Deutsche (m)	जर्मन (m)	jarman
Deutsche (f)	जर्मन (f)	jarman
deutsch	जर्मन	jarman
Niederlande (f)	नीदरलैंड्स (m)	nīdaralainds
Holland (n)	हॉलैंड (m)	holaind
Holländer (m)	डच (m)	dach
Holländerin (f)	डच (f)	dach
holländisch	डच	dach
Griechenland	ग्रीस (m)	grīs
Grieche (m)	ग्रीक (m)	grīk
Griechin (f)	ग्रीक (f)	grīk
griechisch	ग्रीक	grīk
Dänemark	डेन्मार्क (m)	denmārk
Däne (m)	डेनिश (m)	denish
Dänin (f)	डेनिश (f)	denish
dänisch	डेनिश	denish
Irland	आयरलैंड (m)	āyaralaind
Ire (m)	आयरिश (m)	āyarish

| Irin (f) | आयरिश (f) | āyarish |
| irisch | आयरिश | āyarish |

Island	आयसलैंड (m)	āyasalaind
Isländer (m)	आयसलैंडर (m)	āyasalaindar
Isländerin (f)	आयसलैंडर (f)	āyasalaindar
isländisch	आयसलैंडर	āyasalaindar

Spanien	स्पेन (m)	spen
Spanier (m)	स्पेनी (m)	spenī
Spanierin (f)	स्पेनी (f)	spenī
spanisch	स्पेनी	spenī

Italien	इटली (m)	italī
Italiener (m)	इतालवी (m)	itālavī
Italienerin (f)	इतालवी (f)	itālavī
italienisch	इतालवी	itālavī

Zypern	साइप्रस (m)	saipras
Zypriot (m)	साइप्रस वासी (m)	saipras vāsī
Zypriotin (f)	साइप्रस वासी (f)	saipras vāsī
zyprisch	साइप्रसी	saiprasī

Malta	माल्टा (m)	mālta
Malteser (m)	मोलतिज़ (m)	molatiz
Malteserin (f)	मोलतिज़ (f)	molatiz
maltesisch	मोलतिज़	molatiz

Norwegen	नार्वे (m)	nārve
Norweger (m)	नार्वेजियन (m)	nārvejiyan
Norwegerin (f)	नार्वेजियन (f)	nārvejiyan
norwegisch	नार्वेजियन	nārvejiyan

Portugal	पुर्तगाल (m)	purtagāl
Portugiese (m)	पुर्तगाली (m)	purtagālī
Portugiesin (f)	पुर्तगाली (f)	purtagālī
portugiesisch	पुर्तगाली	purtagālī

Finnland	फ़िनलैंड (m)	finalaind
Finne (m)	फ़िनिश (m)	finish
Finnin (f)	फ़िनिश (f)	finish
finnisch	फ़िनिश	finish

Frankreich	फ़्रांस (m)	frāns
Franzose (m)	फ़्रांसीसी (m)	frānsīsī
Französin (f)	फ़्रांसीसी (f)	frānsīsī
französisch	फ़्रांसीसी	frānsīsī

Schweden	स्वीडन (m)	svīdan
Schwede (m)	स्वीड (m)	svīd
Schwedin (f)	स्वीड (f)	svīd
schwedisch	स्वीडिश	svīdish

Schweiz (f)	स्विट्ज़रलैंड (m)	svitzaralaind
Schweizer (m)	स्विस (m)	svis
Schweizerin (f)	स्विस (f)	svis

schweizerisch	स्विस	svis
Schottland	स्कॉटलैंड (m)	skotalaind
Schotte (m)	स्कॉटिश (m)	skotish
Schottin (f)	स्कॉटिश (f)	skotish
schottisch	स्कॉटिश	skotish
Vatikan (m)	वेटिकन (m)	vetikan
Liechtenstein	लिकटेंस्टीन (m)	likatenstīn
Luxemburg	लक्ज़मबर्ग (m)	lakzamabarg
Monaco	मोनाको (m)	monāko

235. Mittel- und Osteuropa

Albanien	अल्बानिया (m)	albāniya
Albaner (m)	अल्बानियाई (m)	albāniyaī
Albanerin (f)	अल्बानियाई (f)	albāniyaī
albanisch	अल्बानियाई	albāniyaī
Bulgarien	बुल्गारिया (m)	bulgāriya
Bulgare (m)	बल्गेरियाई (m)	balgeriyaī
Bulgarin (f)	बल्गेरियाई (f)	balgeriyaī
bulgarisch	बल्गेरियाई	balgeriyaī
Ungarn	हंगरी (m)	hangarī
Ungar (m)	हंगेरियाई (m)	hangeriyaī
Ungarin (f)	हंगेरियाई (f)	hangeriyaī
ungarisch	हंगेरियाई	hangeriyaī
Lettland	लाटविया (m)	lātaviya
Lette (m)	लाटवियाई (m)	lātaviyaī
Lettin (f)	हंगेरियाई (f)	hangeriyaī
lettisch	लाटवियाई	lātaviyaī
Litauen	लिथुआनिया (m)	lithuāniya
Litauer (m)	लिथुआनियन (m)	lithuāniyan
Litauerin (f)	लिथुआनियन (f)	lithuāniyan
litauisch	लिथुआनियन	lithuāniyan
Polen	पोलैंड (m)	polaind
Pole (m)	पोलिश (m)	polish
Polin (f)	पोलिश (f)	polish
polnisch	पोलिश	polish
Rumänien	रोमानिया (m)	romāniya
Rumäne (m)	रोमानियाई (m)	romāniyaī
Rumänin (f)	रोमानियाई (f)	romāniyaī
rumänisch	रोमानियाई	romāniyaī
Serbien	सर्बिया (m)	sarbiya
Serbe (m)	सर्बियाई (m)	sarbiyaī
Serbin (f)	सर्बियाई (f)	sarbiyaī
serbisch	सर्बियाई	sarbiyaī
Slowakei (f)	स्लोवाकिया (m)	slovākiya
Slowake (m)	स्लोवाकियन (m)	slovākiyan

| Slowakin (f) | स्लोवाकियन (f) | slovākiyan |
| slowakisch | स्लोवाकियन | slovākiyan |

Kroatien	क्रोएशिया (m)	kroeshiya
Kroate (m)	क्रोएशियन (m)	kroeshiyan
Kroatin (f)	क्रोएशियन (f)	kroeshiyan
kroatisch	क्रोएशियन	kroeshiyan

Tschechien	चेक गणतंत्र (m)	chek ganatantr
Tscheche (m)	चेक (m)	chek
Tschechin (f)	चेक (f)	chek
tschechisch	चेक	chek

Estland	एस्तोनिया (m)	estoniya
Este (m)	एस्तोनियन (m)	estoniyan
Estin (f)	एस्तोनियन (f)	estoniyan
estnisch	एस्तोनियन	estoniyan

Bosnien und Herzegowina	बोस्निया और हर्ज़ेगोविना	bosniya aur harzegovina
Makedonien	मेसेडोनिया (m)	mesedoniya
Slowenien	स्लोवेनिया (m)	sloveniya
Montenegro	मोंटेनेग्रो (m)	montenegro

236. Frühere UdSSR Republiken

Aserbaidschan	आज़रबाइजान (m)	āzarabaijān
Aserbaidschaner (m)	आज़रबाइजानी (m)	āzarabaijānī
Aserbaidschanerin (f)	आज़रबाइजानी (f)	āzarabaijānī
aserbaidschanisch	आज़रबाइजानी	āzarabaijānī

Armenien	आर्मीनिया (m)	ārmīniya
Armenier (m)	आर्मीनियन (m)	ārmīniyan
Armenierin (f)	आर्मीनियन (f)	ārmīniyan
armenisch	आर्मीनियाई	ārmīniyaī

Weißrussland	बेलारूस (m)	belārūs
Weißrusse (m)	बेलारूसी (m)	belārūsī
Weißrussin (f)	बेलारूसी (f)	belārūsī
weißrussisch	बेलारूसी	belārūsī

Georgien	जॉर्जिया (m)	jorjiya
Georgier (m)	जॉर्जियन (m)	jorjiyan
Georgierin (f)	जॉर्जियन (f)	jorjiyan
georgisch	जॉर्जिया	jorjiya

Kasachstan	कज़ाकस्तान (m)	kazākastān
Kasache (m)	कज़ाकी (m)	kazākī
Kasachin (f)	कज़ाकी (f)	kazākī
kasachisch	कज़ाकी	kazākī

Kirgisien	किर्गीज़िया (m)	kirgīziya
Kirgise (m)	किर्गीज़ (m)	kirgīz
Kirgisin (f)	किर्गीज़ (f)	kirgīz
kirgisisch	किर्गीज़	kirgīz

Moldawien	मोलदोवा (m)	moladova
Moldauer (m)	मोलदोवियन (m)	moladoviyan
Moldauerin (f)	मोलदोवियन (f)	moladoviyan
moldauisch	मोलदोवियन	moladoviyan

Russland	रूस (m)	rūs
Russe (m)	रूसी (m)	rūsī
Russin (f)	रूसी (f)	rūsī
russisch	रूसी	rūsī

Tadschikistan	ताज़िकिस्तान (m)	tājikistān
Tadschike (m)	ताज़िक (m)	tājik
Tadschikin (f)	ताज़िक (f)	tājik
tadschikisch	ताज़िक	tājik

Turkmenistan	तुर्कमानिस्तान (m)	turkamānistān
Turkmene (m)	तुर्कमानी (m)	turkamānī
Turkmenin (f)	तुर्कमानी (f)	turkamānī
turkmenisch	तुर्कमानी	turkamānī

Usbekistan	ऊज़्बेकिस्तान (m)	uzbekistān
Usbeke (m)	ऊज़्बेकी (m)	uzbekī
Usbekin (f)	ऊज़्बेकी (f)	uzbekī
usbekisch	ऊज़्बेकि	uzbeki

Ukraine (f)	यूक्रेन (m)	yūkren
Ukrainer (m)	यूक्रेनी (m)	yūkrenī
Ukrainerin (f)	यूक्रेनी (f)	yūkrenī
ukrainisch	यूक्रेनी	yūkrenī

237. Asien

| Asien | एशिया (f) | eshiya |
| asiatisch | एशियई | eshiyī |

Vietnam	वियतनाम (m)	viyatanām
Vietnamese (m)	वियतनामी (m)	viyatanāmī
Vietnamesin (f)	वियतनामी (f)	viyatanāmī
vietnamesisch	वियतनामी	viyatanāmī

Indien	भारत (m)	bhārat
Inder (m)	भारतीय (m)	bhāratīy
Inderin (f)	भारतीय (f)	bhāratīy
indisch	भारतीय	bhāratīy

Israel	इसायल (m)	isrāyal
Israeli (m)	इसाइली (m)	israilī
Israeli (f)	इसाइली (f)	israilī
israelisch	इसाइली	israilī

Jude (m)	यहूदी (m)	yahūdī
Jüdin (f)	यहूदी (f)	yahūdī
jüdisch	यहूदी	yahūdī
China	चीन (m)	chīn

Chinese (m)	चीनी (m)	chīnī
Chinesin (f)	चीनी (f)	chīnī
chinesisch	चीनी	chīnī

Koreaner (m)	कोरियन (m)	koriyan
Koreanerin (f)	कोरियन (f)	koriyan
koreanisch	कोरियन	koriyan

Libanon (m)	लेबनान (m)	lebanān
Libanese (m)	लेबनानी (m)	lebanānī
Libanesin (f)	लेबनानी (f)	lebanānī
libanesisch	लेबनानी	lebanānī

Mongolei (f)	मंगोलिया (m)	mangoliya
Mongole (m)	मंगोलियन (m)	mangoliyan
Mongolin (f)	मंगोलियन (f)	mangoliyan
mongolisch	मंगोलियन	mangoliyan

Malaysia	मलेशिया (m)	maleshiya
Malaie (m)	मलेशियाई (m)	maleshiyaī
Malaiin (f)	मलेशियाई (f)	maleshiyaī
malaiisch	मलेशियाई	maleshiyaī

Pakistan	पाकिस्तान (m)	pākistān
Pakistaner (m)	पाकिस्तानी (m)	pākistānī
Pakistanerin (f)	पाकिस्तानी (f)	pākistānī
pakistanisch	पाकिस्तानी	pākistānī

Saudi-Arabien	सऊदी अरब (m)	saūdī arab
Araber (m)	अरब (m)	arab
Araberin (f)	अरबी (f)	arabī
arabisch	अरबी	arabī

Thailand	थाईलैंड (m)	thaīlaind
Thailänder (m)	थाई (m)	thaī
Thailänderin (f)	थाई (f)	thaī
thailändisch	थाई	thaī

Taiwan	ताइवान (m)	taivān
Taiwaner (m)	ताइवानी (m)	taivānī
Taiwanerin (f)	ताइवानी (f)	taivānī
taiwanisch	ताइवानी	taivānī

Türkei (f)	तुर्की (m)	turkī
Türke (m)	तुर्क (m)	turk
Türkin (f)	तुर्क (m)	turk
türkisch	तुर्किश	turkish

Japan	जापान (m)	jāpān
Japaner (m)	जापानी (m)	jāpānī
Japanerin (f)	जापानी (f)	jāpānī
japanisch	जापानी	jāpānī

Afghanistan	अफ़ग़ानिस्तान (m)	afagānistān
Bangladesch	बांग्लादेश (m)	bānglādesh
Indonesien	इण्डोनेशिया (m)	indoneshiya

Jordanien	जॉर्डन (m)	jordan
Irak	इराक़ (m)	irāq
Iran	इरान (m)	irān
Kambodscha	कम्बोडिया (m)	kambodiya
Kuwait	कुवैत (m)	kuvait
Laos	लाओस (m)	laos
Myanmar	म्यांमर (m)	myāmmar
Nepal	नेपाल (m)	nepāl
Vereinigten Arabischen Emirate	संयुक्त अरब अमीरात (m)	sanyukt arab amīrāt
Syrien	सीरिया (m)	sīriya
Palästina	फ़िलिस्तीन (m)	filistīn
Südkorea	दक्षिण कोरिया (m)	dakshin koriya
Nordkorea	उत्तर कोरिया (m)	uttar koriya

238. Nordamerika

Die Vereinigten Staaten	संयुक्त राज्य अमरीका (m)	sanyukt rājy amarīka
Amerikaner (m)	अमरीकी (m)	amarīkī
Amerikanerin (f)	अमरीकी (f)	amarīkī
amerikanisch	अमरीकी	amarīkī
Kanada	कनाडा (m)	kanāda
Kanadier (m)	कैनेडियन (m)	kainediyan
Kanadierin (f)	कैनेडियन (f)	kainediyan
kanadisch	कैनेडियन	kainediyan
Mexiko	मेक्सिको (m)	meksiko
Mexikaner (m)	मेक्सिकन (m)	meksikan
Mexikanerin (f)	मेक्सिकन (f)	meksikan
mexikanisch	मेक्सिकन	meksikan

239. Mittel- und Südamerika

Argentinien	अर्जेंटीना (m)	arjentīna
Argentinier (m)	अर्जेंटीनी (m)	arjentīnī
Argentinierin (f)	अर्जेंटीनी (f)	arjentīnī
argentinisch	अर्जेंटीनी	arjentīnī
Brasilien	ब्राज़ील (m)	brāzīl
Brasilianer (m)	ब्राज़ीली (m)	brāzīlī
Brasilianerin (f)	ब्राज़ीली (f)	brāzīlī
brasilianisch	ब्राज़ीली	brāzīlī
Kolumbien	कोलम्बिया (m)	kolambiya
Kolumbianer (m)	कोलम्बियन (m)	kolambiyan
Kolumbianerin (f)	कोलम्बियन (f)	kolambiyan
kolumbianisch	कोलम्बियन	kolambiyan
Kuba	क्यूबा (m)	kyūba
Kubaner (m)	क्यूबन (m)	kyūban

| Kubanerin (f) | क्यूबन (f) | kyūban |
| kubanisch | क्यूबाई | kyūbaī |

Chile	चिली (m)	chilī
Chilene (m)	चीलीयन (m)	chīlīyan
Chilenin (f)	चीलीयन (f)	chīlīyan
chilenisch	चीलीयन	chīlīyan

Bolivien	बोलीविया (m)	bolīviya
Venezuela	वेनेज़ुएला (m)	venezuela
Paraguay	परागुआ (m)	parāgua
Peru	पेरू (m)	perū

Suriname	सूरीनाम (m)	sūrīnām
Uruguay	उरुग्वे (m)	urugve
Ecuador	इक्वेडोर (m)	ikvedor

Die Bahamas	बहामा (m)	bahāma
Haiti	हाइटी (m)	haitī
Dominikanische Republik	डोमिनिकन रिपब्लिक (m)	dominikan ripablik
Panama	पनामा (m)	panāma
Jamaika	जमैका (m)	jamaika

240. Afrika

Ägypten	मिस्र (m)	misr
Ägypter (m)	मिस्री (m)	misrī
Ägypterin (f)	मिस्री (f)	misrī
ägyptisch	मिस्री	misrī

Marokko	मोरक्को (m)	morakko
Marokkaner (m)	मोरकन (m)	morakan
Marokkanerin (f)	मोरकन (f)	morakan
marokkanisch	मोरकन	morakan

Tunesien	ट्युनीसिया (m)	tyunīsiya
Tunesier (m)	ट्युनीसियन (m)	tyunīsiyan
Tunesierin (f)	ट्युनीसियन (f)	tyunīsiyan
tunesisch	ट्युनीसियन	tyunīsiyan

Ghana	घाना (m)	ghāna
Sansibar	ज़ैंज़िबार (m)	zainzibār
Kenia	केन्या (m)	kenya
Libyen	लीबिया (m)	lībiya
Madagaskar	मडागास्कार (m)	madāgāskār

Namibia	नामीबिया (m)	nāmībiya
Senegal	सेनेगाल (m)	senegāl
Tansania	तंज़ानिया (m)	tanzāniya
Republik Südafrika	दक्षिण अफ़्रीका (m)	dakshin afrīka

Afrikaner (m)	अफ़्रीकी (m)	afrīkī
Afrikanerin (f)	अफ़्रीकी (f)	afrīkī
afrikanisch	अफ़्रीकी	afrīkī

241. Australien. Ozeanien

Australien	आस्ट्रेलिया (m)	āstreliya
Australier (m)	आस्ट्रेलियन (m)	āstreliyan
Australierin (f)	आस्ट्रेलियन (f)	āstreliyan
australisch	आस्ट्रेलियन	āstreliyan

Neuseeland	न्यू ज़ीलैंड (m)	nyū zīlaind
Neuseeländer (m)	न्यू ज़ीलैंडियन (m)	nyū zīlaindiyan
Neuseeländerin (f)	न्यू ज़ीलैंडियन (f)	nyū zīlaindiyan
neuseeländisch	न्यू ज़ीलैंडियन	nyū zīlaindiyan

| Tasmanien | तास्मानिया (m) | tāsmāniya |
| Französisch-Polynesien | फ्रेंच पॉलीनेशिया (m) | french polīneshiya |

242. Städte

Amsterdam	एम्स्टर्डम (m)	emstardam
Ankara	अंकारा (m)	ankāra
Athen	एथेन्स (m)	ethens

Bagdad	बग़दाद (m)	bagadād
Bangkok	बैंकॉक (m)	bainkok
Barcelona	बार्सिलोना (m)	bārsilona
Beirut	बेरूत (m)	berūt
Berlin	बर्लिन (m)	barlin

Bombay	मुम्बई (m)	mumbī
Bonn	बॉन (m)	bon
Bordeaux	बोर्दी (m)	bordo
Bratislava	ब्राटीस्लावा (m)	brātīslāva
Brüssel	ब्रसेल्स (m)	brasels
Budapest	बुडापेस्ट (m)	budāpest
Bukarest	बुखारेस्ट (m)	bukhārest

Chicago	शिकागो (m)	shikāgo
Daressalam	दार-एस-सलाम (m)	dār-es-salām
Delhi	दिल्ली (f)	dillī
Den Haag	हेग (m)	heg
Dubai	दुबई (m)	dubī
Dublin	डब्लिन (m)	dablin
Düsseldorf	डसेलडोर्फ़ (m)	daseladorf

Florenz	फ़्लोरेंस (m)	florens
Frankfurt	फ़्रैंक्फ़र्ट (m)	frainkfart
Genf	जेनेवा (m)	jeneva

Hamburg	हैम्बर्ग (m)	haimbarg
Hanoi	हनोई (m)	hanoī
Havanna	हवाना (m)	havāna
Helsinki	हेलसिंकी (m)	helasinkī
Hiroshima	हिरोशीमा (m)	hiroshīma
Hongkong	हांगकांग (m)	hāngakāng

Istanbul	इस्तांबुल (m)	istāmbul
Jerusalem	यरूशलम (m)	yarūshalam
Kairo	काहिरा (m)	kāhira
Kalkutta	कोलकाता (m)	kolakāta
Kiew	कीव (m)	kīv
Kopenhagen	कोपनहेगन (m)	kopanahegan
Kuala Lumpur	कुआला लुम्पुर (m)	kuāla lumpur
Lissabon	लिस्बन (m)	lisban
London	लंदन (m)	landan
Los Angeles	लॉस एंजेलेस (m)	los enjeles
Lyon	लिओन (m)	lion
Madrid	मेड्रिड (m)	medrid
Marseille	मासेल (m)	mārsel
Mexiko-Stadt	मेक्सिको सिटी (f)	meksiko sitī
Miami	मियामी (m)	miyāmī
Montreal	मांट्रियल (m)	māntriyal
Moskau	मांस्को (m)	mosko
München	म्यूनिख़ (m)	myūnikh
Nairobi	नैरोबी (m)	nairobī
Neapel	नेपल्स (m)	nepals
New York	न्यू यॉर्क (m)	nyū york
Nizza	नीस (m)	nīs
Oslo	ओस्लो (m)	oslo
Ottawa	ओटावा (m)	otāva
Paris	पेरिस (m)	peris
Peking	बीजिंग (m)	bījing
Prag	प्राग (m)	prāg
Rio de Janeiro	रिओ डे जैनेरो (m)	rio de jainero
Rom	रोम (m)	rom
Sankt Petersburg	सेंट पीटरस्बर्ग (m)	sent pītarasbarg
Schanghai	शंघाई (m)	shanghaī
Seoul	सियोल (m)	siyol
Singapur	सिंगापुर (m)	singāpur
Stockholm	स्टॉकहोम (m)	stokahom
Sydney	सिडनी (m)	sidanī
Taipeh	ताइपे (m)	taipe
Tokio	टोकियो (m)	tokiyo
Toronto	टोरोन्टो (m)	toronto
Venedig	वीनिस (m)	vīnis
Warschau	वॉरसों (m)	voraso
Washington	वॉशिंग्टन (m)	voshingtan
Wien	विएना (m)	viena

243. Politik. Regierung. Teil 1

Politik (f)	राजनीति (f)	rājanīti
politisch	राजनीतिक	rājanītik

Politiker (m)	राजनीतिज्ञ (m)	rājanītigy
Staat (m)	राज्य (m)	rājy
Bürger (m)	नागरिक (m)	nāgarik
Staatsbürgerschaft (f)	नागरिकता (f)	nāgarikata

| Staatswappen (n) | राष्ट्रीय प्रतीक (m) | rāshtrīy pratīk |
| Nationalhymne (f) | राष्ट्रीय धुन (f) | rāshtrīy dhun |

Regierung (f)	सरकार (m)	sarakār
Staatschef (m)	देश का नेता (m)	desh ka neta
Parlament (n)	संसद (m)	sansad
Partei (f)	दल (m)	dal

| Kapitalismus (m) | पुंजीवाद (m) | punjīvād |
| kapitalistisch | पुंजीवादी | punjīvādī |

| Sozialismus (m) | समाजवाद (m) | samājavād |
| sozialistisch | समाजवादी | samājavādī |

Kommunismus (m)	साम्यवाद (m)	sāmyavād
kommunistisch	साम्यवादी	sāmyavādī
Kommunist (m)	साम्यवादी (m)	sāmyavādī

Demokratie (f)	प्रजातंत्र (m)	prajātantr
Demokrat (m)	प्रजातंत्रवादी (m)	prajātantravādī
demokratisch	प्रजातंत्रवादी	prajātantravādī
demokratische Partei (f)	प्रजातंत्रवादी पार्टी (m)	prajātantravādī pārtī

Liberale (m)	उदारवादी (m)	udāravādī
liberal	उदारवादी	udāravādī
Konservative (m)	रूढ़िवादी (m)	rūrhivādī
konservativ	रूढ़िवादी	rūrhivādī

Republik (f)	गणतंत्र (m)	ganatantr
Republikaner (m)	गणतंत्रवादी (m)	ganatantravādī
Republikanische Partei (f)	गणतंत्रवादी पार्टी (m)	ganatantravādī pārtī

Wahlen (pl)	चुनाव (m pl)	chunāv
wählen (vt)	चुनना	chunana
Wähler (m)	मतदाता (m)	matadāta
Wahlkampagne (f)	चुनाव प्रचार (m)	chunāv prachār

Abstimmung (f)	मतदान (m)	matadān
abstimmen (vi)	मत डालना	mat dālana
Abstimmungsrecht (n)	मताधिकार (m)	matādhikār

Kandidat (m)	उम्मीदवार (m)	ummīdavār
kandidieren (vi)	चुनाव लड़ना	chunāv larana
Kampagne (f)	अभियान (m)	abhiyān

| Oppositions- | विरोधी | virodhī |
| Opposition (f) | विरोध (m) | virodh |

Besuch (m)	यात्रा (f)	yātra
Staatsbesuch (m)	सरकारी यात्रा (f)	sarakārī yātra
international	अंतर्राष्ट्रीय	antarrāshtrīy

| Verhandlungen (pl) | वार्ता (f pl) | vārtta |
| verhandeln (vi) | वार्ता करना | vārtta karana |

244. Politik. Regierung. Teil 2

Gesellschaft (f)	समाज (m)	samāj
Verfassung (f)	संविधान (m)	sanvidhān
Macht (f)	शासन (m)	shāsan
Korruption (f)	भ्रष्टाचार (m)	bhrashtāchār

| Gesetz (n) | कानून (m) | kānūn |
| gesetzlich (Adj) | कानूनी | kānūnī |

| Gerechtigkeit (f) | न्याय (m) | nyāy |
| gerecht | न्यायी | nyāyī |

Komitee (n)	समिति (f)	samiti
Gesetzentwurf (m)	विधेयक (m)	vidheyak
Budget (n)	बजट (m)	bajat
Politik (f)	नीति (f)	nīti
Reform (f)	सुधार (m)	sudhār
radikal	आमूल	āmūl

Macht (f)	ताकत (f)	tākat
mächtig (Adj)	प्रबल	prabal
Anhänger (m)	समर्थक (m)	samarthak
Einfluss (m)	असर (m)	asar

Regime (n)	शासन (m)	shāsan
Konflikt (m)	टकराव (m)	takarāv
Verschwörung (f)	साज़िश (f)	sāzish
Provokation (f)	उकसाव (m)	ukasāv

stürzen (vt)	तख्ता पलटना	takhta palatana
Sturz (m)	तख्ता पलट (m)	takhta palat
Revolution (f)	क्रांति (f)	krānti

| Staatsstreich (m) | तख्ता पलट (m) | takhta palat |
| Militärputsch (m) | फौजी बगावत (f) | faujī bagāvat |

Krise (f)	संकट (m)	sankat
Rezession (f)	आर्थिक मंदी (f)	ārthik mandī
Demonstrant (m)	प्रदर्शक (m)	pradarshak
Demonstration (f)	प्रदर्शन (m)	pradarshan
Ausnahmezustand (m)	फौजी कानून (m)	faujī kānūn
Militärbasis (f)	सैन्य अड्डा (m)	sainy adda

| Stabilität (f) | स्थिरता (f) | sthirata |
| stabil | स्थिर | sthir |

Ausbeutung (f)	शोषण (m)	shoshan
ausbeuten (vt)	शोषण करना	shoshan karana
Rassismus (m)	जातिवाद (m)	jātivād
Rassist (m)	जातिवादी (m)	jātivādī

| Faschismus (m) | फ़ासिवादी (m) | fāsivādī |
| Faschist (m) | फ़ासिस्ट (m) | fāsist |

245. Länder. Verschiedenes

Ausländer (m)	विदेशी (m)	videshī
ausländisch	विदेश	videsh
im Ausland	परदेश में	paradesh men

Auswanderer (m)	प्रवासी (m)	pravāsī
Auswanderung (f)	प्रवासन (m)	pravāsan
auswandern (vi)	प्रवास करना	pravās karana

Westen (m)	पश्चिम (m)	pashchim
Osten (m)	पूर्व (m)	pūrv
Ferner Osten (m)	सुदूर पूर्व (m)	sudūr pūrv

Zivilisation (f)	सभ्यता (f)	sabhyata
Menschheit (f)	मानवजाति (f)	mānavajāti
Welt (f)	संसार (m)	sansār
Frieden (m)	शांति (f)	shānti
Welt-	विश्वव्यापी	vishvavyāpī

Heimat (f)	मातृभूमि (f)	mātrbhūmi
Volk (n)	जनता (m)	janata
Bevölkerung (f)	जनता (m)	janata
Leute (pl)	लोग (m)	log
Nation (f)	जाति (f)	jāti
Generation (f)	पीढ़ी (f)	pīrhī
Territorium (n)	प्रदेश (m)	pradesh
Region (f)	क्षेत्र (m)	kshetr
Staat (z.B. ~ Alaska)	राज्य (m)	rājy

Tradition (f)	रिवाज़ (m)	rivāz
Brauch (m)	परम्परा (m)	parampara
Ökologie (f)	परिस्थितिकी (f)	paristhitikī

Indianer (m)	रेड इंडियन (m)	red indiyan
Zigeuner (m)	जिप्सी (f)	jipsī
Zigeunerin (f)	जिप्सी (f)	jipsī
Zigeuner-	जिप्सी	jipsī

Reich (n)	साम्राज्य (m)	sāmrājy
Kolonie (f)	उपनिवेश (m)	upanivesh
Sklaverei (f)	दासता (f)	dāsata
Einfall (m)	हमला (m)	hamala
Hunger (m)	भूखमरी (f)	bhūkhamarī

246. Wichtige Religionsgruppen. Konfessionen

| Religion (f) | धर्म (m) | dharm |
| religiös | धार्मिक | dhārmik |

Glaube (m)	धर्म (m)	dharm
glauben (vt)	आस्था रखना	āstha rakhana
Gläubige (m)	आस्तिक (m)	āstik

| Atheismus (m) | नास्तिकवाद (m) | nāstikavād |
| Atheist (m) | नास्तिक (m) | nāstik |

Christentum (n)	ईसाई धर्म (m)	īsaī dharm
Christ (m)	ईसाई (m)	īsaī
christlich	ईसाई	īsaī

Katholizismus (m)	कैथोलिक धर्म (m)	kaitholik dharm
Katholik (m)	कैथोलिक (m)	kaitholik
katholisch	कैथोलिक	kaitholik

Protestantismus (m)	प्रोटेस्टेंट धर्म (m)	protestent dharm
Protestantische Kirche (f)	प्रोटेस्टेंट चर्च (m)	protestent charch
Protestant (m)	प्रोटेस्टेंट (m)	protestent

Orthodoxes Christentum (n)	ऑर्थोडॉक्सी (m)	orthodoksī
Orthodoxe Kirche (f)	ऑर्थोडॉक्स चर्च (m)	orthodoks charch
orthodoxer Christ (m)	ऑर्थोडॉक्सी (m)	orthodoksī

Presbyterianismus (m)	प्रेस्बिटेरियनवाद (m)	presbiteriyanavād
Presbyterianische Kirche (f)	प्रेस्बिटेरियन चर्च (m)	presbiteriyan charch
Presbyterianer (m)	प्रेस्बिटेरियन (m)	presbiteriyan

| Lutherische Kirche (f) | लुथर धर्म (m) | luthar dharm |
| Lutheraner (m) | लुथर (m) | luthar |

| Baptismus (m) | बैप्टिस्ट चर्च (m) | baiptist charch |
| Baptist (m) | बैप्टिस्ट (m) | baiptist |

| Anglikanische Kirche (f) | अंग्रेजी चर्च (m) | angrezī charch |
| Anglikaner (m) | अंग्रेजी (m) | angrezī |

| Mormonismus (m) | मोर्मनवाद (m) | mormanavād |
| Mormone (m) | मोर्मन (m) | morman |

| Judentum (n) | यहूदी धर्म (m) | yahūdī dharm |
| Jude (m) | यहूदी (m) | yahūdī |

| Buddhismus (m) | बौद्ध धर्म (m) | bauddh dharm |
| Buddhist (m) | बौद्ध (m) | bauddh |

| Hinduismus (m) | हिन्दू धर्म (m) | hindū dharm |
| Hindu (m) | हिन्दू (m) | hindū |

Islam (m)	इस्लाम (m)	islām
Moslem (m)	मुस्लिम (m)	muslim
moslemisch	मुस्लिम	muslim

Schiismus (m)	शिया इस्लाम (m)	shiya islām
Schiit (m)	शिया (m)	shiya
Sunnismus (m)	सुन्नी इस्लाम (m)	sunnī islām
Sunnit (m)	सुन्नी (m)	sunnī

247. Religionen. Priester

Priester (m)	पादरी (m)	pādarī
Papst (m)	पोप (m)	pop
Mönch (m)	मठवासी (m)	mathavāsī
Nonne (f)	नन (f)	nan
Pfarrer (m)	पादरी (m)	pādarī
Abt (m)	एब्बट (m)	ebbat
Vikar (m)	विकार (m)	vikār
Bischof (m)	बिशप (m)	bishap
Kardinal (m)	कार्डिनल (m)	kārdinal
Prediger (m)	प्रीचर (m)	prīchar
Predigt (f)	धर्मोपदेश (m)	dharmopadesh
Gemeinde (f)	ग्रामवासी (m)	grāmavāsī
Gläubige (m)	आस्तिक (m)	āstik
Atheist (m)	नास्तिक (m)	nāstik

248. Glauben. Christentum. Islam

Adam	आदम (m)	ādam
Eva	हव्वा (f)	havva
Gott (m)	भगवान (m)	bhagavān
Herr (m)	ईश्वर (m)	īshvar
Der Allmächtige	सर्वशक्तिशाली (m)	sarvashaktishālī
Sünde (f)	पाप (m)	pāp
sündigen (vi)	पाप करना	pāp karana
Sünder (m)	पापी (m)	pāpī
Sünderin (f)	पापी (f)	pāpī
Hölle (f)	नरक (m)	narak
Paradies (n)	जन्नत (m)	jannat
Jesus	ईसा (m)	īsa
Jesus Christus	ईसा मसीह (m)	īsa masīh
der Heiliger Geist	पवित्र आत्मा (m)	pavitr ātma
der Erlöser	मुक्तिदाता (m)	muktidāta
die Jungfrau Maria	वर्जिन मैरी (f)	varjin mairī
Teufel (m)	शैतान (m)	shaitān
teuflisch	शैतानी	shaitānī
Satan (m)	शैतान (m)	shaitān
satanisch	शैतानी	shaitānī
Engel (m)	फरिश्ता (m)	farishta
Schutzengel (m)	देवदूत (m)	devadūt
Engel(s)-	देवदूतीय	devadūtīy

Apostel (m)	धर्मदूत (m)	dharmadūt
Erzengel (m)	महादेवदूत (m)	mahādevadūt
Antichrist (m)	ईसा मसीह का शत्रु (m)	īsa masīh ka shatru
Kirche (f)	गिरजाघर (m)	girajāghar
Bibel (f)	बाइबिल (m)	baibil
biblisch	बाइबिल का	baibil ka
Altes Testament (n)	ओल्ड टेस्टामेंट (m)	old testāment
Neues Testament (n)	न्यू टेस्टामेंट (m)	nyū testāment
Evangelium (n)	धर्मसिद्धान्त (m)	dharmasiddhānt
Heilige Schrift (f)	धर्म ग्रंथ (m)	dharm granth
Himmelreich (n)	स्वर्ग (m)	svarg
Gebot (n)	धर्मादेश (m)	dharmādesh
Prophet (m)	पैगंबर (m)	paigambar
Prophezeiung (f)	आगामवाणी (f)	āgāmavānī
Allah	अल्लाह (m)	allāh
Mohammed	मुहम्मद (m)	muhammad
Koran (m)	क़ुरान (m)	qurān
Moschee (f)	मस्जिद (m)	masjid
Mullah (m)	मुल्ला (m)	mulla
Gebet (n)	दुआ (f)	dua
beten (vi)	दुआ करना	dua karana
Wallfahrt (f)	तीर्थ यात्रा (m)	tīrth yātra
Pilger (m)	तीर्थ यात्री (m)	tīrth yātrī
Mekka (n)	मक्का (m)	makka
Kirche (f)	गिरजाघर (m)	girajāghar
Tempel (m)	मंदिर (m)	mandir
Kathedrale (f)	गिरजाघर (m)	girajāghar
gotisch	गोथिक	gothik
Synagoge (f)	सीनागोग (m)	sīnāgog
Moschee (f)	मस्जिद (m)	masjid
Kapelle (f)	चैपल (m)	chaipal
Abtei (f)	ईसाई मठ (m)	īsaī math
Nonnenkloster (n)	मठ (m)	math
Mönchskloster (n)	मठ (m)	math
Glocke (f)	घंटा (m)	ghanta
Glockenturm (m)	घंटाघर (m)	ghantāghar
läuten (Glocken)	बजाना	bajāna
Kreuz (n)	क्रॉस (m)	kros
Kuppel (f)	गुंबद (m)	gumbad
Ikone (f)	देव प्रतिमा (f)	dev pratima
Seele (f)	आत्मा (f)	ātma
Schicksal (n)	भाग्य (f)	bhāgy
das Böse	बुराई (f)	buraī
Gute (n)	भलाई (f)	bhalaī
Vampir (m)	पिशाच (m)	pishāch

Hexe (f)	डायन (f)	dāyan
Dämon (m)	असुर (m)	asur
Geist (m)	आत्मा (f)	ātma
Sühne (f)	प्रयाश्चित (m)	prayāshchit
sühnen (vt)	प्रयाश्चित करना	prayāshchit karana
Gottesdienst (m)	धार्मिक सेवा (m)	dhārmik seva
die Messe lesen	उपासना करना	upāsana karana
Beichte (f)	पापस्वीकरण (m)	pāpasvīkaran
beichten (vi)	पापस्वीकरण करना	pāpasvīkaran karana
Heilige (m)	संत (m)	sant
heilig	पवित्र	pavitr
Weihwasser (n)	पवित्र पानी (m)	pavitr pānī
Ritual (n)	अनुष्ठान (m)	anushthān
rituell	सांस्कारिक	sānskārik
Opfer (n)	कुरबानी (f)	kurabānī
Aberglaube (m)	अंधविश्वास (m)	andhavishvās
abergläubisch	अंधविश्वासी	andhavishvāsī
Nachleben (n)	परलोक (m)	paralok
ewiges Leben (n)	अमर जीवन (m)	amar jīvan

VERSCHIEDENES

249. Verschiedene nützliche Wörter

Anfang (m)	शुरू (m)	shurū
Anstrengung (f)	प्रयत्न (m)	prayatn
Anteil (m)	भाग (m)	bhāg
Art (Typ, Sorte)	प्रकार (m)	prakār
Auswahl (f)	चुनाव (m)	chunāv
Barriere (f)	बाधा (f)	bādha
Basis (f)	आधार (m)	ādhār
Beispiel (n)	उदाहरण (m)	udāharan
bequem (gemütlich)	आरामदेह	ārāmadeh
Bilanz (f)	संतुलन (m)	santulan
Ding (n)	वस्तु (f)	vastu
dringend (Adj)	अत्यावश्यक	atyāvashyak
dringend (Adv)	तत्काल	tatkāl
Effekt (m)	प्रभाव (m)	prabhāv
Eigenschaft (Werkstoff~)	गुण (m)	gun
Element (n)	तत्व (m)	tatv
Ende (n)	ख़त्म (m)	khatm
Entwicklung (f)	विकास (m)	vikās
Fachwort (n)	पारिभाषिक शब्द (m)	pāribhāshik shabd
Fehler (m)	ग़लती (f)	galatī
Form (z.B. Kugel-)	रूप (m)	rūp
Fortschritt (m)	उन्नति (f)	unnati
Gegenstand (m)	चीज़ें (f)	chīzen
Geheimnis (n)	रहस्य (m)	rahasy
Grad (Ausmaß)	मात्रा (f)	mātra
Halt (m), Pause (f)	विराम (m)	virām
häufig (Adj)	बारंबार	bārambār
Hilfe (f)	सहायता (f)	sahāyata
Hindernis (n)	अवरोध (m)	avarodh
Hintergrund (m)	पृष्ठिका (f)	prshtika
Ideal (n)	आदर्श (m)	ādarsh
Kategorie (f)	श्रेणी (f)	shrenī
Kompensation (f)	क्षतिपुर्ति (f)	kshatipurti
Labyrinth (n)	भूलभुलैया (f)	bhūlabhulaiya
Lösung (Problem usw.)	हल (m)	hal
Moment (m)	पल (m)	pal
Nutzen (m)	उपयोग (m)	upayog
Original (Schriftstück)	मूल (m)	mūl
Pause (kleine ~)	विराम (m)	virām

Position (f)	स्थिति (f)	sthiti
Prinzip (n)	उसूल (m)	usūl
Problem (n)	समस्या (f)	samasya
Prozess (m)	प्रक्रिया (f)	prakriya
Reaktion (f)	प्रतिक्रिया (f)	pratikriya
Reihe (Sie sind an der ~)	बारी (f)	bārī
Risiko (n)	जोखिम (m)	jokhim
Serie (f)	श्रृंखला (f)	shrrnkhala
Situation (f)	स्थिति (f)	sthiti
Standard-	मानक	mānak
Standard (m)	मानक (m)	mānak
Stil (m)	शैली (f)	shailī
System (n)	प्रणाली (f)	pranālī
Tabelle (f)	सारणी (f)	sāranī
Tatsache (f)	तथ्य (m)	tathy
Teilchen (n)	टुकड़ा (m)	tukara
Tempo (n)	गति (f)	gati
Typ (m)	ढंग (m)	dhang
Unterschied (m)	फ़र्क (m)	fark
Ursache (z.B. Todes-)	कारण (m)	kāran
Variante (f)	विकल्प (m)	vikalp
Vergleich (m)	तुलना (f)	tulana
Wachstum (n)	वृद्धि (f)	vrddhi
Wahrheit (f)	सच (m)	sach
Weise (Weg, Methode)	तरीका (m)	tarīka
Zone (f)	क्षेत्र (m)	kshetr
Zufall (m)	समकालीनता (f)	samakālīnata

250. Bestimmungswörter. Adjektive. Teil 1

abgemagert	पतला	patala
ähnlich	मिलता-जुलता	milata-julata
alt (z.B. die -en Griechen)	प्राचीन	prāchīn
alt, betagt	पुराना	purāna
andauernd	दीर्घकालिक	dīrghakālik
angenehm	अच्छा	achchha
arm	गरीब	garīb
ausgezeichnet	उत्तम	uttam
ausländisch, Fremd-	विदेश	videsh
Außen-, äußer	बाहरी	bāharī
bedeutend	महत्वपूर्ण	mahatvapūrn
begrenzt	सीमित	sīmit
beständig	स्थायी	sthāyī
billig	सस्ता	sasta
bitter	कड़वा	karava
blind	अंधा	andha

brauchbar	उचित	uchit
breit (Straße usw.)	चौड़ा	chaura
bürgerlich	नागरिक	nāgarik

dankbar	आभारी	ābhārī
das wichtigste	सबसे महत्वपूर्ण	sabase mahatvapūrn
der letzte	आख़िरी	ākhirī
dicht (-er Nebel)	घना	ghana
dick (-e Mauer usw.)	मोटा	mota

dick (-er Nebel)	घना	ghana
dumm	बेवकूफ़	bevakūf
dunkel (Raum usw.)	अंधेरा	andhera
dunkelhäutig	काले मुँख का	kāle munkh ka

durchsichtig	पारदर्शी	pāradarshī
düster	विषादपूर्ण	vishādapūrn
einfach	सरल	saral
einfach (Problem usw.)	आसान	āsān

einzigartig (einmalig)	अद्वितीय	advitīy
eng, schmal (Straße usw.)	तंग	tang
ergänzend	अतिरिक्त	atirikt
ermüdend (Arbeit usw.)	थकाऊ	thakaū
feindlich	शत्रुतापूर्ण	shatrutāpūrn

fern (weit entfernt)	सुदूर	sudūr
fern (weit)	दूर	dūr
fett (-es Essen)	चरबीला	charabīla
feucht	नमी	namī
flüssig	तरल	taral

frei (-er Eintritt)	मुक्त	mukt
frisch (Brot usw.)	ताज़ा	tāza
froh	हँसमुख	hansamukh
fruchtbar (-er Böden)	उपजाऊ	upajaū

ganz (komplett)	पूरा	pūra
gebraucht	इस्तेमाल किया हुआ	istemāl kiya hua
gebräunt (sonnen-)	सांवला	sānvala
gedämpft, matt (Licht)	धुंधला	dhundhala

gefährlich	खतरनाक	khataranāk
gegensätzlich	उल्टा	ulta
gegenwärtig	वर्तमान	vartamān
gemeinsam	संयुक्त	sanyukt
genau, pünktlich	ठीक	thīk

gerade, direkt	सीधा	sīdha
geräumig (Raum)	विस्तृत	vistrt
geschlossen	बंद	band
gesetzlich	कानूनी	kānūnī
gewöhnlich	आम	ām

| glatt (z.B. poliert) | समतल | samatal |
| glatt, eben | समतल | samatal |

gleich (z.B. ~ groß)	समान	samān
glücklich	प्रसन्न	prasann

groß	बड़ा	bara
gut (das Buch ist ~)	अच्छा	achchha
gut (gütig)	नेक	nek
hart (harter Stahl)	कड़ा	kara
Haupt-	मुख्य	mukhy

hauptsächlich	मूल	mūl
Heimat-	देसी	desī
heiß	गरम	garam
Hinter-	पिछा	pichha
höchst	उच्चतम	uchchatam

höflich	विनम्र	vinamr
hungrig	भूखा	bhūkha
in Armut lebend	गरीब	garīb
innen-	आंतरिक	āntarik

jung	जवान	javān
kalt (Getränk usw.)	ठंडा	thanda
Kinder-	बच्चों का	bachchon ka
klar (deutlich)	साफ़	sāf
klein	छोटा	chhota

klug, clever	बुद्धिमान	buddhimān
kompatibel	अनुकूल	anukūl
kostenlos, gratis	मुफ्त	muft
krank	बीमार	bīmār

kühl (-en morgen)	ठंडा	thanda
künstlich	कृत्रिम	krtrim
kurz (räumlich)	छोटा	chhota
kurz (zeitlich)	अल्पकालिक	alpakālik
kurzsichtig	निकटदर्शी	nikatadarshī

251. Bestimmungswörter. Adjektive. Teil 2

lang (langwierig)	लंबा	lamba
laut (-e Stimme)	ऊंचा	ūncha
lecker	मज़ेदार	mazedār
leer (kein Inhalt)	खाली	khālī
leicht (wenig Gewicht)	हल्का	halka

leise (~ sprechen)	धीमा	dhīma
licht (Farbe)	हल्का	halka
link (-e Seite)	बायाँ	bāyān
mager, dünn	दुबला	dubala

matt (Lack usw.)	मैट	mait
möglich	संभव	sambhav
müde (erschöpft)	थका	thaka
Nachbar-	पड़ोस	paros

nachlässig	लापरवाह	lāparavāh
nächst	निकटतम	nikatatam
nächst (am -en Tag)	अगला	agala
nah	समीप	samīp
nass (-e Kleider)	भीगा	bhīga
negativ	नकारात्मक	nakārātmak
nervös	बेचैन	bechain
nett (freundlich)	दयालु	dayālu
neu	नया	naya
nicht groß	बड़ा नहीं	bara nahin
nicht schwierig	आसान	āsān
normal	साधारण	sādhāran
nötig	ज़रूरी	zarūrī
notwendig	ज़रूरी	zarūrī
obligatorisch, Pflicht-	अनिवार्य	anivāry
offen	खुला	khula
öffentlich	सार्वजनिक	sārvajanik
original (außergewöhnlich)	मूल	mūl
persönlich	व्यक्तिगत	vyaktigat
platt (flach)	सपाट	sapāt
privat (in Privatbesitz)	निजी	nijī
pünktlich (Ich bin gerne ~)	ठीक	thīk
rätselhaft	रहस्यपूर्ण	rahasyapūrn
recht (-e Hand)	दायां	dāyān
reif (Frucht usw.)	पक्का	pakka
richtig	ठीक	thīk
riesig	विशाल	vishāl
riskant	खतरनाक	khataranāk
roh (nicht gekocht)	कच्चा	kachcha
ruhig	शांत	shānt
salzig	नमकीन	namakīn
sauber (rein)	साफ़	sāf
sauer	खट्टा	khatta
scharf (-e Messer usw.)	तेज़	tez
schlecht	बुरा	bura
schmutzig	मैला	maila
schnell	तेज़	tez
schön (-es Mädchen)	सुंदर	sundar
schön (-es Schloß usw.)	सुंदर	sundar
schwer (~ an Gewicht)	भारी	bhārī
schwierig	मुश्किल	mushkil
schwierig (-es Problem)	कठिन	kathin
seicht (nicht tief)	उथला	uthala
selten	असाधारण	asādhāran
sicher (nicht gefährlich)	सुरक्षित	surakshit
sonnig	सूरज का	sūraj ka
sorgfältig	सुव्यवस्थित	suvvavasthit

sorgsam	विचारशील	vichārashīl
speziell, Spezial-	ख़ास	khās
stark (-e Konstruktion)	मज़बूत	mazabūt
stark (kräftig)	शक्तिशाली	shaktishālī
still, ruhig	शांत	shānt
süß	मीठा	mītha
Süß- (Wasser)	ताज़ा	tāza
teuer	महंगा	mahanga
tiefgekühlt	जमा	jama
tot	मृत	mrt
traurig	उदास	udās
traurig, unglücklich	उदास	udās
trocken (Klima)	सूखा	sūkha
übermäßig	अत्यधिक	atyadhik
unbedeutend	महत्वहीन	mahatvahīn
unbeweglich	अचल	achal
undeutlich	धुंधला	dhundhala
unerfahren	अनुभवहीन	anubhavahīn
unmöglich	असंभव	asambhav
Untergrund- (geheim)	गुप्त	gupt
unterschiedlich	भिन्न	bhinn
ununterbrochen	निरंतर	nirantar
unverständlich	समझ से बाहर	samajh se bāhar
vergangen	बीता हुआ	bīta hua
verschieden	विभिन्न	vibhinn
voll (gefüllt)	भरा	bhara
vorig (in der -en Woche)	पिछला	pichhala
vorzüglich	उत्कृष्ट	utkrsht
wahrscheinlich	मुमकिन	mumakin
warm (mäßig heiß)	गरम	garam
weich (-e Wolle)	नरम	naram
wichtig	महत्वपूर्ण	mahatvapūrn
wolkenlos	निर्मेघ	nirmegh
zärtlich	नाज़ुक	nāzuk
zentral (in der Mitte)	केंद्रीय	kendrīy
zerbrechlich (Porzellan usw.)	नाज़ुक	nāzuk
zufrieden	संतुष्ट	santusht
zufrieden (glücklich und ~)	संतुष्ट	santusht

500 WICHTIGE VERBEN

252. Verben A-D

abbiegen (vi)	मोड़ना	morana
abhacken (vt)	काटना	kātana
abhängen von …	निर्भर होना	nirbhar hona
ablegen (Schiff)	फेंक देना	fenk dena
abnehmen (vt)	हटाना	hatāna
abreißen (vt)	फाड़ना	fārana
absagen (vt)	इन्कार करना	inkār karana
abschicken (vt)	भेजना	bhejana
abschneiden (vt)	काटना	kātana
adressieren (an …)	संबोधित करना	sambodhit karana
ähnlich sein	मिलता-जुलता होना	milata-julata hona
amputieren (vt)	अंगविच्छेद करना	angavichchhed karana
amüsieren (vt)	मन बहलाना	man bahalāna
anbinden (vt)	बांधना	bāndhana
ändern (vt)	बदलना	badalana
andeuten (vt)	इशारा करना	ishāra karana
anerkennen (vt)	पहचानना	pahachānana
anflehen (vt)	प्रार्थना करके मनाना	prārthana karake manāna
Angst haben (vor …)	डरना	darana
anklagen (vt)	आरोप लगाना	ārop lagāna
anklopfen (vi)	खटखटाना	khatakhatāna
ankommen (der Zug)	पहुंचना	pahunchana
anlegen (Schiff)	किनारे लगाना	kināre lagāna
anstecken (~ mit …)	संक्रमित करना	sankramit karana
anstreben (vt)	… की महत्त्वाकांक्षा करना	… kī mahattvākānksha karana
antworten (vi)	जवाब देना	javāb dena
anzünden (vt)	जलाना	jalāna
applaudieren (vi)	तालियां बजाना	tāliyān bajāna
arbeiten (vi)	काम करना	kām karana
ärgern (vt)	क्रोध में लाना	krodh men lāna
assistieren (vi)	मदद करना	madad karana
atmen (vi)	साँस लेना	sāns lena
attackieren (vt)	हमला करना	hamala karana
auf … zählen	भरोसा रखना	bharosa rakhana
auf jmdn böse sein	क्रोध में आना	krodh men āna
aufbringen (vt)	नाराज़ करना	nārāz karana
aufräumen (vt)	साफ़ करना	sāf karana

aufschreiben (vt)	लिखना	likhana
aufseufzen (vi)	आह भरना	āh bharana
aufstehen (vi)	उठना	uthana
auftauchen (U-Boot)	पानी की सतह पर आना	pānī kī satah par āna
ausdrücken (vt)	प्रकट करना	prakat karana
ausgehen (vi)	बाहर जाना	bāhar jāna
aushalten (vt)	सहना	sahana
ausradieren (vt)	साफ़ करना	sāf karana
ausreichen (vi)	बहुत हो जाना	bahut ho jāna
ausschalten (vt)	बुझाना	bujhāna
ausschließen (vt)	बरख़ास्त करना	barakhāst karana
aussprechen (vt)	उच्चारण करना	uchchāran karana
austeilen (vt)	बांटना	bāntana
auswählen (vt)	चुनना	chunana
auszeichnen (mit Orden)	पुरस्कार देना	puraskār dena
baden (vt)	नहाना	nahāna
bedauern (vt)	अफ़सोस करना	afasos karana
bedeuten (bezeichnen)	अर्थ होना	arth hona
bedienen (vt)	सेवा करना	seva karana
beeinflussen (vt)	असर डालना	asar dālana
beenden (vt)	ख़त्म करना	khatm karana
befehlen (vt)	हुक्म देना	hukm dena
befestigen (vt)	दृढ़ करना	drrh karana
befreien (vt)	आज़ाद करना	āzād karana
befriedigen (vt)	संतुष्ट करना	santusht karana
begießen (vt)	सींचना	sīnchana
beginnen (vt)	शुरू करना	shurū karana
begleiten (vt)	साथ चलना	sāth chalana
begrenzen (vt)	पाबंदी लगाना	pābandī lagāna
begrüßen (vt)	स्वागत करना	svāgat karana
behalten (alte Briefe)	रखना	rakhana
behandeln (vt)	इलाज कराना	ilāj karāna
behaupten (vt)	स्वीकार करना	svīkār karana
bekannt machen	परिचय कराना	parichay karāna
belauschen (Gespräch)	छिपकर सुनना	chhipakar sunana
beleidigen (vt)	नाराज़ करना	nārāz karana
beleuchten (vt)	प्रकाश करना	prakāsh karana
bemerken (vt)	देखना	dekhana
beneiden (vt)	ईर्ष्या करना	īrshya karana
benennen (vt)	नाम देना	nām dena
benutzen (vt)	उपयोग करना	upayog karana
beobachten (vt)	देखना	dekhana
berichten (vt)	रिपोर्ट करना	riport karana
bersten (vi)	चीर पड़ना	chīr parana
beruhen auf ...	आधारित होना	ādhārit hona
beruhigen (vt)	शांत करना	shānt karana

berühren (vt)	छूना	chhūna
beseitigen (vt)	हटाना	hatāna
besitzen (vt)	रखना	rakhana
besprechen (vt)	वाद-विवाद करना	vād-vivād karana
bestehen auf	आग्रह करना	āgrah karana
bestellen (im Restaurant)	ऑर्डर करना	ordar karana

bestrafen (vt)	सज़ा देना	saza dena
beten (vi)	दुआ देना	dua dena
beunruhigen (vt)	परेशान करना	pareshān karana
bewachen (vt)	रक्षा करना	raksha karana

bewahren (vt)	बचाना	bachāna
beweisen (vt)	साबित करना	sābit karana
bewundern (vt)	सराहना	sarāhana
bezeichnen (bedeuten)	अर्थ बताना	arth batāna
bilden (vt)	बनाना	banāna

binden (vt)	बाँधना	bāndhana
bitten (jmdn um etwas ~)	कहना	kahana
blenden (vt)	अंधा करना	andha karana
brechen (vt)	तोड़ना	torana
bügeln (vt)	इस्तरी करना	istarī karana

253. Verben E-H

danken (vi)	धन्यवाद देना	dhanyavād dena
denken (vi, vt)	सोचना	sochana
denunzieren (vt)	आरोप लगाना	ārop lagāna
dividieren (vt)	विभाजित करना	vibhājit karana

dressieren (vt)	सधाना	sadhāna
drohen (vi)	धमकाना	dhamakāna
eindringen (vi)	घुसना	ghusana
einen Fehler machen	ग़लती करना	galatī karana
einen Schluss ziehen	नतीजा निकालना	natīja nikālana

einladen (zum Essen ~)	आमंत्रित करना	āmantrit karana
einpacken (vt)	लपेटना	lapetana
einrichten (vt)	तैयारी करना	taiyārī karana
einschalten (vt)	चलाना	chalāna

einschreiben (vt)	दर्ज करना	darj karana
einsetzen (vt)	डालना	dālana
einstellen (Personal ~)	काम पर रखना	kām par rakhana
einstellen (vt)	बंद करना	band karana

einwenden (vt)	एतराज़ करना	etarāz karana
empfehlen (vt)	सिफ़ारिश करना	sifārish karana
entdecken (Land usw.)	खोजना	khojana
entfernen (Flecken ~)	धब्बा मिटाना	dhabba mitāna

entscheiden (vt)	फ़ैसला करना	faisala karana
entschuldigen (vt)	माफ़ी देना	māfī dena

entzücken (vt)	मोहना	mohana
erben (vt)	उत्तराधिकार में पाना	uttarādhikār men pāna
erblicken (vt)	देख लेना	dekh lena
erfinden (das Rad neu ~)	आविष्कार करना	āvishkār karana
erinnern (vt)	याद दिलाना	yād dilāna
erklären (vt)	समझाना	samajhāna
erlauben (jemandem etwas)	अनुमति देना	anumati dena
erlauben, gestatten (vt)	अनुमति देना	anumati dena
erleichtern (vt)	आसान बनाना	āsān banāna
ermorden (vt)	मारना	mārana
ermüden (vt)	थकाना	thakāna
ermutigen (vt)	प्रेरित करना	prerit karana
ernennen (vt)	तय करना	tay karana
erörtern (vt)	विचार करना	vichār karana
erraten (vt)	अनुमान लगाना	anumān lagāna
erreichen (Nordpol usw.)	पहुँचना	pahunchana
erröten (vi)	चेहरा लाल होना	chehara lāl hona
erscheinen (am Horizont ~)	सामने आना	sāmane āna
erscheinen (Buch usw.)	छापना	chhāpana
erschweren (vt)	उलझाना	ulajhāna
erstaunen (vt)	हैरान करना	hairān karana
erstellen (einer Liste ~)	संकलन करना	sankalan karana
ertrinken (vi)	डूबना	dūbana
erwähnen (vt)	उल्लेख करना	ullekh karana
erwarten (vt)	आशा करना	āsha karana
erzählen (vt)	बताना	batāna
erzielen (Ergebnis usw.)	पाना	pāna
essen (vi, vt)	खाना	khāna
existieren (vi)	होना	hona
fahren (mit 90 km/h ~)	जाना	jāna
fallen lassen	गिराना	girāna
fangen (vt)	पकड़ना	pakarana
finden (vt)	ढूँढ लेना	dhūnrh lena
fischen (vt)	मछली पकड़ना	machhalī pakarana
fliegen (vi)	उड़ना	urana
folgen (vi)	पीछे जाना	pīchhe jāna
fortbringen (vt)	ले जाना	le jāna
fortsetzen (vt)	जारी रखना	jārī rakhana
fotografieren (vt)	फ़ोटो खींचना	foto khīnchana
frühstücken (vi)	नाश्ता करना	nāshta karana
fühlen (vt)	महसूस करना	mahasūs karana
führen (vt)	संचालन करना	sanchālan karana
füllen (mit Wasse usw.)	भरना	bharana
füttern (vt)	खिलाना	khilāna
garantieren (vt)	गारंटी देना	gārantī dena
gebrauchen (vt)	उपयोग करना	upayog karana

gefallen (vi)	अच्छा लगना	achchha lagana
gehen (zu Fuß gehen)	जाना	jāna
gehorchen (vi)	मानना	mānana
gehören (vi)	स्वामी होना	svāmī hona
gelegen sein	रखा होना	rakha hona
genesen (vi)	ठीक हो जाना	thīk ho jāna
gereizt sein	नाराज़ होना	nārāz hona
gernhaben (vt)	अच्छा लगना	achchha lagana
gestehen (Verbrecher)	मानना	mānana
gießen (Wasser ~)	डालना	dālana
glänzen (vi)	चमकना	chamakana
glauben (Er glaubt, dass …)	सोचना	sochana
graben (vt)	खोदना	khodana
gratulieren (vi)	बधाई देना	badhaī dena
gucken (spionieren)	छिपकर देखना	chhipakar dekhana
haben (vt)	होना	hona
handeln (in Aktion treten)	करना	karana
hängen (an der Wand usw.)	टांगना	tāngana
heiraten (vi)	शादी करना	shādī karana
helfen (vi)	मदद करना	madad karana
herabsteigen (vi)	उतरना	utarana
hereinkommen (vi)	अंदर आना	andar āna
herunterlassen (vt)	नीचे करना	nīche karana
hinzufügen (vt)	और डालना	aur dālana
hoffen (vi)	आशा रखना	āsha rakhana
hören (Geräusch ~)	सुनना	sunana
hören (jmdm zuhören)	सुनना	sunana

254. Verben I-R

imitieren (vt)	नकल करना	nakal karana
impfen (vt)	टीका लगाना	tīka lagāna
importieren (vt)	आयात करना	āyāt karana
in Gedanken versinken	ख्यालों में गुम रहना	khyālon men gum rahana
in Ordnung bringen	ठीक करना	thīk karana
informieren (vt)	ख़बर देना	khabar dena
instruieren (vt)	निर्देश देना	nirdesh dena
interessieren (vt)	रुचि लेना	ruchi lena
isolieren (vt)	अलग करना	alag karana
jagen (vi)	शिकार करना	shikār karana
kämpfen (~ gegen)	लड़ना	larana
kämpfen (sich schlagen)	झगड़ना	jhagarana
kaufen (vt)	खरीदना	kharīdana
kennen (vt)	जानना	jānana
kennenlernen (vt)	परिचय करना	parichay karana

klagen (vi)	शिकायत करना	shikāyat karana
kompensieren (vt)	क्षतिपूर्ति करना	kshatipūrti karana
komponieren (vt)	रचना	rachana
kompromittieren (vt)	समझौता करना	samajhauta karana
konkurrieren (vi)	प्रतियोगिता करना	pratiyogita karana
können (v mod)	सकना	sakana
kontrollieren (vt)	नियंत्रित करना	niyantrit karana
koordinieren (vt)	समन्वय करना	samanvay karana
korrigieren (vt)	ठीक करना	thīk karana
kosten (vt)	दाम होना	dām hona
kränken (vt)	अपमान करना	apamān karana
kratzen (vt)	खरोंचना	kharonchana
Krieg führen	युद्ध करना	yuddh karana
lächeln (vi)	मुस्कुराना	muskurāna
lachen (vi)	हंसना	hansana
laden (Ein Gewehr ~)	भरना	bharana
laden (LKW usw.)	लादना	lādana
lancieren (starten)	शुरू करना	shurū karana
laufen (vi)	दौड़ना	daurana
leben (vi)	जीना	jīna
lehren (vt)	सीखाना	sīkhāna
leiden (vi)	सहना	sahana
leihen (Geld ~)	कर्ज़ लेना	karz lena
leiten (Betrieb usw.)	नेतृत्व करना	netrtv karana
lenken (ein Auto ~)	कार चलाना	kār chalāna
lernen (vt)	पढ़ना	parhana
lesen (vi, vt)	पढ़ना	parhana
lieben (vt)	प्यार करना	pyār karana
liegen (im Bett usw.)	लेटना	letana
losbinden (vt)	ढीला करना	dhīla karana
löschen (Feuer)	बुझाना	bujhāna
lösen (Aufgabe usw.)	हल करना	hal karana
loswerden (jmdm. od etwas)	छुटकारा पान	chhutakāra pān
lügen (vi)	झूठ बोलना	jhūth bolana
machen (vt)	करना	karana
markieren (vt)	चिह्न लाना	chihn lāna
meinen (glauben)	विश्वास करना	vishvās karana
memorieren (vt)	याद करना	yād karana
mieten (ein Boot ~)	किराये पर लेना	kirāye par lena
mieten (Haus usw.)	किराए पर लेना	kirae par lena
mischen (vt)	मिलाना	milāna
mitbringen (vt)	लाना	lāna
mitteilen (vt)	बताना	batāna
müde werden	थकना	thakana
multiplizieren (vt)	गुण करना	guna karana
müssen (v mod)	ज़रूर	zarūr

nachgeben (vi)	मान जाना	mān jāna
nehmen (jmdm. etwas ~)	वंचित करना	vanchit karana

nehmen (vt)	लेना	lena
noch einmal sagen	दोहराना	doharāna
nochmals tun (vt)	दोबारा करना	dobāra karana
notieren (vt)	लिख लेना	likh lena

nötig sein	आवश्यक होना	āvashyak hona
notwendig sein	ज़रूरी होना	zarūrī hona
öffnen (vt)	खोलना	kholana
passen (Schuhe, Kleid)	फिट करना	fit karana
pflücken (Blumen)	तोड़ना	torana

planen (vt)	योजना बनाना	yojana banāna
prahlen (vi)	डींग मारना	dīng mārana
projektieren (vt)	डिज़ाइन बनाना	dizain banāna
protestieren (vi)	विरोध करना	virodh karana

provozieren (vt)	उकसाना	ukasāna
putzen (vt)	साफ़ करना	sāf karana
raten (zu etwas ~)	सलाह देना	salāh dena
rechnen (vt)	गिनना	ginana

regeln (vt)	सुलझाना	sulajhāna
reinigen (vt)	साफ़ करना	sāf karana
reparieren (vt)	ठीक करना	thīk karana
reservieren (vt)	बुक करना	buk karana

retten (vt)	बचाना	bachāna
richten (den Weg zeigen)	रास्ता बताना	rāsta batāna
riechen (an etwas ~)	सूंघना	sūnghana
riechen (gut ~)	गंध देना	gandh dena

ringen (Sport)	कुश्ती लड़ना	kushtī larana
riskieren (vt)	जोखिम उठाना	jokhim uthāna
rufen (seinen Hund ~)	बुलाना	bulāna
rufen (um Hilfe ~)	बुलाना	bulāna

255. Verben S-U

säen (vt)	बोना	bona
sagen (vt)	कहना	kahana
schaffen (Etwas Neues zu ~)	बनाना	banāna
schelten (vt)	डाँटना	dāntana

schieben (drängen)	धकेलना	dhakelana
schießen (vi)	गोली चलाना	golī chalāna
schlafen gehen	सोने जाना	sone jāna
schlagen (mit ...)	झगड़ना	jhagarana

schlagen (vt)	पीटना	pītana
schließen (vt)	बंद करना	band karana
schmeicheln (vi)	चापलूसी करना	chāpalūsī karana

schmücken (vt)	सजाना	sajāna
schreiben (vi, vt)	लिखना	likhana
schreien (vi)	चिल्लाना	chillāna
schütteln (vt)	हिलाना	hilāna
schweigen (vi)	चुप रहना	chup rahana
schwimmen (vi)	तैरना	tairana
schwimmen gehen	तैरना	tairana
sehen (vt)	देखना	dekhana
sein (vi)	होना	hona
sich abwenden	मुड़ना	murana
sich amüsieren	आनंद उठाना	ānand uthāna
sich anschließen	जुड़ना	jurana
sich anstecken	छूत का रोग लगना	chhūt ka rog lagana
sich aufregen	परेशान होना	pareshān hona
sich ausruhen	आराम करना	ārām karana
sich beeilen	जल्दी करना	jaldī karana
sich benehmen	बरताव करना	baratāv karana
sich beschmutzen	मैला होना	maila hona
sich datieren	तारीख़ डालना	tārīkh dālana
sich einmischen	घुलना-मिलना	ghulana-milana
sich empören	ग़ुस्से में आना	gusse men āna
sich entschuldigen	माफ़ी मांगना	māfī māngana
sich erhalten	बचाना	bachāna
sich erinnern	याद करना	yād karana
sich interessieren	रुचि लेना	ruchi lena
sich kämmen	अपने बालों में कंघी करना	apane bālon men kanghī karana
sich konsultieren mit …	सलाह करना	salāh karana
sich konzentrieren	ध्यान देना	dhyān dena
sich langweilen	ऊबना	ūbana
sich nach … erkundigen	जानकारी पाना	jānakārī pāna
sich nähern	पास आना	pās āna
sich rächen	बदला लेना	badala lena
sich rasieren	शेव करना	shev karana
sich setzen	बैठ जाना	baith jāna
sich Sorgen machen	फ़िक्र होना	fikr hona
sich überzeugen	यकीन आना	yakīn āna
sich unterscheiden	फ़र्क होना	fark hona
sich vergrößern	बढ़ना	barhana
sich verlieben	प्रेम में पड़ना	prem men parana
sich verteidigen	रक्षा करना	raksha karana
sich vorstellen	सोचना	sochana
sich waschen	नहाना	nahāna
sitzen (vi)	बैठना	baithana
spielen (Ball ~)	खेलना	khelana
spielen (eine Rolle ~)	अभिनय करना	abhinay karana

| spotten (vi) | मज़ाक उड़ाना | mazāk urāna |
| sprechen mit ... | से कहना | se kahana |

spucken (vi)	थूकना	thūkana
starten (Flugzeug)	उड़ना	urana
stehlen (vt)	चुराना	churāna

stellen (ins Regal ~)	रखना	rakhana
stimmen (vi)	मतदान डालना	matadān dālana
stoppen (haltmachen)	रुकना	rukana
stören (nicht ~!)	बाधा डालना	bādha dālana

streicheln (vt)	सहलाना	sahalāna
suchen (vt)	तलाश करना	talāsh karana
sündigen (vi)	पाप करना	pāp karana
tauchen (vi)	गोता मारना	gota mārana

tauschen (vt)	बदलाना	badalāna
täuschen (vt)	धोखा देना	dhokha dena
teilnehmen (vi)	भाग लेना	bhāg lena
trainieren (vi)	प्रशिक्षण करना	prashikshan karana

trainieren (vt)	प्रशिक्षित करना	prashikshit karana
transformieren (vt)	रूप बदलना	rūp badalana
träumen (im Schlaf)	सपना देखना	sapana dekhana
träumen (wünschen)	सपने देखना	sapane dekhana

trinken (vt)	पीना	pīna
trocknen (vt)	सुखाना	sukhāna
überragen (Schloss, Berg)	ऊँचा होना	ūncha hona
überrascht sein	हैरान होना	hairān hona
überschätzen (vt)	ज़्यादा आंकना	zyāda ānkana

übersetzen (Buch usw.)	अनुवाद करना	anuvād karana
überwiegen (vi)	विजयी होना	vijayī hona
überzeugen (vt)	यकीन दिलाना	yakīn dilāna
umarmen (vt)	गले लगाना	gale lagāna
umdrehen (vt)	उलटना	ulatana

unternehmen (vt)	ज़िम्मेदारी लेना	zimmedārī lena
unterschätzen (vt)	कम आंकना	kam ānkana
unterschreiben (vt)	हस्ताक्षर करना	hastākshar karana
unterstreichen (vt)	रेखांकित करना	rekhānkit karana
unterstützen (vt)	समर्थन करना	samarthan karana

256. Verben V-Z

verachten (vt)	नफ़रत करना	nafarat karana
veranstalten (vt)	आयोजित करना	āyojit karana
verbieten (vt)	मना करना	mana karana
verblüfft sein	सटपटाना	satapatāna

| verbreiten (Broschüren usw.) | बाँटना | bāntana |
| verbreiten (Geruch) | निकलना | nikalana |

| verbrennen (vt) | जलाना | jalāna |
| verdächtigen (vt) | शक करना | shak karana |

verdienen (Lob ~)	लायक होना	lāyak hona
verdoppeln (vt)	दुगुना करना	duguna karana
vereinfachen (vt)	सरल बनाना	saral banāna
vereinigen (vt)	संयुक्त करना	sanyukt karana

vergießen (vt)	छलकाना	chhalakāna
vergleichen (vt)	तुलना करना	tulana karana
vergrößern (vt)	बढ़ाना	barhāna
verhandeln (vi)	वार्ता करना	vārtta karana

verjagen (vt)	भगा देना	bhaga dena
verkaufen (vt)	बेचना	bechana
verlangen (vt)	माँगना	māngana
verlassen (vt)	छोड़ना	chhorana

verlassen (vt)	छोड़ना	chhorana
verlieren (Regenschirm usw.)	खोना	khona
vermeiden (vt)	टालना	tālana
vermuten (vt)	अंदाज़ा लगाना	andāza lagāna
verneinen (vt)	नकारना	nakārana

vernichten (Dokumente usw.)	तबाह करना	tabāh karana
verringern (vt)	कम करना	kam karana
versäumen (vt)	ग़ैरहाज़िर होना	gairahājir hona
verschieben (Möbel usw.)	सरकाना	sarakāna

verschwinden (vi)	गायब होना	gāyab hona
versprechen (vt)	वचन देना	vachan dena
verstecken (vt)	छिपाना	chhipāna

verstehen (vt)	समझना	samajhana
verstummen (vi)	चुप होना	chup hona
versuchen (vt)	कोशिश करना	koshish karana

verteidigen (vt)	रक्षा करना	raksha karana
vertrauen (vt)	यकीन करना	yakīn karana
verursachen (vt)	की वज़ह होना	kī vajah hona
verurteilen (vt)	सज़ा देना	saza dena
vervielfältigen (vt)	ज़ीरोक्स करना	zīroks karana

verwechseln (vt)	उलट-पलट करना	ulat-palat karana
verwirklichen (vt)	पूरा करना	pūra karana
verzeihen (vt)	क्षमा करना	kshama karana
vorankommen	आगे बढ़ना	āge barhana

voraussehen (vt)	भविष्य देखना	bhavishy dekhana
vorbeifahren (vi)	गुज़रना	guzarana
vorbereiten (vt)	तैयार करना	taiyār karana
vorschlagen (vt)	प्रस्ताव करना	prastāv karana

vorstellen (vt)	प्रस्तुत करना	prastut karana
vorwerfen (vt)	ताने देना	tāne dena
vorziehen (vt)	तरजीह देना	tarajīh dena

wagen (vt)	साहस करना	sāhas karana
wählen (vt)	चुनना	chunana
wärmen (vt)	गरमाना	garamāna
warnen (vt)	चेतावनी देना	chetāvanī dena
warten (vi)	इंतज़ार करना	intazăr karana
waschen (das Auto ~)	धोना	dhona
waschen (Wäsche ~)	धोना	dhona
wechseln (vt)	बदलना	badalana
wecken (vt)	जगाना	jagāna
wegfahren (vi)	चला जाना	chala jāna
weglassen (Wörter usw.)	छोड़ना	chhorana
weglegen (vt)	रख देना	rakh dena
wehen (vi)	फूंकना	fūnkana
weinen (vi)	रोना	rona
werben (Reklame machen)	विज्ञापन देना	vigyāpan dena
werden (vi)	हो जाना	ho jāna
werfen (vt)	फेंकना	fenkana
widmen (vt)	अर्पित करना	arpit karana
wiegen (vi)	वज़न करना	vazan karana
winken (mit der Hand)	हाथ हिलाना	hāth hilāna
wissen (vt)	मालूम होना	mālūm hona
Witz machen	मज़ाक करना	mazāk karana
wohnen (vi)	रहना	rahana
wollen (vt)	चाहना	chāhana
wünschen (vt)	चाहना	chāhana
zahlen (vt)	दाम चुकाना	dām chukāna
zeigen (den Weg ~)	दिखाना	dikhāna
zeigen (jemandem etwas ~)	दिखाना	dikhāna
zerreißen (vi)	फटना	fatana
zertreten (vt)	कुचलना	kuchalana
ziehen (Seil usw.)	खींचना	khīnchana
zielen auf ...	निशाना लगाना	nishāna lagāna
zitieren (vt)	उद्धत करना	uddhat karana
zittern (vi)	कांपना	kāmpana
zu Abend essen	भोजन करना	bhojan karana
zu Mittag essen	भोजन करना	bhojan karana
zubereiten (vt)	बनाना	banāna
züchten (Pflanzen)	उगाना	ugāna
zugeben (eingestehen)	मानना	mānana
zur Eile antreiben	जल्दी करना	jaldī karana
zurückdenken (vi)	याद करना	yād karana
zurückhalten (vt)	रोकना	rokana
zurückkehren (vi)	लौटाना	lautāna
zurückschicken (vt)	वापस भेजना	vāpas bhejana
zurückziehen (vt)	रद्द करना	radd karana
zusammenarbeiten (vi)	सहयोग करना	sahayog karana

zusammenzucken (vi)	सिहर जाना	sihar jāna
zustimmen (vi)	राज़ी होना	rāzī hona
zweifeln (vi)	शक करना	shak karana
zwingen (vt)	विवश करना	vivash karana